中国地质大学(武汉)工商管理学科培育计划项目资助

积极心理学视角的工作动机研究

JIJI XINLIXUE SHIJIAO DE GONGZUO DONGJI YANJIU

王 萍 编著

图书在版编目(CIP)数据

积极心理学视角的工作动机研究/王萍编著. —武汉:中国地质大学出版社,2023.12
ISBN 978-7-5625-5717-3

Ⅰ.①积… Ⅱ.①王… Ⅲ.①管理心理学-研究 Ⅳ.①C93-05

中国国家版本馆 CIP 数据核字(2023)第 249372 号

积极心理学视角的工作动机研究		王 萍 编著
责任编辑:李焕杰	选题策划:李焕杰 王凤林	责任校对:徐蕾蕾

出版发行:中国地质大学出版社(武汉市洪山区鲁磨路 388 号)	邮编:430074
电 话:(027)67883511 传 真:(027)67883580	E-mail:cbb@cug.edu.cn
经 销:全国新华书店	http://cugp.cug.edu.cn
开本:787 毫米×1092 毫米 1/16	字数:275 千字 印张:11
版次:2023 年 12 月第 1 版	印次:2023 年 12 月第 1 次印刷
印刷:武汉市籍缘印刷厂	
ISBN 978-7-5625-5717-3	定价:49.00 元

如有印装质量问题请与印刷厂联系调换

前　言

　　人类行为动机是一个可持续发展的、常年性的理论问题。哲学和神学、进化论、心理学、认知科学、神经科学、社会学等相关科学的进步，大力推动着动机理论的演变和纵深发展，动机研究呈现出多样化的取向。同时，动机科学的发展也促进对员工复杂工作动机的研究，激发员工内在的积极性并发挥其潜能及优势，推进员工个体和组织的繁荣。进入21世纪，面对动态复杂的环境，组织在持续不断地变革，员工为了适应这些变化必须改变其工作的价值观、态度、动机和行为，以积极主观的状态（如积极情绪、心流）及积极的个体特征应对诸多挑战和压力。员工要不断提高工作技能以适应组织工作的要求，渴望能自主决定自己的工作和享受自己的工作，努力工作能够获得成就和快速晋升，甚至还要平衡工作和家庭生活等。这些都折射出员工的美好愿望和工作目标，并转化成为他们积极工作的动机。人类行为的根源里就蕴含着积极的心理机能，通过满足各种需要和欲望，产生目标导向行为以实现自我成长和发展，提升自我和维护自尊，追求人类的美好生活和繁荣昌盛。

　　工作动机是一个人为实现工作目标而付出努力行为的强度、方向和持久性的心理过程。它是生理因素、个人因素和环境因素之间相互作用的结果。然而，员工的积极心理因素对工作动机产生重要影响。积极心理学的兴起和发展推动着在组织工作场所揭示影响工作动机的积极心理根源。Seligman 和 Csikszentmihalyi(2000)发起的积极心理学运动，推动着积极的研究取向。积极心理学是研究人类在适应社会生活中的积极特质、积极主观体验以及实现积极自我和成长的适应性认知和行为的科学。目前，积极心理学的发展确定了四个研究支柱：积极主观体验、积极个体特征或特质、积极的机构和社区、积极的关系。学术兴趣主要集中在第一个支柱积极主观体验（如积极情绪、心流、幸福、心理资本）和第二个支柱积极个体特征或特质（如个性、美德和优势）上。这两个支柱所包含的一些心理机能都与工作动机有着密切的关系。因此，笔者从工作动机的理论研究入手，基于积极心理学的视角探讨员工积极情绪、心流、个性特质等积极主观体验和特质与工作动机的关系及相互作用机制，系统研究影响和引发员工工作动机的积极心理根源。本书不仅为激发员工积极工作动机，提高工作绩效和组织绩效提供理论基础，而且可以推进积极心理学的成果应用于组织工作场所。

本书包括六个部分：第一章动机理论的演变与发展，引用哲学和神学、进化论、心理学和神经科学等领域的理论去探索人类动机研究的演变和发展历程；第二章工作动机的理论模型与分类，讨论四个工作动机的理论模型和六组常见的工作动机分类；第三章工作动机的测量，探索工作动机测量的内容和方法；第四章情绪与工作动机，分析情绪的基本理论和积极情绪理论，探讨情绪与工作动机关系的理论；第五章心流与工作动机，阐明心流研究的起源和心流的维度、心流的操作与测量以及工作心流的理论，归纳心流与工作动机关系研究的四种取向；第六章个性与工作动机，回顾个性的重要理论，分析个性与工作动机的关系。

本书的特点是视角新颖，研究主题比较前沿，研究内容丰富深入。本书的创新之处是将新兴的积极心理学理论和工作动机理论有机结合，通过文献研究法深入探讨积极情绪、工作心流、个性特质等几个积极心理因素与工作动机的渊源关系，为管理者有效激发员工的工作动机和积极行为以及提升管理效率提供重要的理论基础。本书的研究成果可以为从事管理学、组织行为学、积极心理学等课程教学的教师、研究者和学习者提供有价值的学术参考与借鉴，并且，本书还能为管理者和员工的工作实践提供理论指导，此外，可以丰富社会读者有关积极心理学和工作动机方面的知识及拓展管理视野。笔者在编写过程中参考了大量的英文文献，由于英文水平有限，对英文资料的理解难免有些误差，请读者批评指正。此外，由于篇幅所限，本书仅列出了主要参考文献，笔者在此对本书引用到的所列和未列出的相关文献的作者表示衷心的感谢。

本书能够顺利出版要衷心感谢中国地质大学（武汉）工商管理学科培育计划项目的大力资助！感谢中国地质大学出版社编辑们精益求精的审改和有关工作人员的辛勤劳动！

王　萍

2023 年 8 月

目 录

第一章 动机理论的演变与发展 …………………………………………………………（1）
　　第一节 哲学和神学 ………………………………………………………………（2）
　　第二节 进化论 ……………………………………………………………………（5）
　　第三节 心理学 ……………………………………………………………………（10）
　　第四节 神经科学 …………………………………………………………………（14）

第二章 工作动机的理论模型与分类 ……………………………………………………（19）
　　第一节 工作动机的定义 …………………………………………………………（19）
　　第二节 工作动机的理论模型 ……………………………………………………（20）
　　第三节 工作动机的分类 …………………………………………………………（33）

第三章 工作动机的测量 …………………………………………………………………（52）
　　第一节 工作动机测量的内容 ……………………………………………………（53）
　　第二节 工作动机测量的方法 ……………………………………………………（59）

第四章 情绪与工作动机 …………………………………………………………………（71）
　　第一节 情绪的概述 ………………………………………………………………（71）
　　第二节 情绪的基本理论 …………………………………………………………（77）
　　第三节 积极情绪理论 ……………………………………………………………（83）
　　第四节 情绪与工作动机关系的理论 ……………………………………………（89）

第五章 心流与工作动机 …………………………………………………………………（97）
　　第一节 心流研究的起源和心流的维度 …………………………………………（97）
　　第二节 心流的操作与测量 ………………………………………………………（100）
　　第三节 工作心流的理论 …………………………………………………………（106）
　　第四节 心流与工作动机关系的理论 ……………………………………………（107）

第六章　个性与工作动机 ……………………………………………………（118）
　　第一节　个性理论 ……………………………………………………（118）
　　第二节　个性与工作动机关系的理论 ………………………………（150）
主要参考文献 ………………………………………………………………（158）

第一章 动机理论的演变与发展

21世纪是一个新纪元,是一个变革的时代,各类组织正在面临很多变化。信息技术和电子商务的发展改变了我们的工作和生活方式。世界已经依赖信息技术变成了一个广泛交流平台。组织利用网络、大数据可以获得和发出令人难以置信的海量信息,以提高工作效率和组织绩效。许多工作可以在任何时间、任何地方通过互联网完成,全球合作已是无缝对接。目前,世界存在的一个迫在眉睫的问题是需要大量有技能的人才,并且需求大于供给。人力资本出现的挑战是人口的变化和知识管理。婴儿潮时期出生的人[即X世代(Generation X)]已经退休,在西欧、北美等国家要寻找和保留年长的员工。目前,整个社会已进入老龄化,一方面,中国改变原有的生育政策,实行"三孩"新政策以增加人口再生产;另一方面,组织部分岗位员工的退休年龄适度后延。基于全球世代分布的趋势,年轻的一代,Twenge和Campbell (2010)称之为Me世代(Generation Me, Gen Me),开始进入工作场所。Me世代亦称Y世代(Generation Y),类似于"千禧一代"或"i世代",指成长于因特网信息时代的年轻人。Me世代的年轻人多有强烈的自尊和自恋感,很容易受到外部控制点的影响,社会赞许的需求不强以及重视工作之外的时间价值。在组织中要重视和了解不同世代员工之间的共同点及差异。研究表明,人才已经成为世界上最落后的商品,而工作性质的变化使知识工作者对组织(或国家)竞争变得更加重要。麦肯锡(McKinsy)全球研究所确定了3种工作类型:①转换型工作,提取原材料并转化为成品;②交易型工作,可以文本或自动化方式的互动;③隐性工作,涉及高水平判断的复杂互动。新工作的产生,导致全球工作竞争和职业生涯管理策略变化。Cascio(2010)提出组织变革本身的性质已经发生变化,这些变化已不是逐渐增进式的、连续的,而是不连续的、突然的、急剧的和非线性的。

人们每天在从事生活、工作、学习、劳动和运动等各种活动,在不同的情景中有复杂多样的要求和刺激,人们要调节和控制行为,追求各种目标和价值。那么,引起这些活动和行为的原因是复杂多样的。虽然人类行为动机是一个可持续发展的、常年性的理论问题,但是进入21世纪,持续变革的工作情境迫使员工利用和适应这些变化,要应对很多挑战和压力,并且,在他们的价值观、工作态度、个性特质和动机等方面也会发生变化。例如,员工要发展工作技能以适应组织的要求,享受自己的工作,偏好灵活性,希望富有成就和快速晋升,平衡工作和家庭及个人生活等。这些挑战折射了员工的美好愿望和工作目标,同时也转化为他们积极的工作动机。

从最早理解人类行为动机的哲学和神学发展到进化论、心理学、认知科学、神经科学、社会学等多维度层面,从传统上把人类行为归因于纯粹的自然因素发展到当代认知的、社会的、

二、中世纪哲学家和神学家 Thomas Aquinas 的观念

Thomas Aquinas(1225—1274 年)是中世纪经院哲学的哲学家、神学家。他认为伦理学研究人生的意义、理想和目的,其基本思想是人类的幸福绝不在于身体上的快乐(主要指食、色两方面的快乐),这种快乐是感性的、动物性的,它阻碍人接近天主,使人脱离理性的事物。所以,"人类最高的完善决不在于和低于自身的事物相结合,而在于和高于自身的某种事物相结合"。人生的最高目的就在于追求最高的真善美。Aquinas 提出身体的动机和心灵的动机,认为身体提供非理性的、基于快乐的动机,然而,心灵却提供理性的、基于意志的动机。

三、文艺复兴时期哲学家 René Descartes 的观念

文艺复兴时期,法国著名的哲学家 René Descartes(1596—1650 年)提出的身心二元论认为人是一种二元的存在物,由机械的身体和自由的灵魂构成。他认为,由物质实体构成的肉体和由精神实体构成的心灵可以相互影响、互为因果、相互作用。身心二元论的一个典型表现是 Descartes 通过研究生理学和解剖学提出著名的身心交感论,主张身体和精神(意志、灵魂)相互作用,这种交互作用发生在大脑的松果腺。Descartes 提出在意志行动水平之下的身体行为能够被机械地解释(本能),但是,与诸如道德品行这样有关的行为就在意志的控制之下①。

由此可见,Descartes 倡导的身心二元论把人类动机区分为被动动机和主动动机。被动动机是人的物质实体(即身体)通过感觉对外界环境作出的机械反应;主动动机是人的精神思想实体,拥有目的意志。区别二者确定了动机研究的议程。被动的和反应的动机是一种身体的机械分析,需要学者在生物学的基础上研究解剖学和生物学。此外,主动的和有目的的动机是一种意志的智力分析,需要学者研究哲学。Descartes 认为最终行为的动力是意志(Reeve,2018)。西方哲学史中,哲学家们长期以来把自由意志看作动机。哲学和神学家们有关人类动机的观念详见表 1.1,从自然哲学发展到心灵哲学,由灵魂三因素演变到身心二元论,揭示被动的身体动机和主动的心灵动机的特性。

表 1.1 哲学和神学家们有关动机的观念

学者	主要观点
Socrates	"心灵的转向",把哲学从研究自然转向研究自我
Plato	在《理想国》提出灵魂 3 个层次:理性、激情、欲望;在《斐多篇》中提出"魂身二元论"
Aristotle	在《论灵魂》中提出灵魂 3 个结构:营养灵魂、感觉灵魂和理智灵魂

---

① 笛卡尔 法国哲学家,数学家和科学家 百度百科 baidu.com https://baike.baidu.com/item/%E7%AC%9B%E5%8D%A1%E5%B0%94/85475? fr=aladdin。

续表 1.1

学者	主要观点
Aquinas	提出身体的动机和心灵的动机。身体提供非理性的、基于快乐的动机,心灵却提供理性的、基于意志的动机
Descartes	身心二元论由机械的身体和自由的灵魂构成,把动机区分为被动动机和主动动机

第二节 进化论

一、生物进化论

人类动机研究离不开生物进化论的源泉。英国的生物学家、博物学家,进化论的奠基人 Charles Darwin(1809—1882 年)的《物种起源》(1859)提出生物进化论学说,震惊当世,掀起一场革命,并且极大地冲击了哲学家们提出的二元论。Darwin 的进化理论从生物与环境相互作用的观点出发,认为生物的变异、遗传和自然选择作用能导致生物的适应性改变。他指出人类是生物进化过程中的偶然产物,是大自然的产物。物竞天择,适者生存是 Darwin 进化论的核心[①]。

哲学家 Descartes 认为,人类和动物之间仍然存在区别,动物的行为不是来自理性或自由意志,而是由盲目的自然力量(即本能)驱动的。Darwin 认为今天的一切生物都是人类的亲属,人类与其他生物特别是与类人猿并无本质的区别;他还认为人类特有的属性(例如,智力、道德观等精神因素)都可在其他动物中找到雏形,也必定有其自然的起源。Darwin 进化论的两个核心原理:物种是可变的,生物是进化的;自然选择是生物进化的动力。Darwin 生物进化的观点为理解人类动机提供重要的生物学基础,认为人类行为归因于纯粹的自然,并且,使得动机研究从关注意志的理智论动机发展到生物遗传和适应行为。人和动物的适应行为是通过遗传获得的,不需要学习、自动表现的行为源于本能,这就产生了动机本能理论。进化论的发展产生了一些新的理论,例如,本能理论、驱力理论和诱因理论、唤醒理论、动机进化论等。

二、本能理论

本能理论运用 Darwin 生物进化论的观点来解释动机的本质,重视人的生物的和身体的本能、冲动和欲望对行为的影响,将人的动机还原到一般动物的动机。在 19 世纪末 20 世纪初,受到 Darwin 生物进化论的影响,本能理论取代了过去的意志论和理智论。像 James、Freud、McDougall 等心理学家认为人的大部分行为是由本能控制的。本能是在进化过程中

---

① 进化论 https://baike.baidu.com/item/%E8%BF%9B%E5%8C%96%E8%AE%BA/18587?fr=aladdin。

形成、由遗传固定下来、一种不学而能的行为模式，是人类行为的原动力。美国心理学之父 William James（1842—1910 年）的心理学受 Darwin 进化论的影响，并贯穿着实用主义的思想。James（1890）认为人类有大量的生理的（如吸吮、运动）和心理的（如模仿、玩耍、社交）本能。他识别了一系列本能，包括吸吮、愤怒、恐惧、运动、好奇、玩耍、社交、模仿、谦虚、害羞、清洁、爱和同情等。将一种本能转化为一种行动的冲动就需要有适当的刺激出现。James 使用现象学分析意志行为，考察意识的作用，对意识的心理学作出深远的贡献。《心理学原则》（1890）中有些观点集中反映了 James 的意识思想。他指出意识是人独有的，反对当时有些人把意识看作一种附带现象，即把意识看作与生理现象平行并且不起作用的说法。他明确主张意识是为了一种用途而演化出来的；意识的功能在于引导有机体达到生存的目的；它的特点受其产生的实际效果制约。James 对意识的信仰主要集中在意志以及人们通过有意识的选择和集中注意力来实现自己意图的能力上[1]。

英国心理学家 William McDougall（1871—1938 年）是本能论的重要代表学者之一。McDougall（1908）撰写了《社会心理学简介》，认为所有人类的行为（包括社会互动）都是由遗传的本能所致，本能是人类一切思想和行为的基本源泉和动力。他主张本能是天生的倾向性，即对某些客体格外敏感，并在主观上伴随着一种特定的情绪。并且，他提出 12 种本能，包括觅食、保护、逃避、好奇、合群、争斗、性驱力、创造、服从、获取、支配、排斥。他认为这些本能以及它们的组合构成行为，本能可以是无限的。McDougall 主要关注有目的的活动，即有意识的努力、意志和自由的行为，认为本能动机是有目的的活动的背后驱动力，有目的的活动（如动机活动）表现本能和情感。除了反射性活动外，有目的的活动有 7 个标准：自发性，持久性，在方向上的变化，影响变化的情况而结束，为新的形势作好准备，提高试验的有效性和整体的反应（McDougall，1923）。

18 世纪伟大的动机理论是享乐主义，它一直持续到 19 世纪。享乐主义围绕为自己获得快乐和幸福的功利动机（Bentham，1779，1948）。将享乐主义的观点引入每天的生活和学习中，产生了学习理论的联想原则和作用法则。Sigmund Freud（1856—1939 年）是奥地利精神病医师、心理学家、精神分析学派创始人，他的精神分析理论也被称为心理动力理论，是利用本能来解释行为动机的理论。Freud、McDougall 等是享乐主义代表的著名心理学家。Freud 定义本能是人的生命和生活中的基本需求、原始冲动和内驱力[2]。Freud（1920）提出人有生的本能和死的本能两种。第一种是生的本能，包括性本能（eros）和生存本能，它代表着爱和建设的力量，指向生命的生长和维持生存。Freud 认为人的心理活动的动力源泉是生理上的力比多（libido），力比多即性力。这里的性泛指一切身体器官的快感。Freud 称之为"欲力""心力"等，并认为它是一种与性本能有联系的潜在能量。后来，他又把力比多扩展为一种机体生

---

[1] 威廉·詹姆斯 https://baike.baidu.com/item/%E5%A8%81%E5%BB%89%C2%B7%E8%A9%B9%E5%A7%86%E6%96%AF/6487016?fromtitle=William%20James&fromid=11249369&fr=aladdin。

[2] 弗洛伊德人格理论 https://baike.baidu.com/item/%E5%BC%97%E6%B4%9B%E4%BC%8A%E5%BE%B7%E4%BA%BA%E6%A0%BC%E7%90%86%E8%AE%BA/7065887?fr=aladdin。

存、寻求快乐和逃避痛苦的本能欲望[①]。第二种是死的本能,即 thanatos,是死的愿望,是生的本能的对立面,它促使人类返回生命前非生命状态的力量,派生出攻击、恨和破坏的行为。这些生的本能和死的本能为行为动机提供力量,尤其是性和攻击两种动机。

Freud(1915)的动机理论包括来源、动力、对象和目标 4 个驱力成分。①驱力的来源:源于身体的生理上有缺乏,例如,血糖降低或出现饥饿感;②驱力的动力:身体缺乏的强度会增加,并作为一种心理不适进入意识中,即焦虑;③驱力的对象:寻求降低焦虑和满足身体的缺乏,人就搜索并消耗一个满足需要的环境对象(如食物);④驱力的目标:如果环境对象成功满足身体的缺乏,满足感会出现,至少在一段时间内缓解焦虑。

Freud 认为人的欲望、冲动、思维、幻想、情感等活动会在意识、前意识和无(潜)意识 3 个层次发生。无(潜)意识是原始的冲动和各种本能,通过遗传得到的人类早期经验以及个人遗忘了的童年时期的经验和创伤性经验、不合伦理的各种欲望和情感。人的个性结构由本我、自我和超我 3 个部分构成。他认为人的心理活动主要是潜意识的作用,个性的重要动力是潜意识的本能和欲望[②]。

三、驱力理论和诱因理论

利用本能理论解释人类行为的动机存在局限性,过于强调先天的和生物的力量,而忽视后天的学习和社会性因素,20 世纪 20 年代,动机理论逐渐向驱力和强化理论发展。美国机能心理学家 Woodworth(1869—1962 年)将因果机制的驱力概念引入心理学,用驱力概念代替 19 世纪末 20 世纪初曾经占有统治地位的、风靡一时的本能理论。驱力是指个体由生理需要引起的一种紧张状态,它能激发或驱动个体行为以满足需要,消除紧张,从而恢复机体的平衡状态。驱力理论又称驱力还原论或需要满足论,是指当有机体的需要得不到满足时,便会在有机体的内部产生所谓的内驱力刺激,这种内驱力的刺激引起反应,而反应的最终结果则是使需要得到满足。这个理论的基本观点是当有机体的生理需要得不到满足时,就会驱使有机体采取有意的行为去纠正这些身体的缺失或者障碍,使驱力降低是行为发生的主要原因[③]。

1943 年,美国新行为主义心理学家 Clark Leonard Hull(1884—1952 年)提出驱力递减理论(drive-descending theory),也称驱力降低理论或驱力减少理论。这是一种学习理论,认为学习的基本动因是驱力,学习是在驱力的推动下产生的。驱力是要求满足需要的一种内部力量,其作用是激活并产生行为,行为的结果是驱力的减弱。驱力减弱的同时,行为受到强化,也逐渐使有机体形成一种行为习惯,若一种刺激-反应伴随着需要的满足或驱力的降低,则以后出现同样的刺激就能引起同样的反应。

---

① 心理动力理论 https://baike.baidu.com/item/%E5%BF%83%E7%90%86%E5%8A%A8%E5%8A%9B%E7%90%86%E8%AE%BA/22569804?fr=aladdin。
② 弗洛伊德的人格结构理论 https://wiki.mbalib.com/wiki/%E5%BC%97%E6%B4%9B%E4%BC%8A%E5%BE%B7%E7%9A%84%E4%BA%BA%E6%A0%BC%E7%BB%93%E6%9E%84%E7%90%86%E8%AE%BA。
③ 驱力理论 https://baike.baidu.com/item/%E9%A9%B1%E5%8A%9B%E7%90%86%E8%AE%BA/4312993?fr=aladdin。

会增强和重复出现,反之,不能满足人本能欲望的及令人厌恶或痛苦的活动会减少或逃避。同时,这些代表学者们也考虑社会现实和情景刺激等环境及社会属性对人的行为产生、指引和调节作用。这些理论虽然将人的行为动机还原到一般动物的动机,夸大人与动物在进化过程中共同具有的自然属性,但是,学者也开始探究人与动物进化不同的高级运动形式和发展规律,那就是人除了自然属性之外,还有社会属性,人的行为要受到现实环境和社会文化等因素的影响、制约,然而对社会过程因素考虑得不充分。源自进化论和/或由进化论支持的假设,把旧的人类意志心理学转化为考虑个体差异的动机心理学。

表1.2 进化论关于动机的观念

理论	主要代表学者和观念
生物进化论	Darwin:人类行为归因于纯粹的自然
本能理论	人的大部分行为是由本能控制的。 James:人类有大量的生理和心理的本能,考察意识。 McDougall:所有的人类行为(包括社会互动)都是由遗传的本能所致。 Freud:本能是人的生命和生活中的基本要求、原始冲动和内驱力,提出生的本能和死的本能
驱力理论	Woodworth:驱力还原论或需要满足论,驱力能激发或驱动个体行为以满足需要,消除紧张,从而恢复机体的平衡状态。 Hull(1943):驱力递减理论,驱力的作用是激活并产生行为,行为的结果是驱力的减弱。动机主要由内驱力和习惯决定
诱因理论	Hull(1952):增加了第三个行为原因,即诱因。动机源于获得有价值的外在目标或者诱因
唤醒理论	Hebb和Berlyne:唤醒水平的偏好是个体行为的决定因素
动机进化论	张成岗:"肉体"作为运动平台支撑"菌脑"和"人脑",形成"菌脑主吃、人脑主思"的"双脑模型"

第三节 心理学

19世纪末,动机研究开始从哲学领域转向新出现的心理科学。19世纪心理科学诞生,创造了新的研究范式和测量方式,如实验法、观察法等,大力推进了基本心理科学的发展。心理学家们研究感觉、知觉、记忆、思维、情感、意志、个性等心理过程和倾向,促进对动机行为的内在心理决定因素和意志过程的探索。除了感觉、想法和感受之外,人们还试图建立"意志(volition)",并将其作为一种心理经验现象,确定"意志"的效果。并且,研究证实,动机除了意识的本性之外,还有无意识的影响以及情感驱动的动机等,这是长期假设心理积极机能的观点。在19世纪末和20世纪初,心理学家聚焦意志的实验心理学研究方法,出现了反应时的实验以及符兹堡学派(Würzburg school)、卢汶学派(Leuven school)等,动机问题本质上仍然集中在研究意志过程和意志行动。不过,动机和意志这两个概念的区分一直模糊不清。心理学家们除了对动机行为产生的内在心理因素进行深入研究外,还逐步重视人与社会环境的相互关系。例如,行为主义心理学关注环境对人的行为影响,提出行为的 S-R(刺激-反应)关系,研究行为与环境刺激的关系。

一、心理学创立

Wilhelm Wundt (1832—1920 年)是德国生理学家、心理学家、哲学家,也是实验心理学之父。1879 年他在德国莱比锡大学创立世界上第一个专门研究心理学的实验室,使心理学从哲学的母体中分离出来,这是心理学成为一门独立学科的标志。Wundt 是科学心理学的创始者,是实验心理学之父。他认为心理学是研究人的直接经验,把实验法引入心理学,借助于实验进行内省或自我观察,创造了实验内省法研究人以直接经验为特征的心理活动,提高心理学研究的科学性。

Wundt 的心理学提出有意识的心理过程由直接经验的感觉或者情感基本因素构成。他认为"意愿的动作"对所有意识的行动和心理活动都是必不可少的,这些心理活动是一个愿意积极地以某种方式思想、说话和行动的感觉表达的结果。所有的行为都是意愿性的,而且,比较复杂的精神活动还是自动的。

Wundt 把情绪和意志作为由感情组成的复合体。简单意志是一种无意识的冲力,是有机体生命的本质。它起源于原始的感情,引起冲动行为。然而,复杂意志则引起有意行为和选择行为[1]。Wundt 将意志行为视为个人经验和行为背后的组织原则,作为一种"心理因果关系",与自然科学家研究的"生理因果关系"是有区别的。

二、符兹堡学派

Wundt 采用实验法和反应时研究意志过程。在那个年代影响着德国一些学者热衷于用实验法来研究一些心理过程,发现无意识的心理内容和倾向影响行为,并取得大量的进展。这就是 20 世纪初,在德国符兹堡大学由 Oswald Külpe 领导的,对思维、判断和意志等高级心理现象进行实验研究的符兹堡学派,又叫 Külpe 学派[2]。

符兹堡学派创始人,格式塔心理学思想的先驱 Oswald Külpe (1862—1915 年)是德国心理学家、哲学家,他是 Wundt 的学生和实验助理。符兹堡学派主要成就是研究思维过程的内省分析,认为思维的内容有非感觉、非意象的因素。Külpe 提出著名的无意象思维论,指出思维的产生并不需要形象或感觉内容的帮助。例如,想到橘子时,未必一定在心理上出现橘子的形象。他认为,思维历程事实上是一个无法分析的模糊意识状态,其中包括动机、心理定势

---

① 威廉·冯特 https://baike.baidu.com/item/%E5%A8%81%E5%BB%89%C2%B7%E5%86%AF%E7%89%B9/6410487? fr=aladdin。

② 符兹堡学派 https://baike.baidu.com/item/%E7%AC%A6%E5%85%B9%E5%A0%A1%E5%AD%A6%E6%B4%BE。

甚至潜意识的多种心理活动历程。在 Külpe 的《心理学纲要》中把心理学定义为依赖于经验者经验的科学。实验证明经验不仅依赖于意识要素,而且也决定于无意识的决定倾向,无意识对行为起着决定性的作用。Külpe 除了传承 Wundt 以实验法研究意识结构外,突破了 Wundt 的内容心理学限制,结合了意动心理学的概念。Mackel 主张心理学的研究对象应是意动和内容,Külpe 领导了二重心理学(dual psychology)运动。无意象思维的实验研究推动了二重心理学产生。Schultz 评价 Külpe 对现代心理学的一个主要贡献是重视动机研究,发展的这些关键概念都与心理学的动机有关[1]。

符兹堡学派成员 Watt(1905)的重大贡献是在联想课题的实验研究中发现了一种"决定倾向"的现象。被试通过指示明显地确立了按指示方式进行反应的无意识定向或决定倾向。任务一旦明白便采取这种决定趋势,实际任务的完成不需要什么意识的努力。Watt 认为只有当被试接受实验指令时,一个活动的实际意图才会被意识到。在那之后,意图对认知过程的影响是无意识的和自动的。Ach 也研究了这个问题,得到了与 Watt 相同的结果。他认为意识之外的预先倾向性能够控制意识的活动。

德国心理学家 Narziss Ach(1871—1946 年)是符兹堡学派的一个杰出成员,他创造了系统的实验内省法研究动作和思想,其研究结果写成《意志与思想》(1905)一书。他的研究证明思想和动作基本上一致,两者都以某一特殊的目的为诱因,而心理物理的历程一旦为该目的所激发,便能自行趋向和达到那个目的。Ach 在实验中发现被试在完成一个任务时常受到无意识的影响,即"预备中的一个因素",会促进被试的联想趋势,称为"决定倾向(determining tendency)"。Ach(1905)表明在意识水平之下的决定倾向必须在实现预期目标中起作用,这对心理和运动任务都适用。系统的实验内省不仅发现动作和思维中可以理会的内容,而且还有不易理会的项目,包括一种无意象的、感觉模糊的、不易捉摸的意识内容,即觉知[2]。

决定倾向包含 Ach 的老师 Müller 提出的"持续性倾向(perseverating tendency)"的概念。实际上,决定倾向这个词也被 Watt 和其他思维过程研究者采用。Ach(1910)使用巧妙的实验去测量意志力。所以,Ach 是意志实验研究的先驱,他非常关注意志过程,但没有注意动机方面的问题。

德裔美国心理学家 Kurt Lewin(1890—1947 年)试图重复 Ach 的意志力测量,只对程序稍加改变。1926 年,Lewin 在关于"意图、意志和需要"的有影响力的论文中,扩展了每个意志行为的几个方面,如行动机会的心理表现和实施行动的步骤。Lewin 把 Ach 的"决定倾向"用"准需要(quasi-needs)"来代替,似乎没有改变原有设计的概念。Lewin 认为意图的心理特征包括源自"真正需要"的"准需要"。这样个人意图的定义目标就变成了不同的客观的和可概括的动机目标,并且以"决定倾向"为定义的意志过程成为动机的问题。

Lewin 是拓扑心理学的创始人,实验社会心理学的先驱,格式塔心理学的后期代表人。Jones(1985)认为 Lewin 是一个"热情的"格式塔心理学拥护者。然而,不同于格式塔心理学

---

[1] 奥斯瓦尔德·屈尔佩 http://www.ikepu.com/baike/wiki/3177.html。

[2] 纳齐斯·阿赫 https://baike.baidu.com/item/%E7%BA%B3%E9%BD%90%E6%96%AF%C2%B7%E9%98%BF%E8%B5%AB/4544583?fr=aladdin。

创立者(关注知觉、思维等),Lewin 将格式塔心理学的理念扩大到社会情境,热衷于研究人与环境的关系问题。他从物理学引入场的概念,提出心理场是由一个人的生活事件经验和未来的思想愿望构成的总和。心理场具有个体差异性和发展变化性。为了更好地说明心理动力场,Lewin 提出了生活空间(life space)的概念。生活空间是将心理动力场和拓扑学、向量学相结合的一种心理学化的表现方式。他指出为了理解或预测行为,就必须把人及其环境看作是一种相互依存因素的集合,把这些因素的整体称作该个体的生活空间。Lewin(1931)首次使用公式 $B=f(PE)$ 代表一个人的生活空间。这个公式表明行为(B)是人(P)与环境(E)这两个因素相互作用的结果,行为取决于一个人的生活空间,并且,Lewin 将实际影响一个人发生某一行为的心理事实界定为心理环境。Lewin 借用拓扑学的概念来描述心理事实在心理生活空间中的移动,提出了以需要为动力的动机体系,包括需要、紧张、效价、矢量、障碍和平衡 6 个基本概念。需要是行为的动力源,它包括客观的生理需要和准需要。他认为在生活中,人的一切动机行为的最终目的都是回到平衡状态,从而使人的紧张状态得到缓解。但这种平衡只是暂时的,人就是在这种平衡—不平衡—平衡的过程中不断得到发展[①]。

三、卢汶学派

卢汶学派重视意志实验研究的方式,它是由比利时的 Albert Michotte 建立的。Albert Michotte(1881—1965 年)是比利时心理学家、欧洲现象心理学最杰出的代表人物之一。1905—1906 年,Michotte 在莱比锡 Wundt 的实验室里从事助理工作,后来,他来到 Külpe 的研究所工作了一段时间,了解了 Ach 的工作,以及当时整个德国的思想,这对他来说是一个"启示"。对 Michotte 成长为一名心理学家影响最大的学者是 Külpe。1906 年,Michotte 开始在鲁汶大学任教并执着地进行实验室研究。他不仅研究记忆、认知和意志等高级心理过程,而且研究知觉、运动、节奏和学习。1908 年,Michotte 和 Prüm 完成了一项意志选择("巧克力")的漫长实验研究,因为受语言转换的影响,要把德语翻译成法语,研究结果直到 1910 年才发表。非常巧合的是,Michotte 和 Prüm 专著的问世与 Ach(1910)关于意志行为的分析在同一年,但是这两项研究是有区别的。Ach 开展的是事后分析,但比利时学者的研究成功地分析了正在发生的意志行为。后继的学者反复验证了 Michotte 和 Ach 的意志观点。不过,Michotte 并未持续对意志进行研究,而是热衷于因果性知觉(phenomenal causality)。1939 年后,他开展的最富独创性的研究是因果性知觉,并出版了《因果性知觉》这一重要著作,他也因此而闻名于世[②]。

四、行为主义心理学

20 世纪初,由于 Wundt 学派理论和内省法的不足,美国心理学家 John Broadus Watson

---

① 库尔特·勒温 https://baike.baidu.com/item/%E5%BA%93%E5%B0%94%E7%89%B9%C2%B7%E5%8B%92%E6%B8%A9/6486044? fr=aladdin。

② 阿尔伯特·米乔特 https://baike.baidu.com/item/%E9%98%BF%E5%B0%94%E4%BC%AF%E7%89%B9%C2%B7%E7%B1%B3%E4%B9%94%E7%89%B9/6475244。

(1878—1958年)在Pavlov的条件反射理论基础上创立了行为主义心理学。1913年，Watson发表了《一个行为主义者所认为的心理学》的文章，标志着行为主义心理学的正式成立，从而掀起了一场行为主义心理学的革命。

Watson认为，心理学不应只是研究人脑中的那种无形的像"鬼火"一样不可捉摸的东西——意识，而应去研究那种从人的意识中折射出来的看得见、摸得着的客观东西，即人的行为。并且，他主张研究行为与环境之间的关系，研究特定的刺激会引导人体做出何种反应。Watson还指出心理学应该像自然科学那样运用实验法和观察法，必须抛弃内省法，这从根本上推翻了当时把内省法作为主要的研究方法。Watson相信正确的科学方法根本无法获得心灵的内容。

1919年，Watson出版了一本代表作《行为主义观点的心理学》，此书基于Pavlov的条件反射理论，系统地阐述了行为主义心理学理论体系。Watson和后来的行为主义学家们明确指出心理学必须成为一门客观的科学。例如，新行为主义代表人物Skinner（1953）指出无论行为描述有多大的缺陷，我们必须牢记对心智主义的解释是无法解释的。Watson在使心理学客观化方面发挥了巨大的作用，并对美国心理学产生了重大影响[①]。

行为主义取向垄断了20世纪心理科学，它的特征为黑箱（black box）思想。Watson主张心理学只研究所观察到的并能客观测量的刺激和反应，毋须理会其中的中间环节，Watson将其称为"黑箱作业"。他认为行为就是有机体用以适应环境刺激的各种躯体反应的组合，有的表现在外表，有的隐藏在内部。行为主义理论认为，心理学的任务就在于发现刺激与反应之间的规律性联系，既可根据刺激推知反应，又可通过反应推知刺激，从而达到预测和控制行为的目的。他还提出用刺激-反应关系解释人的一切行为。行为主义科学家们通过更多的实证研究模型来解释动机（Steres et al，2004）。

在20世纪大部分时间里，行为主义主导着并界定了动机科学的本质。20世纪50年代到60年代是动机心理学研究转变的10年，也是动机理论发展的黄金时代。随后出现新的动机研究范式，呈现了很多动机理论，例如，需要层次理论、成就动机理论、归因理论、认知失调理论、认知评价理论、期望理论、目标设置理论、自我效能理论等。动机研究与心理学很多领域有关，包括工业/组织心理学、社会心理学、个性心理学、教育心理学、认知心理学、发展心理学、健康心理学、咨询心理学、临床心理学等。21世纪初，动机科学不再接受黑箱的观点，学者们非常关心箱子里所发生的事情。理解行为及其动机的主要框架是理解人们的目标、目的与意义和确定支持复杂行为的认知、情绪及生物的中介者和机制（Ryan，2019）。

第四节 神经科学

动机不仅是心理学研究的重要内容，也是神经科学的一个主导结构。神经科学的发展为

---

① 约翰·布鲁德斯·华生 https://baike.baidu.com/item/%E7%BA%A6%E7%BF%B0%C2%B7%E5%8D%8E%E7%94%9F/6009807?fr=aladdin。

行为主义 https://baike.baidu.com/item/%E8%A1%8C%E4%B8%BA%E4%B8%BB%E4%B9%89/1750752?fr=aladdin。

人类解释动机的内在生理状态和大脑神经调节机制提供了坚实的基础。就像神经科学家Berridge(2004)所言,动机的概念需要了解大脑,犹如大脑的概念需要理解动机。大脑不仅可以完成认知和智力功能,包括思维、学习、记忆、决策和问题解决,而且它还是动机和情绪的中心,它能产生欲望、需要、快乐和痛苦、喜欢和想要的、情绪和感受等。神经科学理解动机既要了解内在(思想)和外在(环境)事件是如何激活具体的大脑结构,又要了解具体的大脑结构一旦被激活,是怎样激励、指导和维持动机状态。动机的神经科学是实证研究所有基于大脑的激活、指导和维持行为的过程。

为了增加对大脑动机的理解,学术领域采用了临床的、实验的和比较心理学等研究方法。有几个神经科学子领域包括认知的、分子的、细胞的、行为的和系统的神经科学。通过结合一些不同技术的信息提出和验证新假设,获得一些令人注目的结果(Simpson and Balsam, 2016)。这些研究对于理解大脑调节动机的机制方面具有重要的意义。

一、大脑里动机工作的影响因素

许多不同的因素影响动机,包括生物体的内部生理状态、当前的环境条件以及生物体过去的历史和经验。Simpson和Balsam(2016)概述了动机怎样在大脑里工作,绘制了一个涉及动机影响因素和过程的简化图(图1.3)。这个动机框架将成本效益分析置于动机概念的核心位置。与行为相关的成本包括努力程度、时间多少、不适感、失去机会、痛苦度。与行为有关的效益包括满足生理和心理需要,避免伤害等。从图1.3中可见,影响动机的因素有3类:个体的生理状态、环境和个体过去的历史。所有3类因素的信息将受制于许多过程(在灰色椭圆形中表示),包括评价和编码。在几乎所有的情况下,动机、环境和生理状态都不是新奇的,因此信息也将经历学习和检索的过程。所有的组合过程都导致了与动机相关的所有成本和效益的加权,而成本-效益计算的输出将影响个人朝着动机目标采取的行动方向和活力。

二、大脑的结构和神经路径

大脑的结构极其复杂。神经科学是对大脑活动进行各种测量而获得数据,最常见的两种测量大脑活动的方法是功能磁共振成像(functional magnetic resonance imaging, fMRI)和事件相关电位的脑电图(electroencephalogram, EEG),运用fMRI和EEG设备测量特定脑结构的活动。大脑过程包括脑的结构、相互连接神经结构的路径和组织这些通路的神经递质(如多巴胺)。

大脑的特征是有外皮层区域和内皮层下区域。皮层区域也称大脑皮层,皮层下区域就是大脑的边缘系统。大脑中的神经纤维就像信息高速公路,与其他脑的结构互相交流,并且形成自下而上(bottom up)和自上而下(top down)的双向沟通路径。大脑皮层下区域关注基本的动机过程,而大脑皮层区域关注如自我控制、抗拒诱惑、决策、评价风险和自我调节等的事情(Reeve, 2018)。神经科学研究识别14个脑的结构与动机状态高度相关。有3个结构组成前额皮质:大脑正中前额叶皮层、背外侧前额叶皮层和眼窝前额皮质。一个是额叶的一部分:前扣带皮层。6个结构位于基底神经节:背纹状体、腹侧纹状体、内侧苍白球、腹侧被盖区、腹

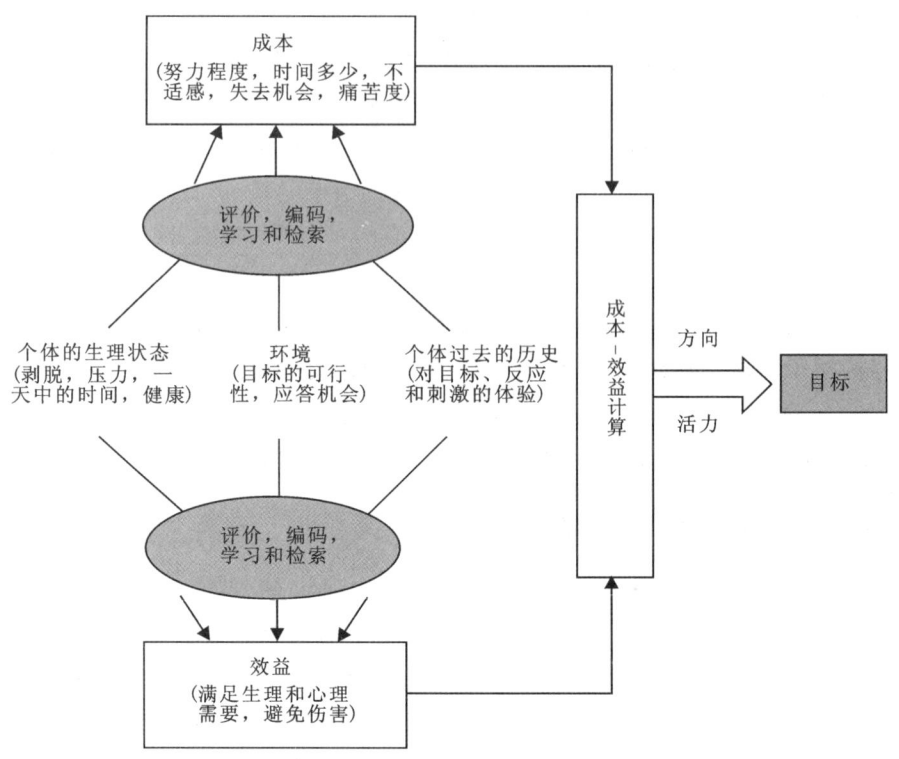

图 1.3　涉及动机影响因素和过程的简化图（据 Simpson and Balsam,2016）

侧钯和黑质。基底神经节是大脑皮层下的许多不同的小核，它们共同为动机性冲击提供运动和行动。大量的黑质和苍白球动机性地准备行动，做出有效的计划行动。基底神经节都紧密联系和接受来自运动区域的信息（执行和完成这些行动计划）。它们的集体作用是激活（或者抑制）行动计划（Pessiglione et al, 2007）。一个结构重叠位于新皮质和基底神经节之间——岛叶皮质。两个结构位于边缘系统：杏仁核和下丘脑。一个位于中脑。以外，还有 3 个与运动相关的结构，即运动皮质、补前运动皮质和补充运动皮质。总共有 17 个关键的与动机相关和与运动相关的大脑结构解剖位置。

除了脑的结构外，还有 5 个神经通路是人类动机状态的神经基础。①中脑边缘通路：这个通路交流多巴胺释放的信息，即生物学的奖励。②中脑皮层通路：这个通路将与多巴胺（奖励）相关的信息传递到前额叶皮层，从而使眶额皮层区域得以了解（记住）一个特定的环境物体在过去已经产生奖励的结果。③眶额纹状体回路：眼窝前额皮质与皮质下脑的奖励中心直接相连，允许它接受来自纹状体有关的奖励信息；一旦接受，允许人们记住他们面对和反复面对的物体、事件和观点相关的奖励价值。眶额-纹状体通信系统是相互的，允许考虑冲动和情绪，并可能优先于有意识的计划。④腹内侧前额叶-杏仁核通路：在这个通路中，腹内侧前额叶发出神经联系给杏仁核，对杏仁核的行动产生约束和抑制作用。⑤前岛叶-前扣带皮层回路：前岛叶皮层和前扣带皮层比其他的神经有较大规模和快速的加工。这两个解剖学上遥远的区域有快速的信息高速公路。

越来越多的神经科学证据表明，与动机有关的大脑区域可以分为 3 个不同的神经网络：

奖励驱动方法、基于价值的决策制订和目标导向控制。

1) 奖励驱动方法

许多研究表明,参与奖赏处理的神经回路是中边缘多巴胺通路,包括腹侧被盖区、杏仁核和纹状体内的 3 个核心结构,即尾状核、壳核和伏隔核,通过多巴胺网络进行交流。对动机的神经生物学研究主要集中在中脑边缘多巴胺(dopamine, DA)系统上,其中多巴胺神经元被认为是"奖赏"神经元。多巴胺由瑞士科学家 Arvid Carlsson 确定为脑内传递信息的一种化学物质,负责大脑的情欲,感觉将兴奋和开心的信息传递,影响着一个人的情绪,也与上瘾有关。由于这个重大的科学发现——脑内扮演信息传递角色的化学物质多巴胺,使 Arvid Carlsson 荣获了 2000 年诺贝尔医学奖。

多巴胺是大脑的"奖赏中心",又称多巴胺系统。奖赏是动机的基础,是生存、学习、幸福和产生以目标导向努力的基础。当一个人面对一个环境的物体(如果汁)时,刺激的特征在杏仁核和腹侧纹状体中被加工(如甘甜的味道),奖励的体验和愉悦的感觉在伏核发生(如我喜欢它)。奖赏表示多巴胺的释放。多巴胺奖赏回路始于腹侧被盖区,多巴胺在那里制造,然后释放给伏核。奖赏中枢从伏核延伸到前额叶皮层,参与主观的快乐体验,并延伸到眶额皮层,它存储了物体的学习奖励价值。当人们面对各种不同的事件时,那些信号奖励——令人赏心悦目的形象(看见一张美丽的脸)和令人愉快的味道(喝甜果汁)触发多巴胺释放。这些触发事件可以是自然的奖励,也可以是学习的奖励。当人们每天面对以某种方式开展的事件比期望的更好,腹侧被盖区释放的多巴胺会增加,多巴胺激增表明该事件正在产生比预期传递更多的奖励。相反,如果发生的事件比期望的更糟糕,多巴胺的释放会减少,意味着某种特定的行动过程正在产生比预期传递更少的奖励。总之,多巴胺释放越多,就会产生更多的学习、积极情绪,趋向动机和努力;相反,就会产生较少的学习、消极情绪,回避动机和懈怠。大量的证据显示中脑边缘多巴胺是调节行为激活、能量消耗和努力相关过程的神经回路的关键组成部分。

然而,奖励的信息加工是一个复杂的过程,涉及动机、情感和学习。Berridge 及其同事将奖励的功能分成 3 个不同的成分,它们具有不同的神经机制:想要、喜欢和学习。"想要(wanting)"或激励显著性,是指获得奖励的发自内心的和无意识的欲望。"喜欢(liking)"是享受快乐的核心过程,与有意识快乐的主观体验相分离(Robinson and Berridge, 1993)。虽然这两个系统都包含在某些共同的中脑边缘结构中,但"喜欢"成分或享乐"热点"只是这些较大的中边缘结构的小分支,包括伏隔核和腹侧苍白球。相比之下,"想要"可以通过提高中脑边缘系统的任何部分(包括那些享乐"热点")的多巴胺水平来增加,而且似乎不需要其他动机中心同时进行活动。控制"喜欢"和"想要"的不同神经通路存在的证据表明,在某些情况下,它有可能体验到"想要"而不是"喜欢",反之亦然。研究表明"想要"和"喜欢"都可以独立发生。

2) 基于价值的决策制订

基于价值的决策制订神经基础是一个广泛的皮质和皮层下结构网络,包括前额叶皮层、纹状体、杏仁核和脑岛。眼窝前额叶皮质和腹内侧前额叶皮质是估价过程的主要大脑区域。决策过程在动机中起着核心作用,它在几个备选方案中选择高价值的行动和对象。估价路径涉及基于价值的决策过程，即表示价值，评估某些行动的各种结果，并不断地重新计算和更新现有的价值，包括价值表示、价值计算和价值学习。当个人预期价值，评估一个结果的价值，并学习一个新的价值时，眼窝前额叶皮质就会被激活。

3）目标导向控制

目标导向控制网络通过认知控制参与了对动机的调节。该系统与目标维护、表现监控（更新）和策略选择（转移）等执行功能相结合。参与认知控制过程的两个核心大脑区域是前扣带皮层和背外侧前额叶皮层（Kim et al, 2016）。当表现被监控和检测到一个错误或冲突时，前扣带皮层被激活，而背外侧前额叶皮层负责工作记忆和执行功能。调节目标导向控制的神经回路的主要功能是保持与目标相关的信息，并监测实现目标。

三、社会行为神经网络

大量不同类型的动机性社会行为是由社会行为神经网络控制的，这些行为包括进攻性和防御性侵略、社会识别记忆、父母行为和社会交流。Newman（1999）提出社会行为神经网络（social behavior neural network, SBNN）假设，认为一种由神经组或"节点"组成的网络控制着社会行为，包括不限于延伸的杏仁核、终纹床核、外侧隔、导水管周围灰质、内侧视前区、下丘脑腹内侧和下丘脑前部。动机行为也来自一个相互连接的大脑区域网络，这些区域决定了刺激的显著性，分配动机价值，并启动适当的行动。在这个网络中，有不同的多巴胺神经元组决定动机价值，被欲望刺激引起兴奋，被厌恶刺激产生抑制。其他组的多巴胺神经元似乎编码动机显著性，而不是价值，这是因为它们由刺激（强度）引起兴奋，而不管刺激是欲望的还是厌恶的（Love, 2014）。虽然，SBNN 和中脑边缘多巴胺系统是不同的，但是它们在动机社会行为的背景下动态地相互作用和支持决策（O'Connell and Hofmann, 2011a, b）。

神经系统依靠神经递质在脑的结构中进行交流，然而内分泌系统依赖激素通过血液流动在身体各器官之间进行交流。很多激素对动机和情绪都很重要，例如，皮质醇、催产素、睾丸素等。在已知参与调节社会行为的无数神经化学信号中，发现两种神经肽，即催产素（oxytocin，Oxt）和加压素（vasopressin，Avp），这是两种由 9 个氨基酸组成的肽类激素。在大脑中通过 Oxt 和 Avp 发出信号，对调节社会动机行为至关重要。Oxt 和 Avp 受体存在于 SBNN 和中脑边缘多巴胺系统的结构中，提供了这些系统相互作用的一种联系手段。Oxt 和 Avp 受体非常适合调节社会行为的表达，因为它们对影响社会行为的因素具有可塑性。Oxt 和 Avp 是在中脑边缘多巴胺系统组成部分的大脑区域内发挥作用，从而影响合作和竞争行为。Oxt 和 Avp 是关键的神经化学信号，在整个大脑中影响社会动机行为，通过它们在 SBNN 内的行为中介对合作和竞争行为都有很大的影响。Caldwell 和 Albers（2016）认为，Oxt 和 Avp 提供了动机网络中 SBNN 和多巴胺的特定元素之间的关键联系，这些元素产生了驱动社会行为的力量。

第二章　工作动机的理论模型与分类

工作动机是动机理论里非常特殊的一个分支。它是从组织工作领域来研究人们为了实现工作目标如何调节思想、情绪和行为的心理过程，以及影响动机过程的因素。工作动机在组织行为学理论和组织管理实践上都备受关注，这是因为工作动机不仅影响员工个体工作绩效以及诸多工作结果变量（例如，工作满意度、工作投入、幸福、创新行为、心理健康等），而且影响组织效率和组织管理方式。本章将界定工作动机的概念，梳理工作动机的重要理论模型，探讨工作动机多样化的分类。

第一节　工作动机的定义

工作动机的概念离不开心理学家们对动机的界定，只不过增加了与工作有关的前提。动机的本质涉及能量、方向、持久性和等量性——激活和意图的所有方面。动机一直是心理学领域的一个核心和长期的问题，因为它是生物、认知和社会调节的核心（Ryan and Deci，2000）。动机研究涉及那些给予行为能量、方向和持久性的内在过程（Reeve，2018）。可见，学者普遍界定动机是一个人为实现目标而付出努力的强度、方向和持续性的心理过程。动机包括3个关键要素：行为的方向、努力的强度和持久性的水平。

关于工作动机也有相似的定义。Kanfer(1990)定义工作动机是在持续经历中决定（或激励）行动的方向、强度和持久性的心理过程，这些经历是与个人工作有关的特征。文献中经常引用Pinder(1998)的经典定义，即工作动机是一系列激发与工作相关的行为，并决定这些行为的形式、方向、强度和持续时间的内部与外部力量。在最广泛的水平上，工作动机是一种心理过程，影响着分配个人努力和资源给予有关工作的行为，包括这些行为的方向、强度和持久性。Kanfer(2012)提出，从狭义上讲，工作动机研究是考察心理过程和机制，个人形成和致力于工作相关目标，制定目标并完成，在一系列可能的行为中分配个人和社会资源，并为实现目标而调节思想、行为和情感。更广泛地说，工作动机研究还包括影响动机过程的人和情境因素的理论以及影响过程的途径。

可见，工作动机是一个人为实现工作目标而付出努力行为的强度、方向和持久性的心理过程。工作动机是主观心理现象，不能直接观察到，只能通过行为、学习、工作表现的相关变化来间接推断出来。

第二节 工作动机的理论模型

工作动机受到个体因素(例如,需要、期望、价值观、认知、情绪、目标、自我概念、个性等)和环境因素(例如,工作特征、资源、情境氛围、社会文化、技术等)的相互影响,涉及人与情境的互动。工作动机理论不仅探讨了决定动机过程的前因和相关后果,而且重点是揭示动机与目标选择和目标奋斗相关的各种不同心理机制。20世纪以来,心理学家们从不同视角提出工作动机的理论和模型,例如,从社会心理学、工业/组织心理学、认知心理学、个性心理学等方面,探索工作动机的影响因素、动机过程、动机的结果和动机分类。这些动机理论在波澜起伏地不断变化着,原有的理论被新的数据否定,新的研究范式取代旧理论的某些原理和公式,这些矛盾运动推动着工作动机理论取得进一步的进展。这些变化代表了知识累积的真正进展的证据,可见,工作动机是一门累积的科学。所有产生的工作动机理论倾向于共享一个重要的特征:为了精确而牺牲完整性的倾向(Kanfer et al,2008)。是否存在一种方式和模型就像一把大伞一样囊括这些工作动机理论,发展一个完全互动的工作动机模式,完整地概括和分类重要理论的焦点呢?本节将讨论4个工作动机的理论模型:工作动机的"3C"模型(Kanfer et al,2008)、工作动机的启发式元模型(Kanfer and Chen,2016)、自我决定理论的工作动机模型、启发式的动机概念框架(van den Broeck et al,2019)。

一、工作动机的"3C"模型

Kanfer等(2008)提出一个广泛的"3C"元启发式方案,用于组织工作动机的相关决定因素。他们将工作动机广泛组织为三大主题:Content(内容)、Context(情境)、Change(变化),即"3C"模型。①内容决定因素包括与个体间差异相关的变量,例如,知识、技能、能力、个性特征、动机、情感倾向、兴趣、价值观和自我概念。内容影响反映人内在心理结构和行为的动力。②情境决定因素指的是行动设置的外生性(对个人的外部)特征。情境研究社会文化、团队/集体层次、领导/社会关系、组织实践和政策、工作要求和非工作因素对工作动机的影响。③变化决定因素是与时间维度相关的因素。变化影响是工作动机的流动性和随时间变化的条件,例如,组织变革、工作再设计、工作经历等因素。表2.1描述了由内容、情境和有关变化组成的工作动机决定因素。

表 2.1 由内容、情境和有关变化领域组成的工作动机决定因素(据 Kanfer,2012 改编)

类型	影响
内容(个体内)对工作动机	认知能力,个性和动机特质,知识和技能,情感的隐性和显性动机,兴趣,价值观,信念、态度,自我概念
情境对工作动机	文化(社会的),下班的要求和限制,组织和团队文化/气氛,组织实践和政策,领导/社会关系,工作角色和工作要求/设计
有关变化对工作动机	组织变革,成人发展(人内在的变化),团队过程,自我调节活动,工作角色/工作再设计,工作经历/学习

大量工作动机模型关注描述不同的个体差异(内容)和情境条件(情境)对动机过程及其结果的影响。这些模型实际上是内容和情境两个决定因素之间相互作用影响动机过程,也就是人与情境两个主题的函数。Kanfer 等(2008)认为这是一种典型的人-情境互动模型。但是,这种互动模型是静态的,不考虑变量时间和随时间的累积变化。因此,为了纠正这些缺点,他们提出一个扩展的启发式框架,把变化包含其中。图 2.1 显示了"3C"及其与动机过程关系的示意图(Kanfer,2012)。从图 2.1 可见,工作动机的"3C"模型是内容、情境和变化之间的函数。工作动机本质上是激起、维持和导向行为,为了实现目标而产生的心理过程。实际上,很久以前学者们都提出动机包括目标选择和目标追求。个人所采用的目标对自我调节过程的激活和调控有直接的影响。20 世纪末,动机研究视角都集中围绕目标结构,几乎所有工作动机理论以不同的方式和不同的重点利用和关联着目标这个核心结构。在理解人、情境和时间变量影响方面发现两个与目标相关的子系统,即目标选择和目标追求。为了实现目标通过目标奋斗和自我调节行为产生相应的绩效。

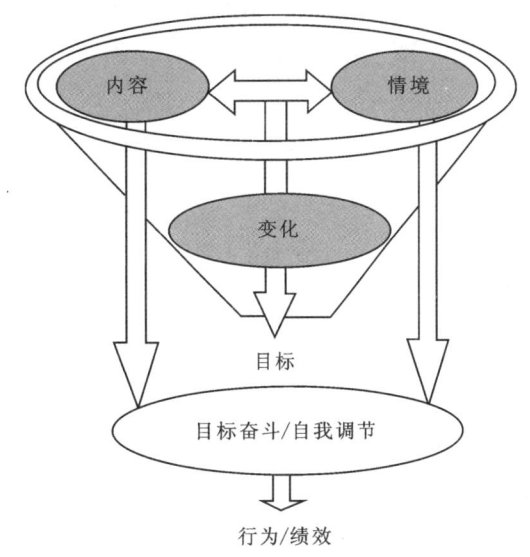

图 2.1 工作动机的"3C"模型的静态表示(据 Kanfer,2012)

二、工作动机的启发式元模型

Kanfer 和 Chen(2016)有选择地回顾了自 50 年前《组织行为和人类绩效》杂志(现在的《组织行为和人类决策过程》杂志)成立以来,在工作和组织行为动机研究方面的重大进展。使用基于目标的组织标题,它们突出了最具影响力的文章,并总结与理解目标选择和目标制订过程中动机的为什么(why)、在哪里(where)、如何(how)、什么(what)和何时(when)5 个方面相关的研究进展。他们对文献的回顾表明,根据它们所处理的主要问题和它们在接近目标选择的连续位置,各种概念可能有广泛的区分和松散的组织。但是,从个体内在的影响和社会环境的影响两条主线勾勒出一个工作动机的启发式元模型和主要动机理论解释的 5 个重点问题。如图 2.2 所示,最突出的工作动机理论涉及了决定目标选择和行动的近端、个体内部的心理力量、机制和过程,即动机的 why、how 和 what。动机的 why、how 和 what 3 个方面都更多地受到个体内在特征(例如,需要、动机、特质、认知、情绪等)的影响,类似于工作动机的"3C"模型中的内容决定因素。图中远端受社会环境(例如,工作关系、文化、技术、工作设计/要求等)影响的 where 和 when 两个方面似乎与动机"3C"模型中的情境和变化决定因素相交叠。动机的 5 个方面存在着既有区别又相关的动机研究流派和理论,甚至流行于不同的时期,并且取得不同的研究进展和成果。下面根据动机的 5 个方面对工作动机理论进行简要的回顾。

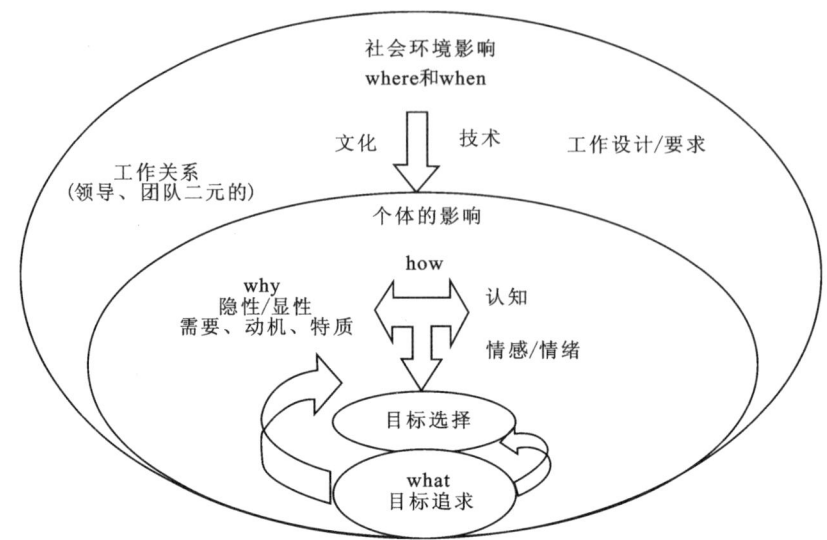

图 2.2 工作动机的启发式元模型和主要理论解释的重点(据 Kanfer and Chen, 2016)

1. 以人为导向的方式:动机的 why、how 和 what

1)动机 why 的研究

动机 why 的研究可以追溯到 20 世纪早期关于识别普遍的人类动机和本质的研究工作。动机 why 回答人为什么做某种行为的问题,聚焦于人的认知、情感、个性、生物的系统,涉及个人的需要、动机、欲望、目标、特质等变量。大量研究显示这些变量对工作目标选择和目标奋斗产生巨大影响。需要和动机是个体行为的主要内在动因。自 20 世纪中期以来,需要理论蓬勃发展,它们识别驱使人类行为的不同需要和动机。例如,早期的需要理论有 Maslow(1943,1954)的需要层次理论、Alderfer(1969)的 ERG 理论、Herzberg(1959)的双因素理论、McClelland(1961)的需要理论(或成就需要理论)、Deci(1972)认知评价理论等。

20 世纪 50 年代,Maslow 的需要层次理论在管理、组织行为、教育等领域是最著名和最流行的动机理论,激发人们回归研究人类需要的热潮。Maslow(1943)首先提出人类的基本需要包括生理需要、安全需要、归属需要、尊重需要和自我实现需要 5 个分类,由低至高排列层次。需要满足是逐级上升的,先寻求满足低层次的"缺乏"需求,然后满足高层次的"成长"需求。Maslow 需要层次理论贡献是从理论上系统地揭示了需要、动机与行为之间的关系,强调人的内在需要是动机的方向和内容。但是,它的局限是带有明显的机械主义色彩,缺乏实证研究。Maslow 需要层次理论受到学者的支持和评论(例如,Wahba and Bridwell,1976)。针对 Maslow 理论的不足,Alderfer(1969)通过实证研究提出一个修正的理论,把 Maslow 的 5 个需要层次变化为 3 个层次,即生存(existence)需要、关系(relation)需要和成长(growth)需要,简称 ERG 理论。并且,在需要满足上除了保留逐级递升规律,他还提出了受挫倒退的规律。

Herzberg(1959)通过调查发现使员工感到满意的因素是由工作本身产生的,而使员工不满意的因素是由外界的工作环境引起的。他提出影响一个人行为和动机的因素是激励因素和保健因素,即双因素理论。这两个因素对员工动机的影响是不同的,并非为了激发员工的积极性。使员工感到非常满意的因素主要是激励因素,这类因素的改善能激励职工的积极性和热情。保健因素的满足只能消除职工的不满,维持他们的工作热情,不能使员工变得非常满意和真正激发员工的积极性。

McClelland(1953)需要理论是在 Henry Murray(1938)早期研究的基础上,提出人的重要需要是成就需要、权力需要和归属需要。这3种需要的层次因人而异。研究决定成就需要的因素及高成就需要的人的特征,并开发培训课程提高管理者的成就需要。所以,这个理论也称为成就需要理论。

Deci(1975)提出了认知评价理论,重点关注外在奖励(如薪酬)和内在动机之间的关系与能力感、自主性和控制感相关的更高阶动机的满意度相关。这个理论首次被提出后的40年里,引起学者广泛的兴趣,他们不断研究和争论外在奖励对内在动机的影响。1985年,Deci及其同事提出一个有关人类动机、情绪和个性的宏观理论——自我决定理论。这个修正的理论提出自我决定程度有6种不同的动机,分为去动机、外在动机和内在动机3类,以及识别自主需要、胜任需要和关系需要3种天生的心理需要。认知评价理论是自我决定理论的第一个子理论,自我决定理论的观点将在后面的动机模型和分类里详细讨论。

心理学中存在两个不同的动机系统:趋近系统和回避系统。另外,关于动机导向和目标结构理论,在文献中最著名的理论是 Dweck(1986)的目标取向理论(goal orientation theory)以及 Crowe and Higgins (1997)的调节焦点理论(regulatory focus theory,RFT)。目标取向理论主要研究动机过程对学习的影响,后来也应用到工作情境。这个理论认为关于个人能力可塑性的信念将引导人们追求不同类型的目标(例如,学习目标和绩效目标)。如果个人对自身能力有增长(或可塑性)信念,在目标追求过程中就会熟练应用或学习目标取向,这样他们的目标是学习和发展他们的能力及其在任务中的成就。相反,持有稳定能力信念的个人会寻求表现他们的能力并与他人相比较,同时发展一种绩效目标取向。绩效目标也可以分为趋近和回避子性状。如果个人拥有趋近绩效目标就会寻求证明他的能力并与他人相比较;然而,如果个人拥有回避绩效目标则试图避免显示出自己的无能并避免来自他人的负面评价。

调节焦点理论讨论进步(如促进)和安全(如预防)动机的基本特征,提出促进焦点和预防焦点两种不同的动机决定着人们如何决策、选择目标、调节行为和表现,以及在目标奋斗过程中体验的情绪和自我评价。个人如果拥有促进焦点,将试图尽量减少实际自我和理想自我(例如,希望和愿望)之间的差异;个人如果拥有预防焦点,将试图尽量减少实际存在的自我和应该存在的自我(例如,义务和责任)之间的差异。拥有促进焦点的个人有高的趋近动机,关注培养需要和识别个人成长的机会。结果这些人体验追求目标时的渴望,达到目标时的快乐,以及没有达到目标时的悲伤。拥有预防焦点的个人有高的回避动机,关注安全需要和避免损失。他们把目标看作是义务而不是期望的标准。结果这些人体验追求目标时的谨慎,达到目标时的放松,以及没有达到目标时的紧张(Brocker and Higgins, 2001)。

实际上,这两个理论有相似之处,学习目标和绩效目标,以及促进焦点和预防焦点都是结合趋近-回避两个动机系统的框架,理解目标价值的差异怎样对动机过程产生影响。与调节焦点理论相似,目标取向理论描述目标的框架(例如,聚焦学习与绩效)可以影响一个人任务目标的内容,在目标奋斗中使用的策略,以及在目标追求的最后如何评价绩效(Kozlowski and Bell,2006)。

2)动机 how 的研究

动机 how 回答怎样行动的问题,涉及目标选择过程,也就是决定个人选择和追求行动方针的过程。从 20 世纪 50 年代开始,组织心理学家就关注动机 how 的问题。这方面的理论包括 Vroom(1964)的期望-价值理论,Locke(1968)的目标设置理论,Fishbein 和 Ajzen(1975)的合理行为理论,Ajzen(1991)的计划行为理论,Gollwitzer 等(1990)及 Heckhausen 和 Gollwitzer(1987)的行动阶段理论等。其中,期望-价值理论和目标设置理论在 20 世纪中期至末期主导了工作动机的文献,也是最有影响力的理论模型。

Vroom(1964)的期望-价值理论(expectancy-value theory)或期望理论认为个人在任务、工作和努力水平之间的选择是 3 组心理变量整合的函数,即期望值、关联性和价值或效价。期望值是努力-绩效的关系;关联性是绩效与所得结果之间的关联;价值或效价是结果-个人目标的关系。只有当人们相信通过努力获得特定的绩效,绩效带来相应的结果(例如,薪酬或晋升),这个结果是很重要的、有吸引力的或能满足个人目标价值的,人们的动机力量才最大。几十年来,许多研究调查了期望理论的组成部分和对动机力量及工作绩效预测的有效性。元分析结果显示高期望值和高效价与许多不同结果有积极的关联,例如,工作搜寻和工作选择(Chapman et al,2005)、培训动机(Baner et al,2016)、绩效、努力(van Eerde and Thierry,1996)及其他行为。

Locke(1968)发表了一篇重要的论文,推出一个新的动机理论——目标设置理论(goal setting theory)。这个理论被誉为在组织心理学中科学有效的、有用的、少有的动机理论之一(Miner,1984;Pinder,1984)。目标设定理论的核心是基于内省证据的命题,即有意识的目标调节了许多人类行为,特别是在工作任务中的绩效(Locke,1991)。人的行为是由目标设置的特征决定的,目标设置特征包括目标难度、目标特定性、目标接受性和目标承诺等。个体的行为意图或目标难度与任务绩效水平之间存在显著的正相关关系。大量关于目标设置特征与绩效关系的研究证明,人们面临困难的目标比容易的目标带来更高绩效。具体特定的目标比一般的或模糊的目标更能提高绩效,接受性和承诺高的目标绩效更好。元分析显示:设置具体困难的目标可以使绩效提高 10%;当给予反馈时,绩效可以进一步提高 17%(Mento et al,1987;Neubert,1998)。目标设置理论从产生至今一直引起学者们浓厚的研究兴趣,如研究目标-绩效的关系、目标设置特征对目标奋斗的影响、目标结构对目标-绩效关系的影响等。

随着认知领域的进一步发展,产生了计划行为理论。在社会心理学中,Fishbein 和 Ajzen(1975)首先提出合理行为理论(theory of reasoned action),研究态度、社会影响和行为意图之间的关系。Ajzen(1991)对合理行为理论进行扩展引入了计划行为理论(theory of planned behavior)。这个理论开始与 Vroom 的理论有相似之处,期望-价值的基本元素作为行为意图的预测者。但是,增加了社会情境作为个体动机的一个重要决定因素,考虑到态度和社会影响以主观规范的形式在形成意图中的作用。理论认为感知行为控制(类似于期望值)和对特定行为的态度(类似于效价)——社会情境(社会规范或别人将会思考什么),这些因素预测行为意图。有几个元分析总结了计划行为理论的结果,对这个模型预测意图和行为提供了普遍的支持(例如,Ajzen,1991;Godin and Kok,1996;Hausenblas et al,1997)。元分析结果显示这个理论可以解释人们20%行为的变化。感知行为控制起着重要作用,因为它与行为有直接或间接的关系(通过行为意图),相比之下,主观规范对行为预测似乎最不重要(Armitage and Conner,2001)。

3)动机 what 的研究

动机 what 回答做什么的问题,涉及目标追求,解决个人在目标奋斗过程中用来分配和管理认知和时间资源的策略(Kanfer and Chen,2016)。这方面理论包括 Bandura(1977)的社会认知理论,Carver 和 Scheier(1981)的控制理论,Kanfer 和 Ackeman(1989)的资源分配理论,Baumeister 等(1998)的自我消耗理论,Hobfoll(1989)的资源保存理论等。

著名的社会心理学家 Bandura 发现行为主义刺激-反应理论的局限,忽视社会变量对人的行为影响,将信念、自我知觉、期待等认知因素纳入理论,提出社会认知理论(social cognitive theory)。社会认知理论包括社会学习理论(或观察学习)、三元交互决定论、自我效能理论、自我调节理论等。Bandura 早期提出社会学习理论,专注于观察学习和自我调节对人的行为的影响。他强调在社会学习中个人、行为和环境 3 个因素之间存在动态的相互作用,即三元交互决定论。社会认知理论很重要的结构之一是自我效能。自我效能是指个体对自己能否在一定水平上完成某一活动所具有的能力判断、信念或主体自我把握与感受。自我效能有 4 个来源:个人行为历史、替代经验、口头说服和生理状态。自我效能的信念以多种方式对人的机能质量作出贡献。一般而言,人们越希望他们能顺利地执行任务,他们就越愿意付出努力和面对困难(Bandura,1986)。自我效能信念影响活动和环境的选择(趋向与回避)、努力和坚持的程度、思维和决策的质量以及情绪反应(Bandura,1989)。研究支持自我效能和任务动机指标之间存在正相关。自我效能直接或间接地影响行为,通过增加结果预期、促进目标承诺、设定困难的目标以及加强人们对能够应对影响目标实现的环境因素的知觉(Bandura,2012)。在 Bandura 的社会认知理论中增加了认知过程参与目标追求和自我效能感在有效自我调节中的作用(Kanfer and Chen,2016)。大量的研究关注目标选择、目标判断及目标追求中自我效能作为关键决定因素的影响。

控制理论最初的核心前提是负反馈回路代表了人类行动和动机的基本单位。负反馈循环的想法起源于控制论(Wiener,1948),并被 Miller 等(1960)引入到行为科学领域(Locke,1991)。控制理论提出人们通过监控目标和行为之间的差异来调节自己的行为,并且通过施加更多的努力或分配更多的资源以降低这些差异(Carver and Scheier,1981)。社会认知理论与控制理论非常类似,把自我调节视为一个有反馈的循环过程,个体使用目标过程调节当前的活动以便降低行为和目标之间的差异(Zimmerman,2000)。但是,这两个理论也有差异,社会认知理论强调差异产生(例如,设置高于个人过去绩效的新目标),而控制理论强调差异减少(例如,努力奋斗实现个人目标)。Bandura 和 Locke(2003)的基本观点是动机存在于欲望中实现有挑战性的目标(这是差异产生的结果),而不是在欲望中减少差异。

目前,在目标追求中的研究涉及动机过程所需的个人资源的时间消耗和补充,自我控制经常失败。失败的原因是施加自我控制会耗尽有限的资源(自我消耗),而这是自我控制成功所必需的。因此,在实施自我控制后,个体抵抗诱惑、对抗冲动或停止一种行为的能力会减弱,从而导致丧失自我控制的能力。Baumeister 等(1998)提出自我消耗理论(ego depletion theory)(Baumeister et al,1998),假设自我调节和自我控制所需的个人资源随着使用程度而减少。这个理论认为持续的自我调节(通常需要长时间执行一项复杂的任务)耗尽了个人资源池,降低了自我调节活动的能力和有效性。随着时间的推移,当个人必须从事目标选择活动时,资源枯竭也会发生。Baumeister 等(1998)和 Hobfoll(1989)认为,当人们在有任何资源补充的机会之前就感知到未来对自我调节的需求时,人们试图保护或减缓资源消耗的速度(即在资源消耗方面调整自己的节奏)。Baumeister 等(1998)的自我消耗理论强调资源消耗与使用时间的长短有关,自我控制受到有限资源的限制,使用后会耗尽。自我消耗过程受到个体自我控制行为的心境、感受以及恢复失去资源的能力所调节。研究已经证明广泛的行为受到消耗和消耗本身的影响。管理这些资源至关重要的是成功地自我控制,并且提出从个人和社会层面更好地了解自我控制是如何运作是非常重要的,包括高阶的认知、控制攻击性行为、与他人和睦相处、调节心境、抵抗各种诱惑等(Muraven,2012)。Hobfoll(1989)提出的资源保存理论(conservation of resources theory)强调工作压力源对资源损失率和消耗率的影响。这个理论的核心观点是,一般情况下个人都会尽自己最大的努力来对自身认为非常重要的资源进行相应的保护、维持、获取与构建。然而,当重要资源有可能受到损失或确实已经出现了损耗时,个人就会感知到威胁和压力。

2. 以社会环境的方式:动机的 where 和 when

有一些动机理论强调环境对行为的影响,像行为主义理论重视环境对行为的重要作用,Lewin 提出的场的理论认为行为是人与环境相互作用的函数等。在过去的 50 年里,大多数工作动机理论和研究都集中在即时绩效设置中活跃变量的影响上,如奖励、决策纬度、社会互动和任务多样性(Kanfer,2012)。从图 2.2 可见,where 和 when 涉及影响动机的社会环境因素,包括工作关系、工作设计/要求等工作及组织方面的影响因素。动机 where 和 when 的研究理论包括工作设计理论、公平理论、社会交换理论、领导和团队对动机影响的理论等。

Hackman 和 Oldham(1976)的工作特征理论(job characteristics theory,JCT)强调工作特征对工作动机的重要作用,识别出 5 个核心的工作维度:技能多样化、任务完整性、任务重要性、自主性、反馈性。这些工作特征和个体成长需要强调差异性之间的互动影响员工对工作的意义、责任感和工作结果的知识 3 种重要的心理状态,进而提高工作动机和工作满意度,以及影响其他工作绩效、流动等结果变量。工作设计模型受到学者的持续研究和扩展,引入社会维度和人际关系因素影响目标特征及目标追求。

Adams(1965)的公平理论(equity theory)主要研究报酬分配的公平性。公平理论认为人们将自己的产出与投入的比率与参照对象相比较,会获得公平或者不公平感。当自己的比率与别人的比率不相等时就会感到不公平,产生令人不适的心理紧张状态和降低紧张的动机,并采取行动改变不公平状态。这个理论也称为社会比较理论,这是因为不公平感是自己与他人比较的结果。分配公平获得大量研究的支持。组织公平的概念化是 Korman 等(1977)的评论出现之后,20 世纪 80 年代,对组织公平的兴趣从分配公平逐步延伸到与工作相关的结果，组织公平的结构不断拓展，包括分配公平、程序公平、互动公平3种分类。Greenberg(1993)提出组织公平四因素模型：人际公平、信息公平、程序公平和系统公平。各类组织公平的前因和结果变量研究比较广泛，以社会交换、情感、特质和自我变量作为中介过程研究公平感对行为的间接影响，还有的是研究动机变量在公平感中的重要作用以及在目标追求中提高公平动机的条件等。Colquitt等(2001)元分析结果显示，分配性和程序性形式的公平与动机结果呈正相关，如工作承诺和任务绩效。那些认为结果、程序和关系不公平的个人更有可能产生较低水平的工作表现和组织公民行为，以及/或更高水平的反生产行为(Colquitt et al，2001；Colquitt et al，2013)。

关于社会环境对动机的影响，研究认为在群体和团队中的工作会导致动机受损，例如，社会惰化和搭便车行为。Pearsall等(2010)研究表明，奖励系统特征在激励团队成员努力和减轻团队层次的社会惰化现象方面发挥着重要作用。20世纪80年代，团队运作盛行，研究非常重视团队成员的动机、团队氛围、团队设计对行为过程和效能的作用。Kanfer(1990)提出团队层次的工作动机分析包括目标生成、目标追求和动机状态3个核心成分。Chen和Kanfer(2006)开发了一个在团队中多维动机行为理论，描述了3个一般性的命题组：动机结构和过程在跨层次的普遍性、个体和团队动机跨层次的关系、个体和团队动机的前因。基于Chen和Kanfer(2006)的理论框架，Chen和Gogus(2008)提出在团队中研究动机的多层次框架，考虑了5个关键连接(图2.3)。个体层次动机和团队层次动机相互影响(连接1和连接2)，它们具有多维前因或激励者(连接3)和结果(连接4)以及限制条件(连接5)，一个层次和不同层次(个体或团队)的动机状态和过程在绩效方面发挥重要作用。实证证据显示目标生成和目标追求过程在跨个体和团队分析中的机能上是相似的。从个体层次到团队层次产生多维动机状态，Chen和Gogus(2008)提出动机状态结构包括效能、授权、组织和团队承诺、目标承诺、公平，在个体和团队层次这5个方面的内涵是有区别的。Chen等(2009)考察团队层次动机对个体层次动机的影响，结果显示在目标执行期间团队的效能对活动产生显著的积极影响。并且，发现团队的集体努力分配促进了个体成员对完成团队中个人角色的努力分配以及个体成员的绩效。在团队环境中动机过程研究进展建立在个体和团队层次上的目标选择和自我调节动机过程之间的同源性证据以及多层次的建模。元分析表明团队的效能对个体层次动机过程产生跨层次影响(例如，Chen et al，2007，2009)。由此可见，团队层次动机以多种方式对个体层次动机产生深远影响。此外，Kanfer和Kerry(2011)研究多团队系统背景下的动机。考察跨团队的配合中影响动机的人和情境因素，以及在不同的团队成员之间交流、合作动机和合作行为。

在有关领导研究文献中，工作动机定义为一种重要的副产品和领导影响的结果。下属员工动机变成一个关键的领导结果。为了实现组织目标，领导者必须有效指导、引领员工行为的方向，激励员工积极动机，发挥他们最大的潜能，从而提高组织效率。领导影响工作动机可以通过影响动机状态，也间接和直接影响目标生成和目标奋斗过程。领导影响工作动机的过程主要是通过他们的方向设置和运作管理活动。他们所执行的这些活动内容和风格对动机产生不同的影响。一般而言，领导影响动机是跨个体、团队和组织多层次的(Zaccaro et al，2008)。一些实证研究支持了交易型领导、变革型领导、自主支持型领导、授权型领导等各类

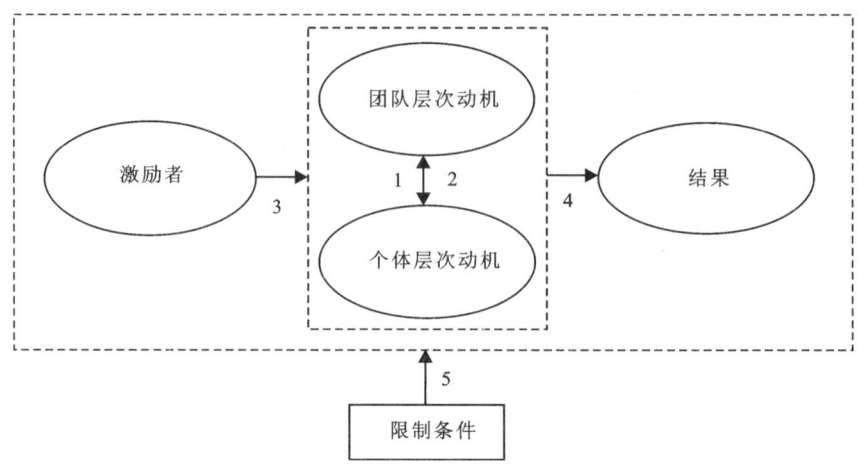

图 2.3 在团队中研究动机的多层次框架(据 Chen and Gogus,2008)

领导风格可以满足员工需要,激发下属动机,激励他们采用更有挑战性的目标。Benjamin 和 Flynn(2006)研究发现变革型领导与下属调节焦点(运动或趋近导向的调节焦点)相互作用可以预测下属施加额外努力的意愿。Gilbert 和 Kelloway(2014)认为管理者的变革型领导、领导成员交换关系、真诚领导和魅力领导这几种领导风格也能满足下属 3 种基本心理需要,增强和维持内在动机并具有促进外在动机内化和整合的潜力,进而对员工的工作动机以及工作行为、态度和心理健康产生影响。

Kanfer 和 Chen (2016)回顾了过去半个世纪至今《组织行为和人类绩效》杂志(现在的《组织行为和人类决策过程》杂志)发表的文献,发现由于认知、社会和个性心理学等理论的发展,动机研究的一个显著进步是理解基本心理机制参与有意的目标选择、自我调节和决策,以及显性动机和能力对这些过程的影响。在目标选择和目标制订过程中动机的 why、where、how、what 和 when 这 5 个方面的研究取得实质性进展,但是不均衡。关于工作动机内容的知识(即 what 和 how 的问题)比较丰富,很少关注 why、where、when 的方面。因此,未来在个人工作环境以及个人随时间变化的经历对动机过程的影响方面还需要进行更多深入的研究。

三、自我决定理论的工作动机模型

自我决定理论(self-determination theory,SDT)是 Deci 和 Ryan 从 20 世纪 70 年代至今,经过几十年连续工作发展的人类动机、情绪和个性的宏观理论,从对内在动机和外在动机研究演变而来,扩展到工作组织和其他生活领域。目前,形成了由 6 个子理论构成的自我决定理论框架,包括认知评价理论(cognitive evaluation theory,CET)(Deci and Ryan,1985a)、因果定向理论(causality orientations theory,COT)(Deci and Ryan,1985a)、有机整合理论(organismic integration theory,OIT)(Deci and Ryan,1985b)、基本心理需要理论(basic psychological needs theory,BPNT)(Ryan and Deci,1996)、目标内容理论(goal content theory,GCT)(Kasser and Ryan,1996)和关系动机理论(relationship motivation theory,RMT)(Ryan and Deci,2017)。

自我决定理论就是关注人们面对发展过程中积极自我和各种内外不同力量的辩证斗争(Deci and Ryan,1990)。自我决定理论是一种宏观的动机理论,它以人们本质上积极主动和成长为导向,并与环境互动充分发挥全部潜能为前提(Deci and Ryan,2000)。这个理论强调人类行为的自我决定程度,研究动机的类型,其核心是区别自主动机和控制动机,提出内在动机、外在动机和去动机。依据自我决定理论的第一个子理论认知评价理论(Deci,1975)的观点,外在动机(即奖励)可能会减少特定活动中固有的内在奖励(即享受)。自我决定理论认为社会环境可以通过自主、胜任和关系3种基本心理需要满足来增强内在动机和促进外部动机的内化,并且这个理论提出了一个自我决定连续体。在去动机和内在动机之间,外在动机根据自我决定程度由少至多分4种类型,即外部调节、摄入调节、认同调节和整合调节。

基于自我决定理论,Vallerand(1997)提出复杂的动机模式,认为环境影响行为动机过程是社会因素—心理中介因素—不同类型的动机—结果。Gagne 和 Deci(2005)提出工作动机的自我决定理论总结模型(图 2.4),这个模型显示环境因素、个体差异作为自主动机的前因,以及与自主动机相关的工作结果(绩效、心理幸福、组织信任和承诺、工作满意度)。模型中这些变量的关系在组织或其他机构的研究中获得不同程度的支持。

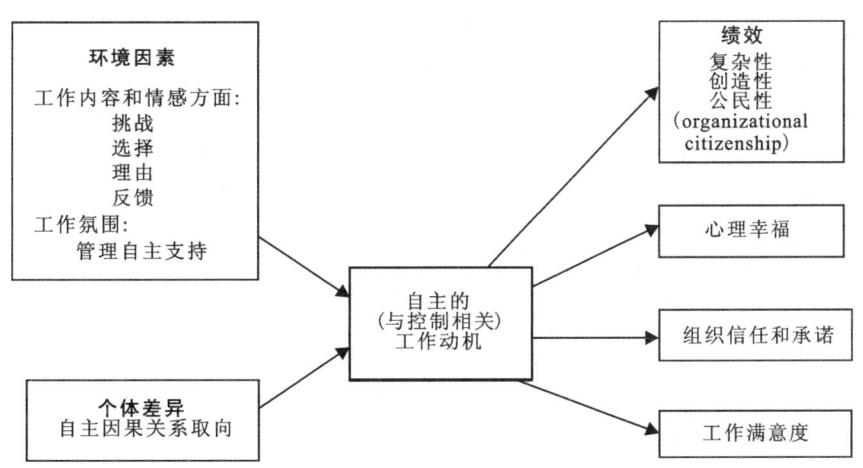

图 2.4　工作动机的自我决定理论总结模型(据 Gagne and Deci,2005)

Deci 等(2017)提出工作场所自我决定理论基本模型(图 2.5),以工作情境(包括需要支持和需要阻滞的管理风格)和个体差异(包括一般因果关系取向、愿望和目标)为自变量,基本心理需要和动机(包括自主动机和控制动机)为中介变量,工作行为和保健与健康为因变量。主要的工作情境变量是员工对自主、胜任和关系的基本心理需要的组织支持和阻滞,它们受到管理风格的强烈影响。在自我决定理论研究中典型使用的个体差异变量是员工的一般因果关系取向和外在的与内在的愿望或目标。图 2.5 中有两种类型的中介变量:第一,3 种基本心理需要的满意度通常用作复合变量,但有时也单独分析每个需要;第二,自主的和/或控制的动机。与图 2.4 相比较,图 2.5 增加了基本心理需要这组中介变量,动机包括自主动机和控制动机以及具体的动机亚类。研究者通常使用一组需要满足变量或动机变量,少有的研究使用这两组变量,倾向于从需要满足变量来预测动机变量。通常这两组变量作为自变量和因变量之间的中介变量。有两类因变量是绩效变量和幸福/不健康。在工作组织中,自我决定理论模型有大量的研究,有的选择部分变量的子集研究,或者考察模型中部分变量之间的关系以及部分变量与其他组织变量之间的关系。例如,直接把个体差异作为基本心理需要和工作动机的前因变量;或者将基本心理需要满足作为工作动机的前因变量,考察对因变量的影响。可见,自我决定理论已经形成了工作环境-基本心理需要-工作动机-结果的理论模型。

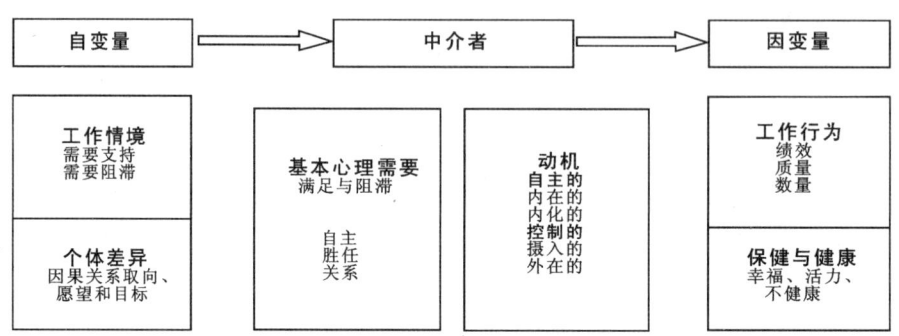

图2.5 工作场所自我决定理论基本模型(据 Deci et al,2017)

张春虎(2019)基于自我决定理论的工作动机,研究英文文献系统检索97篇实证研究样本,通过整合分析和归类,提出自我决定理论的工作动机研究模型。这个工作动机研究模型主要变量的简图详见图2.6。该模型中将工作环境(包括自主性支持环境和控制性环境)和个体特征作为自变量,基本心理需要满足(或阻滞)和工作动机(自主性动机、控制性动机和去动机)作为中介变量解释工作环境对员工的影响。并且,归纳出基于自我决定理论的工作动机研究的6个脉络。其中前3个脉络研究成果较多:脉络一是工作动机的主效应研究;脉络二是基本心理需要满足对员工的工作动机以及工作行为和态度的影响研究;脉络三是自主性支持工作环境对员工工作动机以及工作行为和态度的影响研究。

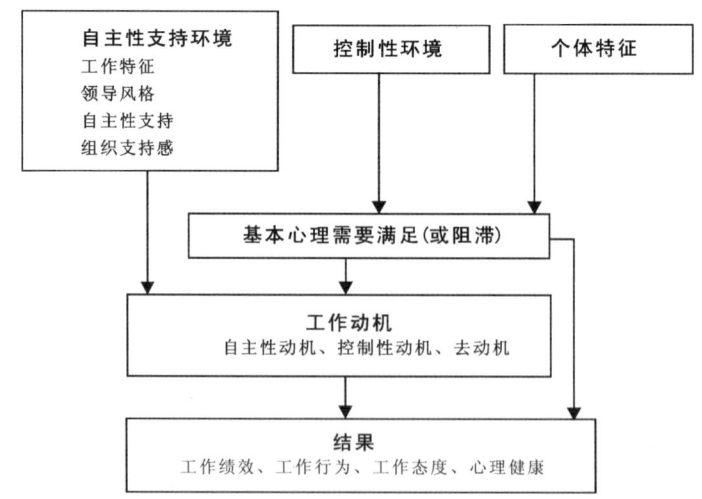

图2.6 基于自我决定理论的工作动机研究模型(据张春虎,2019改编)

这个工作动机研究模型依然反映了自我决定理论关于工作环境-基本心理需要-工作动机-结果的理论框架。它的贡献是依据已有的实证研究成果对具体各变量(自变量、中介变量和因变量)之间的关系研究进行定量统计、归类,从而获得基于自我决定理论的工作动机研究的现状和主要特征。它的研究结论是：员工基本心理需要满足和自主性工作动机作为中介变量可解释自主性支持的工作环境和员工个体特征对工作行为、态度和心理健康的积极影响。

四、启发式的动机概念框架

van den Broeck 等（2019）将关键的动机原则整合到一个启发式的概念框架中。如图2.7所示，其核心包含了构成"员工头脑内部"动机的内生过程（Grant and Shin，2012）。这个内生过程包括目标选择和目标奋斗。此外，还包括引起和伴随员工动机的前因和结果的外生变量及其动机过程。这个启发式概念框架包括4个主要部分：what、how、where和when、结果。

1）What

What 是目标的层次结构，即目标选择过程。目标的内容和特征或"期望的最终状态的内部表征"包含在目标的层次结构中。人们可以追求多维的目标，这些目标的特征由高至低相互组织和相互依赖，目标的内容从抽象到具体。高层次的是抽象地达到结果的价值和意义，低层次的是在目标难度上有差异的具体行为和活动。低层次的行为结果是为了实现高层次的目标。

2）How

How 是在目标奋斗中的自我调节和资源分配过程。van den Broeck 等（2019）认为这些关于自我调节行为的不同观点可以组织成相互影响的宏观层面和微观层面。宏观层面主要关注人们为什么追求某一特定目标的内容。图2.6显示在宏观层面上，自我调节包括自我决定理论的外在动机（包括外在调节、摄入调节、认同调节和整合调节）和内在动机，目标取向理论或成就目标理论的熟练目标和绩效目标，以及调节焦点理论的促进焦点和预防焦点。在微观层面上，自我调节描述了行为调节的结构性和阶段性的比较细微的过程，包括控制理论、资源分配理论、行动理论、社会认知理论等观点。这些理论的共同特点是假设在任务参与过程中存在一个反馈回路。

3）Where 和 When

Where 和 When 是动机的个人和情境的前因。动机的个人层次包括固定的特征（例如，性别、年龄）、稳定的特质（例如，个性特质、能力）和瞬间的状态（例如，情绪）。动机的情境前因涉及特定的工作、团队和组织等各种不同的特征。van den Broeck 等（2019）认为在这个框架模型中，动机的前因变量主要体现在工作设计、人与组织匹配、公平、领导、团队等相关理论中。这些前因与多数动机模型中的变量比较相似，例如，自我决定理论的工作动机模型的前因变量、工作动机的"3C"模型中内容和情境的变量，说明大多数动机理论模型认同动机的决定因素包括内在的个体因素和外在的环境因素。

4）结果

结果包括幸福、态度和行为。van den Broeck 等（2019）将优化机能作为员工动机的最终结果，并界定工作中的优化机能是在员工幸福感、态度、行为方面的内部和人际成长及发展的表现。这些结果变量与前面的自我决定理论的工作动机模型、工作动机的"3C"模型都相似，包括绩效、态度、行为、幸福等变量。

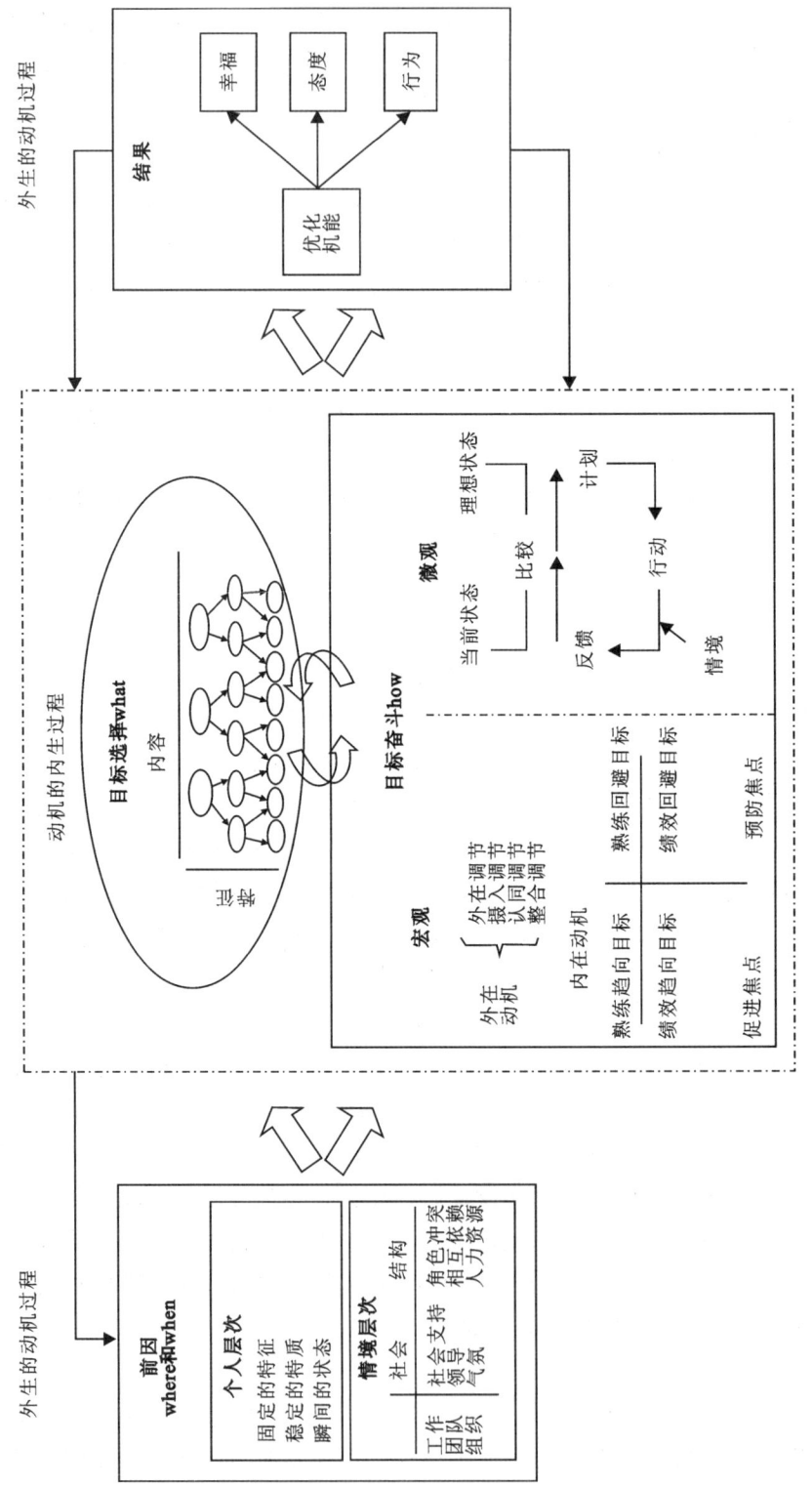

图2.7 启发式的动机概念框架（据 van den Broeck et al,2019改编）

这个启发式的动机概念框架中动机的 what、how、when 和 where，与前面描述的工作动机的启发式元模型（Kanfer and Chen，2016）中的 why、how、what、when 和 where 所涉及的内容大部分都不一致，只有 when 和 where 中讨论的环境影响是相似的。虽然，这些动机问题在各自模型中的操作定义有偏差，但是，工作动机研究的基本框架是成型的，揭示动机的前因、目标选择和目标奋斗与结果之间的关系，其核心都是围绕目标选择和目标奋斗这个内生的动机过程，这也是工作动机中最复杂、最难去探索的部分。上述大部分动机模型都开始重视时间因素对动机的影响，例如，动机的 when 和工作动机的"3C"模型中的 change。在工作场所考虑与时间有关的结果，例如，拖延。Steel 和 Konig（2006）提出了时间动机理论（temporal motivational theory，TMT），发展动机干预以减轻目标选择和时间分配的时间折扣效应，并且缓解拖延行为。学者们采用不同领域的规律去扩展和整合更加复杂的动机模型和研究范式。随着神经科学的发展，可以将生理状态和大脑调节机制（如图1.3所示大脑里动机影响因素）作为个体特征，成为工作动机的前因变量，即工作动机是生理因素、自我相关的个人因素和环境因素之间相互作用的心理过程。诚然，目前还没有一个比较完善的工作动机模型去概括已有的动机理论和原则。

第三节　工作动机的分类

人类行为的目的是复杂多样的，一种行为可能被多种动机驱使，因此，工作动机的分类也是多元化、多层次化的。学者普遍使用两分法描述一组对立动机并存的现象。正如第一章中描述的，最早享乐主义哲学认为人们的行为是为了寻求快乐和避免痛苦，体现趋近动机和回避动机。文艺复兴时期，哲学家 Descartes 提出的身心二元论将人类动机区分为被动动机和主动动机。动机过程理论探讨内在动机和外在动机。目标取向理论提出熟练目标动机和绩效目标动机（Dweck，1986）。调节焦点理论区分促进焦点和预防焦点两个共存的动机系统（Higgins，1997）。自我中心论将自我评价动机划分为自我提升动机和自我保护动机（Alicks and Sedikides，2009）。聚焦无意识动机提出意识的动机和无意识的动机，对应地称为显性动机和隐性动机。神经科学研究揭示动机的影响存在短暂动机和持续动机，短暂动机是与特定外部线索相关的效应，持续动机是根据多巴胺在激励情境中的变化来解释的动机效应。此外，还有一些多维动机的分类。自我决定理论突破两分法提出内在动机、外在动机和去动机3种分类；然后，依据有目的的行为，按自主和控制程度的差异区分自主动机和控制动机，这两种动机对与内在动机和4种外在动机之间有交叉包含的关系。Bauneister（2005）区分3种动机：最基本动机、社会动机（如攻击和归属）和文化动机（包括期望钱、名誉、有意义生活和自尊）。Guillén（2018）及其团队在经典动机理论的基础上，综合经济学、社会学、心理学、伦理学和神学等不同学科的方法，以人类生活的4个利益（即有用的、令人愉快的、道德的和精神的）为横轴，以外在动机、内在动机、超越动机和宗教动机为纵轴，全面划分了16种复合多维动机，形成了 IECO 动机矩阵。这个动机框架从理论层面创建了一个更广泛的动机分类法，拓展了动机分类的研究视角和分析层面，并且，它也适合在组织中促进个体的发展和繁荣。

诸多二维动机分类相互交叠、相互影响。一些动机理论按照趋近和避免这个亘古不变的行为规律贯穿于动机分类的阐释中。例如,被动动机有无意识的成分,主动动机类似于意识动机,人的身体和精神应该都包含着被动动机和主动动机。在目标取向理论中绩效取向目标也可以分为趋近和回避子性状。在调节焦点理论中促进动机和预防动机分别与自我提升和自我保护动机有积极的关联,而且促进焦点和预防焦点的调节策略都包含着趋近策略和避免策略。在这些动机中,趋近动机、促进动机、自我提升动机等都期望有更好的积极结果、促进成长进步和达成理想的终极状态去驱使行为,而不仅仅是安于现状、免受损失。所以,人类行为的根源蕴含着积极的心理机能,通过满足各种需要和欲望,产生目标导向行为以实现自我成长和发展,提升自我观点和维护自尊,追求美好生活和人类的繁荣昌盛。

Braver 等(2014)从动机-认知互动机制的理论发展方面,区分了多组动机维度:目标导向控制和其他激励学习的形式,趋近动机和回避动机,短暂动机和持续动机,意识动机和无意识动机,外在和内在动机,目标设置和目标奋斗,积极反馈和消极反馈等。本节主要讨论6组常见的和较新的工作动机分类:趋近动机和回避动机,去动机、内在动机和外在动机(自主动机和控制动机),显性动机和隐性动机,自我提升动机和自我保护动机,促进动机和预防动机,IECO 动机矩阵。其中有两分法、三分法,也有多维复合动机分类。

一、趋近动机和回避动机

旨在趋利避害的趋近动机和回避动机(approach motivation and avoidance motivation)是从原始生物到人类所有有机体的表现和基础。人类区分有机体行为的趋近动机和回避动机的历史比较悠久,最早源于哲学的享乐主义。2000多年前,古希腊著名的哲学家 Democritus (公元前460—370年)在他的文章中首次表述了一种及时追求快乐和回避痛苦的伦理享乐主义并将其作为人类行动的指南(Elliot,2008)。在后继的作品中有各种不同的享乐观念。除了伦理享乐主义外,哲学家还提出心理的享乐主义。实际上,18—19世纪最伟大的动机理论是享乐主义(Boring,1950;Allport,1954b)。享乐主义围绕着为自我获得快乐和幸福的功利主义动机。科学心理学在19世纪产生时就划分为两个不同的动机系统:趋近系统和回避系统。心理学早期的先锋心理学家,例如,Wundt、James、Freud 等关注快乐与痛苦,Freud 最初以享乐主义作为快乐的原则,他们在工作中研究趋近动机和回避动机的概念及结构。Kurt Lewin(1935)在场的理论中最早区分趋近和回避,分析刺激的正价与负价,直接关联着趋近刺激和回避刺激。很多科学理论中广泛利用趋近和回避动机的区别揭示人的行为机制,像心理动力学、行为主义、人本主义、情感、人格、认知、社会认知、神经科学等方面。可见,趋近动机和回避动机是人类适应环境维持生存过程不可缺少的部分,在人类机能中具有核心作用。趋近动机可以促进成长繁荣,回避动机则维持生存。趋近和回避的决策是有机体在它们进化过程中作出的基本适应性决策(Tooby and Cosmides,1990)。

动机研究中将趋近和回避动机视为组织化的原则,它们具有不同的价值和功能:在趋近动机中行为是由积极/期望的事件或可能性引起或指导的,而在回避动机中行为是由消极/不良的事件或可能性激起或导向的(Elliot,1999)。趋近和回避的框架表明有两种类型的自我调节取向涉及不同的刺激和终极状态:趋近动机是指向积极刺激和理想状态,回避动机则面临消极刺激和不良状态(Elliot,2006)。趋近动机的定义是由积极刺激引起的行为能量,或行为指向积极刺激的方向(客体、事件和可能性);回避动机则定义是由消极刺激引起的行为能量,或行为指向远离消极刺激(客体、事件和可能性)。Elliot(2008)针对趋近和回避动机的定义给出5个方面的解释。①趋近动机和回避动机的区别体现在行为的能量和方向上。使用能量则说明有机体在功能激起上是永远活跃的,代表着从一种定向形式转变到另一种。②趋近动机和回避动机的固有区别体现在身体或心理运动方面。趋近动机和回避动机的基本属性普遍存在于生物和心理机能中。积极评价的刺激与趋近导向相关,就会让刺激与有机体靠近;相反,消极评价的刺激与回避导向相联系,就会让刺激远离有机体。在神经科学脑的系统研究中发现一个经典的区别,与趋近动机相关的中皮层边缘多胺能的行为激活系统和最初定位于中隔海马系统的行为抑制系统与回避动机相关(Gray,1987)。③上述运动的观点中隐含着两种可以区分的形式。趋近动机不仅包括促进新的积极情境,还包含维持或保留已有的积极情境;回避动机则既要预防新的消极情境,又要远离和矫正现有的消极情境。④区分趋近动机和回避动机概念的核心是正价或负价。一般正价和负价对比解释为有益与有害、喜欢与不喜欢、期望与不期望。⑤刺激可以有不同的特征,刺激可以体现具体的、可以观察到的客体、事件和可能性,或者表现抽象的、内部生成的客体、事件和可能性。

从上述趋近动机和回避动机的定义分析中体现这一对统一体特征的复杂性,那么,趋近动机和回避动机在行为产生、调节中的机制和过程也会比较复杂。研究表明,以趋近动机为重点的员工从事更多目标导向的努力,倾向于工作中的挑战而产生更好的绩效,提高创造性的自我效能感和投入较多精力从事创造性活动;相反,以回避动机为重点的员工只有在花费的好处超过成本时才会从事目标导向的努力。Li等(2020)研究趋近动机和回避动机如何调节创造性自我效能感与个人创造性绩效之间的复杂关系。结果显示在人的内部水平上,创造性自我效能感和个人创造性绩效与趋近动机和回避动机的差异调节效应之间存在倒"U"形的关系。在中等至高水平的创造性自我效能感下,发现高趋近动机导向的员工个体创造性绩效普遍较差,而高回避动机的员工个体创造性绩效较好。这个结论说明趋近动机和回避动机对行为均产生积极和消极的影响。在后续的动机分类中可以窥见趋近动机和回避动机是很多目标选择及目标奋斗研究中遵循的主要原则与参考条件。

二、去动机、内在动机和外在动机(自主动机和控制动机)

在动机理论中,内在动机和外在动机研究比较广泛,需要大量的研究去证实,例如,驱力理论、强化理论、期望理论等。基于Vroom(1964)的期望-价值动机理论,Porter和Lawler(1968)提出了一个内在和外在工作动机的模型。普遍认为内在动机是人们从活动本身获得自发的满足感的动机。例如,某个活动是有兴趣的、比较新奇、富有挑战性,人们乐于去探索和研究,并且完成活动可以提升个人能力和促进成长等。而外在动机则是活动导致的外在结果让人满足的动机。它是源于环境的诱因和结果,例如,奖励、批评和惩罚等。Porter 和 Lawler 的模型认为,员工总的工作满意度来源于工作环境影响有效绩效所产生的内在和外在奖励的相加。

de Charms(1968)在讨论内在和外在原因时使用内在和外在动机两分法区分不同因果关系位点的特征。他认为内在动机的行为(发生在没有外在动机的控制下)代表了内部的因果关系,而被外部力量强迫或诱惑的行为则表现外部的因果关系。这种现象学动机取向方式简单地两分为内在动机和外在动机,在某种意义上其实用性是有些过时了。在经典的理论中,外在动机通常被描述为一种苍白无力的(即使是强大的)动机形式,与内在动机形成对比。这样普遍地将外在动机作为内在动机对立的方式是一种误导(Deci and Ryan,1990)。另外,Deci(1971)早期在学校教育中测试内在和外在动机可加性研究推翻了这个假设,发现这两种动机不是相加的,有形的外在奖励破坏了内在动机,而言语奖励增强了内在动机。这说明外在动机有各种类型,有的是消极的,有的则是积极的。

关于外在奖励会损害内在动机一直存在争议和分歧。很多学者认为通过施加外部奖励来从事内在有趣的活动通常会破坏未来的内在动机,被称为溢出效应(Frey,1997)或挤出效应、奖励的隐藏成本、过度合理化假设。Lepper 和 Greene(1978)将奖励对内在动机的不利影响定义为"隐藏的奖励成本"(hidden cost of reward)。人们普遍认为使用奖励对人的动机和行为是有好处的,但是,这样做会招致无意的或隐藏的成本而带来副作用,反而破坏人们活动的内在动机。除了损害内在动机是一种奖励的隐藏成本外,还发现其他形式的隐藏成本。例如,外在奖励干扰学习的过程和质量,干扰人自主的自我调节(Ryan,1993;Lepper,1993)。Lepper 和同事早期通过儿童实验证明外来奖励的隐藏成本(Lepper et al,1973;Greene et al,1974;Lepper and Greene,1975,1978)。Deci 等(1999)使用成人开展反复实验的结论是:外在奖励的损害效应的确是一个事实。

因此,自我决定理论通过审视经典理论中内在动机和外在动机的区分,突破传统两分法,经过大量的实证研究提出 3 类动机:去动机(amotivation)、内在动机(intrinsic motivation)和外在动机(extrinsic motivation)。这个分类描述个人行为动机如何从去动机或不愿意,到被动的顺从,再到主动的个人承诺(Deci and Ryan,1985b)。并且,提出不同类型的外在动机模型。

1)去动机

去动机是一种缺乏行动意图的状态。当处于去动机时,人的行为缺乏意向性和个人因果关系感。去动机源于活动没有价值,或者自己没有能力去做,或者不会产生理想的结果等。去动机行为是指人无效调节它,非个人的,是由客观造成的。它类似于 Seligman(1975)提出的习得性无助(learned helplessness)。人类最初通过狗的实验发现这个现象,后来采用大学生实验也产生习得性无助。它是因为重复的失败或惩罚而造成的听任摆布的行为。习得性无助是指通过学习形成的一种对现实的无望和无可奈何的行为及消极的心理状态,即当一个人期望的结果无法控制时导致的绝望、茫然不知所措、冷漠消极的心理状态,几乎没有意图投入学习或生活中。

2）内在动机

内在动机是为了一种活动的内在满足而去行动的动机,而不是为了某种可分离的结果。内在动机是自我决定的原型,它使人充满选择感,自发地投入到感兴趣的活动中体验快乐和满足感。内在动机是同化、精通、自我兴趣和探索的自然倾向,这对认知和社会发展至关重要,是整个生活中享乐和活力的主要来源(Csikszentmihalyi and Rathunde,1993；Ryan,1995)。Deci(1975)提出认知评价理论作为自我决定理论的第一个子理论,其核心是探索在社会环境中导致内在动机可变性的因素。认知评价理论认为像看得见的奖励、期限、监管、评价等外在因素会降低自主感,促使感知因果关系的位点由内部向外部改变,损害人的内在动机。相反,有一些外在因素,如给员工提供对任务参与方面的选择,往往会提高自主感,促进感知的因果关系位点从外部到内部转变,增强人的内在动机。这个理论主张内在动机行为产生于兴趣、满足胜任和自主两种天生的需要,胜任感和自主感对内在动机的激发非常重要。

3）外在动机

外在动机活动绩效的目的是获得某种可分离结果的动机,例如,外部的刺激、压力或奖励。它与内在动机形成对比。外在动机是被外在管理的接受奖励或避免惩罚的后果所强迫或诱惑的行为。外在动机可以变化,在很大程度上是自主的。根据自我决定理论,这些不同动机反映了所要求行为的价值及被内化和整合调节的不同程度。内化(internalization)是人们接受一种价值或调节,整合(integration)是将价值或调节进一步转化为自己的,随后使其从他们的自我意识中产生。内化和整合是外在动机行为表现越来越多自我决定的过程。因此,自我决定理论引入第二个子理论——有机整合理论,详细介绍了不同形式的外在动机,以及促进或阻碍这些行为调节的内化和整合的情境因素(Deci and Ryan,1985)。

自我决定理论区分了外部调节(external regulation)、摄入调节(introjected regulation)、认同调节(identified regulation)和整合调节(integrated regulation)4种类型的外在动机(Ryan and Deci,2000a)。①外部调节是为了满足外部需求或获得外部强加的奖励事件的动机。个体通常会经历受控制的外部调节行为,感知因果关系的位点是外部的。外部调节是最少自我调节的动机。②摄入调节是个体已经接受某个价值观或规范,但不完全接受它作为自己的。它是一种相对受控的调节形式,人们是为了避免内疚和焦虑,或为了获得自我增强感和自信,而在压力感下执行的行为动机。③认同调节是个体已经确定了一种行为对自己的重要性,因此接受它作为自己调节的动机。它是一种比较自主或自我决定的外在动机形式。④整合调节是当确定的规则完全被自我同化,被评价的规则与自己的其他价值观和需求相一致的动机。它是最自主的和内在调节最多的外在动机形式。虽然整合调节与内在动机有很多属性相似,两者都是自主的和无干扰的,但是整合调节依然是外部激发的,是一种工具性行为,即个人从事某个活动因为它对实现个人目标很重要,并不是固有的或内在兴趣(Ryan and Deci,2000b)。

图2.8描述了自我决定理论动机的连续体,并且显示动机类型及其调节风格、因果关系

的位点和相应的调节过程。自我决定的范围从去动机(完全缺乏自我决定的)—外在动机(逐渐自我调节)—内在动机(总是自我决定的)。在去动机和内在动机之间，沿着这个描述性连续体，有4种类型的外在动机，外部调节是最受控制和最少自我决定的外在动机类型，摄入、认同和整合调节逐渐成为自我决定。如果个人内化一个行为的原因和将其自我吸收得越多，则外部动机的自我决定就变得越多。

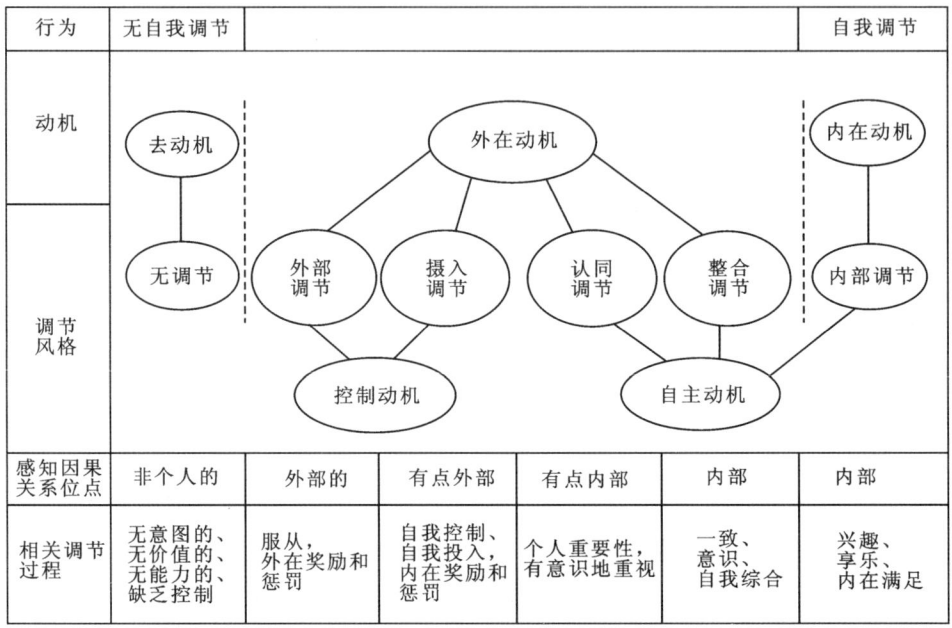

图 2.8　自我决定理论动机的连续体(据 Ryan and Deci,2000 改编)

自我决定理论认为人们在行为的启动和调节的取向上是有差异的，Deci 和 Ryan (1985b)引入的第三个子理论是因果定向理论。此理论认为人们有3种不同程度的取向：自主取向(autonomy orientation)、控制取向(controlled orientation)和非个人取向(impersonal orientation)，即具有自主支持和自我决定倾向的自主取向、将经历的社会环境作为控制和被控制的控制取向、去动机的非个人取向。动机或有目的行为在自主和控制程度上有差异，Deci 和 Ryan（1985b）提出自主动机(autonomous motivation)和控制动机(controlled motivation)两种动机，与无意愿的去动机相反。自主动机是人们参与充满意愿、意志和选择性活动的动机。自主动机是因为个人对某项活动感兴趣和/或因为此活动的价值和调节已经整合在自我中，包括内在动机、完全内化的认同调节和整合调节3种动机。控制动机是带着压力感和被迫感行为的动机，包括外部和内部控制的外部调节和摄入调节两种动机。

总之，自我决定理论提出去动机、内在动机、外在动机三大类动机，依据调节风格包括6种具体动机形式。其中，外在动机有4种形式，丰富和拓展了原来单一的外在动机形式。依据因果定向重点区分了自主动机和控制动机两大类，并且，内部和外部调节动机与自主动机和控制动机存在着交叠。这些说明工作动机的区分是比较复杂的，某类动机蕴含着多种特征和产生的条件。

三、显性动机和隐性动机

意识与无意识是相伴而生的哲学概念,是哲学研究的核心议题。有不少唯心主义哲学家探讨无意识理论。古希腊哲学家 Plato 从客观唯心主义视角将无意识视为"潜在知识"的观念形式及一般知识的前提。他提出感觉不可能是真实知识的源泉,知识是回忆的,即回忆论。

从 19 世纪到 20 世纪,在心理学发展中一直存在着意识和无意识心理的研究和纷争。提到意识首先就会联想到美国机能主义心理学家 William James。在动机理论的发展中,提及 James 是主张意识心理学的重要代表,在其名著《心理学原则》(1890)中首次提出意识流理论。James 认为意识流(stream of consciousness)是一种心理现象,即意识不是静止不动的,而是连续不断地流动,并将意识视为具有独立机能的心理活动整体。很多心理学家研究意识层面存在的心理现象,如感觉、知觉、记忆、注意、思维等。但是,他们在这些心理现象的研究中也发现了无意识的成分。19 世纪初期,德国联想主义心理家学 Johann Friedrich Herbart 率先研究无意识,提出各种已理解新观念组成综合性意识,即统觉团(apperception mass)的概念。Herbart 认为新观念进入意识首先必须经过意识阈,无意识就是存在于阈限以下的观念。19 世纪中期,德国心理物理学创始人 Gustav Theodore Fichner 使用感觉阈限促进无意识观念的发展。Fichner 描述人的心理类似于冰山,有相当大的一部分藏在水面以下,虽然观察不到它们的力量,但是会对心理产生作用。这个冰山的思想对后来的 Sigmund Freud 冰山模型产生较大的影响。此外,19 世纪末期,德国符兹堡学派的 Oswald Külpe 发现无意识的决定倾向;20 世纪初期,Ach 和 Watt 得到了相同的结果,认为在意识之外的预先倾向性能够控制意识的活动。

真正系统解释无意识心理现象,极大推进无意识研究的是 20 世纪初期 Sigmund Freud 创立的精神分析学派。Freud 提出著名的冰山模型,认为人的意识包括意识(conscious)、前意识(preconscious)、无意识或潜意识(unconscious)3 个层次。图 2.9 呈现了 Freud 的冰山模型,好像地壳深浅不同的层次,这个意识层次也称为精神层次。人的这 3 个精神层次各具特征。①表层的意识:露出水面的、可以观察到的部分,是人可以觉察到的心理活动。意识是感知外界的

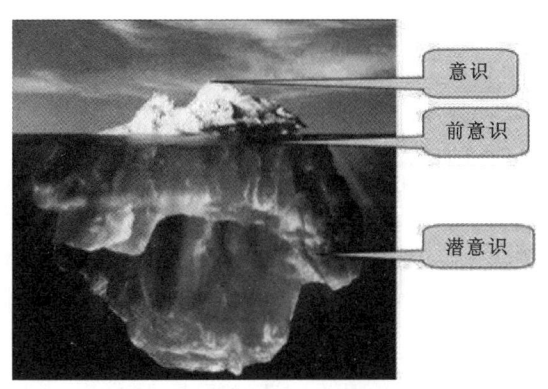

图 2.9　Freud 的冰山模型

环境刺激并能用语言描述和反映的理智内容。②中层的前意识或者下意识:在水的界面之间,随着波浪起伏时隐时现的部分,是能回忆起来的、被召唤到意识中的潜意识。前意识既要使潜意识向意识转化,又要阻止和控制大多数本能冲动的潜意识进入意识的中介环节。③深层的无意识或潜意识:在冰山之下,藏在水里观察不到的部分,在冰山中占绝大部分,蕴含着无穷的力量。无意识是在意识和前意识之下,被压抑在意识阈下、没有被意识到的心理活动,是人类最深层、最隐秘、最原始和最根本的心理能量。无意识心理包括原始的冲动、本能、体

验、欲望、观念等,这些欲望和观念不符合社会理性要求和道德规范,需要压抑到内心深处,不能在意识中呈现和表露出来,但是它们无时无刻在暗中活动寻求得到满足。Freud 认为无意识是人类一切行为的内驱力,从深层支配着人的心理和行为,是人的动机和意图的重要源泉。无意识构成主要过程(primary process),而意识是次要过程(secondary process)。Freud 通过精神病临床治疗这种精神分析的方法深入探讨无意识心理现象,无疑对心理学产生深远的影响和独特的贡献。

哲学和心理学中意识和无意识的思想及理论,本身就蕴含着意识动机和无意识动机。20 世纪后半叶,动机科学在社会心理学里呈现一个很重要的研究趋势是分析行为的意识和无意识的过程。一方面,关注人的意识及可报告的意图和动机,也就是人追求各种目标的显性动机。另一方面,探讨人的目标如何在隐性的和无意识的方式下运作,即隐性动机。隐性动机可谓是动机科学的新领域。并且,心理学家对这种无意识的、自动化的和隐性的心理过程逐渐产生了浓厚的兴趣,继而掀起了"隐性革命"(Greenwald and Banaji,2017)。在这个领域的新成果是研究自动目标追求的特征和基于意识目标追求的隐性过程(Ferguson et al,2008)。由此可见,在目标导向的动机行为研究中证明有两个独立的动机系统:显性动机系统和隐性动机系统。显性动机系统是有意识的行为动机;隐性动机系统是在意识以外,无意识的情感体验。所以,显性动机和隐性动机(explicit motivation and implicit motivation)可以对应地称为意识的动机和无意识的动机(conscious motivation and unconscious motivation)。还有学者认为显性动机是状态类(state-like)动机,具有狭隘的、意识的特征;隐性动机是特质类(trait-like)动机,具有宽广的、无意识的特征(Carr,2004)。这两种动机系统在所追求的目标状态、反应的动机、引发的行为类型以及测量方法等方面有明显的区别。

表 2.2 详细比较了显性动机和隐性动机的特征差异,主要体现在 4 个方面。①动机所追求的目标状态:显性动机是基于意识的目标、期望和自我归属需要,其目标是符合人们有意识的自我概念(McClelland et al,1989)。隐性动机是基于一种情感偏好,即体验动机特定激励的完成能力作为奖励和愉悦(McClelland,1985;Schultheiss and Brunstein,2005)。隐性动机是由潜意识唤起的积极情感反应和内隐的行为倾向,是为了争取达到与动机相一致的目标状态。②反应的动机:显性动机由社会外在激励引起的反应,受到社会要求和规范压力的强烈影响。而隐性动机是由任务内在激励引起的反应。③引发的行为类型:显性动机产生及时选择的行为,也就是 McClelland(1980)所称的应答行为,局限于当前的事情,如个人项目、生活任务和个人努力等。显性动机影响有意识的态度、判断、归因和决策,与认知影响行为有关。隐性动机是预测长期的行为趋向,引发无意识的自发行为,如内隐学习、非语言行为等,与活动的情感体验有关。④测量方法:显性动机和隐性动机是两种不同的动机系统,因此,在测量方法上彼此之间的相关性很低。目标导向的动机行为传统上都采用显性方式。显性动机通常使用自我报告的问卷进行直接测量;然而,隐性动机普遍采用人们对图片、故事、词语等线索报告出来的内容进行推断的方式来揭示个体内隐的心理特征,例如,主题统觉测验(thematic apperception test,TAT)、图片故事练习(picture story exercise,PSE)等间接测量方法。

表 2.2 显性动机和隐性动机的比较

特征	显性动机/意识动机	隐性动机/无意识动机
追求的目标状态	目标和自我归属的需要	情感偏好
反应的动机	社会外在激励	任务内在激励
引发的行为类型	及时选择,应答行为,与认知影响行为有关	长期行为趋向,自发行为,与情感相连的潜意识反应有关
测量方法	直接测量,如自我报告问卷	间接测量,如 TAT、PSE

尽管显性动机和隐性动机是两个独立的动机系统,分别采用直接和间接截然不同的测量方式,然而这两种心理过程可以并列运作,所以这些测量技术的发展也促进这两种动机联合研究方式更加复杂,拓展了其研究范围。隐性动机的研究不仅包括关注目标怎样在无意识下激活,而且还包括采用比较复杂的方法研究被意识和无意识激发的目标是基于各种隐性机制运作的(Ferguson et al,2008)。原有的观点认为目标追求是有意识驱动和指导行为的过程,然而并不总是这样,有时候也可能是无意识驱使。Barge(1990)颠覆了原有的假设,首次提出目标完全可以在人的意识和意图之外被激活和追求,也就是无意识的、自动的目标追求,并且创造了自动动机模型(auto-motive model)。这个理论认为如果一个目标与具体行为的某个情境和环境反复一致地关联,情境本身可以激活目标而不需要人的意图和意识,这个激活可以影响随后知觉者的选择和活动。实验已经证明曾经激活的目标被自动追求的确是存在的(Chartrand and Barge,1996)。Barge 还探讨了整个序列,即从目标的自动激活到通过各种行动策略和计划的目标追求都可自动发生,在这个序列的任何点都不需要意识的干预。图 2.10 描述了无意识目标追求的序列观点,呈现了无意识目标追求过程的前因和后果(Chartrand et al,2008)。研究识别了自动目标激活的前因是环境特征(1a)(主要包括情境和人等因素),以及直接与语义关联的主要目标(1b),它们影响自动目标激活(2)及目标导向的认知和行为(3),导致成功或者失败(4),产生情感和行为方面的结果(5)。例如,自我提升和攻击性行为是无意识目标追求独特的结果,心情、绩效、自我消耗等是无意识和意识目标追求共有的结果。

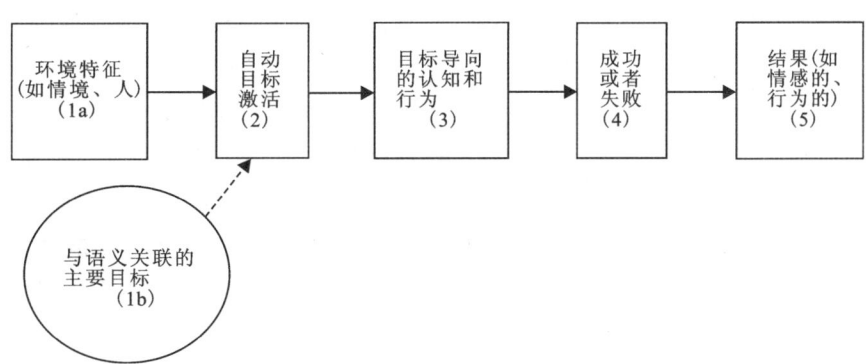

图 2.10 无意识目标追求的序列观点(据 Chartrand et al,2008)

四、自我提升动机和自我保护动机

在社会生活中有很多行为动机与自我有关，人们很在意自己在社会中的成长、价值和良好形象，倾向于提升和保护自我价值，很重视自我观念、自我中心和自我评价。自我评价动机广泛定义为指导与自我相关信息的处理和评价。在社会心理学中，学者们发现人们倾向于夸大自己的优点和尽量减少自己的缺点。人们偏好把对自我观点有利的积极性的方面尽量最大化，乐于趋近展现积极性是为了增强自己和肯定自己；相反，人们倾向于把对自我观点不利的消极性方面尽量最小化，努力回避消极性是为了保护自尊免受威胁(Sedikides and Alicke, 2012)。这些倾向实际上反映了人类趋利避害的生存法则和享乐主义的心理机能。并且，人们解释或记住事件的方式是把他们的特性放在对自己和他人都可信的最有利的地方。人们运用自我知觉的概念去理解对他人知觉以及与他人关系的知觉，这不仅影响人们的认知、情绪、态度和行为，而且影响着内心的平衡、心理健康和生理健康。

自我评价动机有两个重要动机：自我提升动机和自我保护动机(self-enhancement motivation and self-protection motivation)。自我提升动机是追求、保持或放大个人自我观点积极性的动机，比公正的基准(例如，标准化测试、同伴表现、观察者的观点)更合理。自我保护动机是回避、修复或减少个人自我观点消极性的动机，即使这需要牺牲他们的真实性(例如，以牺牲准确的反馈为代价)。自我提升和自我保护的显著特征反映了努力感知自己为"一个好人"或者"文化的好成员"，即增强或保护自己的自尊(Sedikides and Alicke, 2019)。自我提升和自我保护动机可谓是一对"姐妹"的社会动机，好似"推(push)"与"拉(pull)"，即自我提升动机是推动自我积极性的方面，自我保护动机则是拉开自我消极性的方面。Alicke和Sedikides (2009)将自我提升和自我保护定义为人们在促进一个或多个自我成分或保护自己对抗消极的自我观点方面所拥有的利益。自我提升和自我保护与主要控制和次要控制相关。主要控制(primary control)是指通过采取有效的或工具性的行动来改变事件的客观状态，而次要控制(secondary control)则通过改变人们感知或解释事件的方式来代替控制事件的心理机制。自我提升需要旨在促进自己和个人前景的工具性行动，而成功的自我保护措施可以避免降低自己的标准。

自我的观念是哲学、社会学、社会心理学研究的主要议题。自我提升和自我保护离不开哲学的源头享乐主义。从19世纪末至今，在社会心理学中，与自我提升动机和自我保护动机有关的理论研究非常丰富。表2.3列举了自我提升动机和自我保护动机有关的观念和理论事例。与自我有关的观念研究比较多，从最早19世纪末James的自我寻找发展到自我保护、自我知觉、自我中心、自我肯定、自我概念等。这些理论反映了自我提升和自我保护动机的关键特征、事例、益处、功能、策略等个体差异和跨文化比较。自我提升动机是保持或提升积极的自我观点，而自我保护动机是防止和减少消极的自我观点。这两种动机是"姐妹"动机，相伴而生，如影随形，自我保护机制最终导致自我提升。著名心理学家Freud的防御机制和现代的恐怖管理理论都是防止存在焦虑和保护自我，其结果都是为了自我提升。

表 2.3 自我提升动机和自我保护动机有关的观念和理论举例

学者	主要的观念和理论
James（1890）	自我寻找（self-seeking）
Freud（1926）	防御机制（defense mechanisms）
Allport（1937）	自我保护（ego-protection）
Festinger（1957）	认知失调理论（cognitive dissonance theory）
Heider（1958）	平衡理论（balance theory）、归因理论（attribution theory）
Rogers（1961）	自我欣赏（self-appreciation）
Bem（1967）	自我知觉理论（self-perception theory）
Weiner（1972）	成功动机的归因理论（attribution theory of achievement motivation）
Miller and Ross（1975）	自我服务的偏差（self-serving bias）
Zuckerman（1979）	归因的自我中心（attributional egotism）
Steele（1988） Sherman and Cohen（2006）	自我肯定（self-affirmation）
Sedikides and Strbe（1997）	自我概念提升策略模型（self-concept enhancing tactician model）
Greenberg et al（1997）	恐怖管理理论（terror management theory）
Crocker and Wolfe（2001）	自我价值模型（self-worth model）

Sedikides 和 Alicke(2019)采用自我中心论滋生的自我增强原则作为一个统一的主题，归纳了自我提升动机和自我保护动机的 5 个关键支柱及其显著特征，提出动机性解释和非动机性解释（表 2.4）。动机性解释是有目的的原因，而非动机性解释则是无意的、不经意的原因。这 5 个关键支柱包括自我服务的偏差、高于平均效应、选择性自我记忆、社会期望反应和过度宣称。

表 2.4 自我提升动机和自我保护动机的 **5 个关键支柱及其显著特征**（据 Sedikides and Alicke，2019 整理）

5 个关键支柱	特征	动机性解释	非动机性解释
自我服务的偏差	成功就给自己一点表扬，失败则放弃自己	自我威胁和自我肯定	差异的期望和印象管理
高于平均效应	认为自己优于他人	特性的可控性、特性的验证性、自我威胁和自我提升	差异的抽象、自我中心、焦点主义、个性化实体与总体间的比较、同化与对比
选择性自我记忆	选择性遗忘对自己不利的信息	自我威胁和自我增强	差异的期望、信息效价与自我观点的效价之间不一致

续表 2.4

5个关键支柱	特征	动机性解释	非动机性解释
社会期望反应	以某种方式行动想让别人称赞自己是个好人	自我提升,如自尊、自我欺骗增强等	个人的文化理想和反应(以及预期的社会赞许)之间的契合
过度宣称	夸大某人的知识	自我提升,如自尊、自恋、自我欺骗增强等	客观的(例如,标准差异)指标

1) 自我服务的偏差

Weiner(1972)的成功归因理论发现人们倾向于将其成功归因于内部因素(例如,能力、努力),而将其失败归因于外部因素(例如,运气不好、任务太难)。也就是人们习惯于将成功归因于自己,将失败归因于他人。自我服务的偏差(the self-serving bias, SSB)就是假设对希望的事件负有最大的责任,否认责任或将其替换为不希望发生事件的外部原因(Miller and Ross, 1975)。自我服务的偏差就是因为成功就给自己一点表扬,因为失败而放弃自己,它的动机性解释是自我威胁和自我肯定,非动机性解释是差异的期望和印象管理。在社会生活中面临各种威胁事件(例如,自然灾害、疾病、未预料的工作和生活问题等),因此人们就要进行防御、加强自我保护与自我提升。如果人们体验到的自我威胁越多,自我保护的动机越强,就越容易出现自我服务的偏差。降低自我威胁的一种方式是自我肯定。自我肯定理论的前提是人们被激励着去保持自我感知价值和完整性。当人们体验到自我威胁时,应对威胁的反应方式是恢复自我价值。自我肯定可以作为一种资源帮助人们处理威胁和挑战事件,并且更加开放和直接地面对挑战。经过自我肯定程序使防御减弱,表明某个领域的价值与自我威胁无关,让个人感到自我价值更加安全,这样人们就不可能出现自我服务的偏差。

2) 高于平均效应

人们在积极特征上评价自己高于平均水平,或在消极特征上评价自己低于平均水平的现象。在与其他人相比较时,人们倾向于高估自己的优点和低估自己的缺点,这个倾向就是高于平均效应(the better-than-average effect, BTAE)。人们在很多方面自我提升的动机都是源于高于平均效应,大多数人认为自己超过同伴,自己比别人聪明、能干、勤奋、健康、幸福等,比所在群体的平均水平要高。这种现象是普遍存在的,人们将自己与他人比较,部分原因是为了增强关注自己。调查研究发现多数大学生认为自己的运动能力、领导技能和与他人相处的能力比较卓越,排在前50%(Brown, 1986);绝大多数大学教授认为自己的教学能力优于平均水平(Cross, 1977);甚至已经造成车祸住院的司机也评价自己的驾驶技能不比普通司机差(Preston and Harris, 1965)。高于平均效应产生的原因主要包括特性的可控性、特性的验证性、自我威胁和自我提升。并且,高于平均效应存在5个非动机性解释:差异的抽象、自我中心、焦点主义、个性化实体与总体间的比较、同化与对比。

Taylor和Brown(1988)提出积极错觉(positive illusions)的理论,是自我提升的一个成分。积极错觉是指当自我由于消极的信息而自尊心面临威胁时,用自我概念的理想、夸大对可控性的感知和不现实的乐观等作为缓冲器,来保护自己的自尊。积极错觉包括不现实的积极自我概念、夸大个人控制的知觉和不现实的乐观主义 3 种形式。当个体面对威胁情境和压力事件时,采取轻微适度的积极错觉这种知觉方式,例如,个体认为自己的能力比别人强或自己的品质比别人好,可以使人产生积极的动力,促进心理健康,导致高成就动机、高坚持性和更有效的表现,获得更大的成功。如果不现实的乐观,过于高估自己的优点,过于自信、自高自大只会适得其反,故步自封。个体对自我优越性的积极错觉涉及对自我的不合理的乐观和积极态度,其动机源于保护自尊。

3) 选择性自我记忆

人们对自己的优点记得多,缺点记得少,这种记忆模式不会发生在其他人的优点和缺点上,这种现象就是选择性自我记忆(selective self-memory)(Sedikides and Alicke,2019)。人们的心理活动本身是具有选择性的,往往会记住那些与自己的观念、兴趣、爱好相符合的信息,其他对自己不利的或与自我观念不一致的信息会被忽视、削弱和遗忘。Sedikides 及其团队通过两个标准实验证明这样做的目的是因为自我威胁和自我提升。当人们感知到自我威胁时,为了加强防御,对他们重要的自我观点的不良反馈信息回忆少且有偏差、有选择,即称为记忆性忽视(mnemic neglect),满足自我保护的需要,从而达到心理平衡。记忆性忽视都会随着自我威胁和自我提升的作用而变化。自我威胁的反馈越多,记忆性忽视就更加强烈。如果人们获得自我增强(self-boosting)的反馈,自我防御就降低,记忆性忽视就消除。选择性自我记忆在儿童时期就发生,在生活事件、情感事件、人际关系、社会行为等很多领域,以及在西方和东方文化中都能发现这种倾向。选择性自我记忆可能是由编码、检索和保持等记忆环节存在诸多的偏差所致。人们常说留下"美好回忆",往往是人生中有积极情绪的事件(例如,愉快的旅行)、有利的反馈(例如,你的工作表现很好)、理想的特质(例如,工作能力强)、增进健康的好习惯(例如,坚持晨跑)、满意和谐的人际关系(例如,自己与某个同事关系亲密)等信息容易被记忆系统注意、编码加工、保持和提取。选择性自我记忆提出两个非动机性解释:差异的期望、信息效价与自我观点的效价之间不一致。

4) 社会期望反应

社会期望反应(socially desirable responding,SDR)是以某种方式行动想让别人称赞自己是一个好人。在《当代西方心理学新词典》中,社会期望是指社会或群体根据个体所处的社会地位及其所承担的社会角色所提出的希望或要求,它所反映的是社会公认的价值标准和行为规范。这些社会期望自然对个体构成一种社会压力,并成为个体行为的动机,个体必须根据社会对他的期望而表现其社会生活。每个人在社会群体中扮演着不同的角色和身份,有责任和义务遵守社会的各种价值观和规范,按照群体对各种角色和身份的期望去行动,否则会受到社会舆论的谴责和群体的排斥。社会期望反应实际上就是一个好人所做的事情。每个人都希望在社会中通过自己的行为表现建立积极的声誉,受到别人的称赞而给别人留下好的印象,从而提高社会尊重和自尊,让生活更加充实而有意义。因此,个体以一种社会期望的方式进行回应,实质上体现和支持个人自我中心,这是自我提升的显著特征。社会期望反应非动机解释是努力实现个人文化理想和个人反应(以及预期的社会赞许)之间的契合。

社会期望反应最初在个性测验中发现,被试在自我报告的问题回答中出现过分积极回答的反应倾向,影响回答的真实性。心理学家采取各种手段设计各种量表鉴别和解释社会期望反应,例如,有的学者认为社会期望反应就是撒谎,开发社会期望反应量表(Crowne and Marlowe,1964),有的学者认为社会期望反应得分高的人具有期望特质。Wiggins(1964)通过因素分析提出两因素模型,即 Alpha 和 Gamma 因素。Paulhus(1984)认为社会期望反应包括自我欺骗和印象管理两个心理结构,它们与 Alpha 和 Gamma 因素相似。后来,Paulhus(2002)进一步研究提出社会期望反应的两层模型:第一层归纳社会期望反应包括两种倾向,即自我中心倾向和道德倾向;第二层描述了这两种倾向的具体表现,自我中心倾向包括自我欺骗增强和代理管理,道德倾向包括自我欺骗否认和交流管理。此外,Sedikides 和 Gebauer(2010)的元分析探讨宗教和自我提升(例如,社会期望反应)的关系,发现宗教与社会期望反应有积极关系,尤其是在宗教信仰浓厚的国家中宗教与社会期望反应的积极关系更加强烈。可见,宗教信仰在一定程度上是为了自我提升。

5)过度宣称

过度宣称(overclaiming)是个人声称知道那些事实上并不存在的术语的程度。Paulhus 等(2003)评估过度宣称现象的方法是向被试提供一系列包含现有术语和发明术语的单词(有 20% 的术语是实验员编造的),并要求他们表明是否知道这些单词,也就是要求表明他们在一个中心领域的知识程度。通过信号检测方法可以评价被试知识的准确性和知识的夸张或伪造。研究发现人们倾向于高估自己的认知能力,特别是他们的知识,这种倾向被描述为过度宣称。过度宣称就是相信你知道的事情对你而言是重要的。这种现象反映人们对某物作出虚假或夸大的声明。Schroeder 等(2016)在论文作者、MBA 学员等被试身上发现了过度宣称的现象。研究人员夸大他们所发现的重要性,夸大他们的贡献。随着论文合作者数量逐渐增多(从 3 人增加至 6 人),作者自我宣称的贡献率总和会不断攀升。在群体层面上,群体成员的责任不能超过群体产出的 100%,但宣称的责任通常总计超过 100%。他们认为过度宣称发生的部分原因是自我中心主义:作为群体的焦点成员,人们更关注自己的贡献,而不是他人的贡献。并且他们发现过度宣称会随着群体规模的增大而增加。

Goecke 等(2020)通过研究文献总结过度宣称现象原因有 4 种不同观点:①自我提升倾向。个人夸大自己对群体努力的贡献是为了提高他们在相关自我领域的地位,不至于被自己和其他人低估。过度宣称确实是自我提升的信号(Paulhus et al,2003;Paulhus and Harms,2004),它反映了自我提升,特别是欺骗性的自我提升,即假设没有观众。②作为一种认知偏差(例如,后见之明偏差、记忆偏差)。Paulhus(2011)认为过度宣称包括以一种了解的感觉和一种动机成分的形式出现的记忆偏差。这个观点基于的条件是不存在的项目被设计成看似可信,类似于实际存在的术语,并且被潜在熟悉的术语所包围。③作为认知能力的代替物。④作为创造性参与的标志。

过度宣称构成了一个标准-差异指数,通过信号检测和熟悉比率的方法,不受"假好"指示和陪衬警告的影响,提供一个客观的、有效的自我提升测量。过度宣称不仅与自尊、自恋、自我欺骗增强等自我提升指标有积极的关联,而且与自我报告的心理调整指标(如韧性)也有积极的关系。自恋通常反映了一个稳定的个体差异,意味着一个人自爱和膨胀的自我观点。由于自恋者的权利感和浮夸感,他们对自己的贡献和成就有一种不切实际和夸张的解释。自恋者有更高水平的自我保护、心理韧性、弹性和自尊。

此外,自我提升和自我保护策略包括积极拥抱、有利解释、自我肯定反思和防御4种主要类型。Hepper等(2013)通过跨文化研究比较这4种类型的策略在中国和西方样本的结构、水平和相关性。结果发现中国的数据符合相同的因素结构,并且在调节焦点、自尊和自恋方面存在相同的个体差异。与西方参与者相比,中国参与者报告的(提升导向)积极拥抱水平较低,但(保护导向)防御水平较高。在中国样本中,有利解释的水平也更高,然而在自我肯定反思方面没有差异。证据表明在西方和东方亚洲文化中,自我提升和自我保护动机具有相似的结构和相关性。研究发现较高水平的自尊与高于平均水平的自我观点、更大的自我服务的归因、较低的抑郁和焦虑程度,以及较高的生活满意度都有关联。可见,自我提升和自我保护动机具有多种功能。自我提升动机与挫折的心理韧性和心理健康有积极关系,自我保护动机则与它们有消极关系。在西方和东方亚洲文化中这两种动机与生活满意度也有关系。

五、促进动机和预防动机

调节焦点理论(Higgins,1997)提出两个同时共存且相区别的动机系统:促进动机和预防动机(promotion and prevention motivation)。促进动机是促进成长和进步,预防动机是预防、防护和安全。经过20多年的研究不断深化和拓展了人类对促进和预防动机的理解,发现这两种动机在满足人的需要、调节焦点、关注点、在目标追求中偏爱采取的调节策略等方面都有诸多差异,并且与上面讨论的自我提升动机和自我保护动机以及趋近动机和回避动机均有相关性。具体差别如下。

(1)满足人的需要不同。促进动机满足进步需要,而预防动机满足安全需要。

(2)调节焦点不同。根据调节焦点理论,人们在目标追求过程中存在两种调节焦点:促进焦点(promotion focus)和预防焦点(prevention focus)。拥有促进焦点的个体对与成长、前进和进步有关的事情比较在意,他们渴望飞跃、追求理想。他们将期望的终极状态作为理想(希望、期望和愿望),并努力进取趋向较好的状态,非常重视取得进步和有收益。拥有预防焦点的个体对于维护安全、维护义务和责任有关的事情比较敏感。他们将期望的终极状态作为应当的(职责、责任和义务),并维持一种满意状态而不是较差的状态,十分重视维持安全和防护。

(3)关注点不同。追求促进焦点的个体关注收益与非收益,他们认为自己努力去呈现积极结果(例如,收益)和努力避免缺少积极结果(例如,没有实现的机会或非收益)。追求预防焦点的个体关注非损失与损失,他们努力避免消极结果(例如,预防威胁或非损失)和努力避免出现消极结果(例如,损失)(Molden et al,2008)。

(4)成功和失败状态的差异。学者采用正偏差和负偏差不同的量值区分成功和失败状态的差异。促进焦点的成功反映在收益上,比较敏感对现状或中性状态的正偏差——在0和+1之间的差异。然而不那么敏感对现状或中性状态的负偏差——在0和-1之间的差异。相比较而言,预防焦点的个体对消极结果的缺失和出现的敏感性反映在0和-1之间的差异比0和+1之间的差异的赋值显著性更大。也就是说预防焦点的个体比较敏感对现状或中性状态的负偏差——在0和-1之间的差异。

(5)成功和失败的情绪体验不同。促进焦点和预防焦点在成功或失败达到目标时产生的情绪体验是有差异的,详见表2.5。促进焦点的个体成功时情绪与快乐有关(例如,愉快、高兴);失败时情绪与沮丧有关(例如,伤心、失望)。预防焦点的个体成功时情绪与静止有关(例如,宁和、平静);失败时情绪与躁动有关(例如,焦虑、担忧)。可见,在促进焦点和预防焦点这两个动机系统中,作为收益或非损失的成功代表和作为非收益或损失的失败代表,它们产生的快乐和痛苦的强度也有区别。实际上,根据成功和失败的结果可以预测个人的情绪反应。

表2.5 两种调节焦点在成功和失败时的情绪体验

动机系统	结果	情绪
促进焦点	成功:收益,出现积极结果	快乐的:愉快、高兴
	失败:非收益,缺少积极结果	沮丧的:伤心、失望
预防焦点	成功:非损失,没有消极结果	静止的:宁和、平静
	失败:损失,出现消极结果	躁动的:焦虑、担忧

(6)调节焦点的策略不同。在目标追求中促进焦点的个体采取渴望趋近策略,即热情趋向与期望的终极状态或收益相匹配,趋向与不期望的终极状态或非收益不匹配。预防焦点的个体为了趋向非损失和远离损失,在目标追求中采用警惕回避策略,即避免与期望的终极状态或非损失不匹配,避免与不期望的终极状态或损失相匹配(Scholer et al,2019)。当个体确定了调节策略如何匹配他们的潜在目标取向,这就涉及调节匹配理论。Higgins(2000)认为当促进焦点个体使用趋近策略和预防焦点个体采用警惕策略时,他们就体验着调节匹配。大量研究显示当人们使用的策略匹配潜在目标时,他们更加投入目标追求,觉得自己正在做的事情是正确的,决策的价值和行为被增强。由此可见,调节匹配中折射出人们的自我提升和自我保护动机。因此,调节匹配可以提高人的动机和绩效。

调节焦点理论提出的促进焦点和预防焦点分别与自我提升和自我保护动机有积极的关联。研究表明通过预防焦点来预测失败的自我服务归因(例如,自我保护的努力)(Molden et al,2008)。自我提升的努力主要与个人的促进焦点有关;自我保护的努力主要与个人的预防焦点有关(Hepper,2013)。人们最大化自我的积极方面,自我提升的努力涉及促进焦点。人们最小化自我的消极方面,自我保护的努力牵涉预防焦点。Lafreniere等(2016)在西方人和东方中国人中,研究调节焦点和文化在自我提升/自我保护与生活满意度之间的调节作用。结果显示在西方和中国参与者中有相似之处,当从事自我提升的奋斗时,促进焦点的个体体验较高的生活满意度;而当从事自我保护的努力时,预防焦点的个体体验相同水平的生活满意度。同时也发现了文化差异,当西方的参与者采用独立于调节焦点的自我提升的努力时,表现较高水平的生活满意度;而当中国的参与者在进行自我提升和自我保护的努力时,体验同等水平的生活满意度。

从调节焦点的策略可以窥见促进动机和预防动机与趋近动机和回避动机之间有交集,是互相垂直的、直交的。在促进焦点和预防焦点中都包含着趋近动机和回避动机,促进动机和预防动机是上层的,趋近动机和回避动机是下属的,它们构成系统层次关系。如表2.6所示,促进焦点的个体趋近动机是收益、理想和成长，回避动机是非收益和非满足；预防焦点的个体趋近动机是非损失、应当和安全，回避动机是损失和危险。促进动机和预防动机与趋近动机和回避动机之间在系统层次的区分中获得很多不同方式的实证支持。

表 2.6　促进动机和预防动机与趋近动机和回避动机的交互关系

动机	趋近动机	回避动机
促进动机	收益、理想、成长	非收益、非满足
预防动机	非损失、应当、安全	损失、危险

六、IECO 动机矩阵

在西班牙瓦伦西亚大学中的沟通和组织伦理学研究所（institute for ethics in communication and organizations，IECO），学者 Guillén（2018）认为描述员工动机和需要的经典及最流行的分类法有缺陷，要么忽视、要么最小化动机的伦理和精神维度的重要性，导致了一个人自私、不道德和非精神的模式。Guillén 及其同事提出了一种新的动机分类，呈现人类动机的全部维度。这项研究在经典动机分类的基础上，综合不同学科的观点，甚至探索哲学、佛教和道教、神学、积极心理学中品格优势和美德的分类——行动价值（values in action，VIA）等，提供一个人类动机的系统分类。这个分类不仅尊重和保留经典理论的动机分类，包含外在动机和内在动机（例如，Maslow，1954；McClelland，1962；Herzberg，1968；Alderfer，1969；Ryan and Deci，2000），而且还明确地包括了道德和精神的动机。Guillén 及其同事依据公元前 4 世纪希腊哲学家 Aristotle 提出人类利益（human goods）的区分，重新思考人类行为动机及其道德维度的分类。按照 Aristotle 的传统，引用 3 种人类利益：有用的利益、令人愉快的利益和道德的利益。为了澄清和描述那些经典的动机理论中员工动机和需要的分类法，Guillén 等（2015）将道德动机、超越动机、精神动机、宗教动机全部整合到扩展网格中，创建一个更广泛的动机分类法。超越动机是那些给予他人利益的动机。精神动机属于信仰的领域。宗教动机是一种超然存在的、似是而非的人类关系，那些信仰一个神的人导致回报对神的顺服、感激、敬拜和荣耀的行为动机。一般的精神动机和特定的宗教动机可以理解为人类的需求或最高层次的利益，因为它们包括"人们生活最深刻的价值观和意义"。

表 2.7 呈现了动机的扩展网格，以人类生活的 4 种利益（即精神的利益、道德的利益、愉快的利益和有用的利益）为横轴，以外在动机、内在动机、超越动机和宗教动机为纵轴，构成了 IECO 动机矩阵。在动机的扩展网格中，纵轴是 4 种基本人际关系（外在的、内在的、超越的和宗教的），关于与自己、与他人和与另一个人的关系。纵轴和横轴交集就构成 16 种复合动机，体现人类行为动机错综复杂、纵横交织和多维融合的特性。例如，"外在的精神动机"是从外部接受精神利益的欲望。"内在的精神动机"是在从事人类行为时获得精神利益的愿望。"超越的精神动机"是给予他人精神利益的愿望。"宗教的精神动机"是那些信仰一个神的人最高的人类动机，组成一种将精神利益回馈给属于他自己灵魂的人的愿望。

表 2.7　动机的扩展网格（据 Guillén，2018 改编）

IECO 动机矩阵	外在动机	内在动机	超越动机	宗教动机
精神的利益	为自己接受精神的利益 **礼物** 帮助和恩典	为自己获得精神的利益 **神圣** 圣洁和神性	给予他人精神的利益 **无私** 慈善和贡献	将精神的利益回馈给"另一个人"（上帝） **光荣** 赞美和致敬
道德的利益	为自己接受道德的利益 **尊重** 合法和正义	为自己获得道德的利益 **高洁** 卓越和繁荣	给予他人道德的利益 **仁慈** 友谊和恩惠	将道德的利益回馈给"另一个人"（上帝） **敬仰** 尊敬和崇拜
愉快的利益	为自己接受愉快的利益 **关系** 情感和参与	为自己获得愉快的利益 **满意** 自动实现和自主	给予他人愉快的利益 **愉快** 仁慈和友好	将愉快的利益回馈给"另一个人"（上帝） **感激** 感恩和补偿
有用的利益	为自己接受有用的利益 **支持** 生存和保护	为自己获得有用的利益 **精通** 成就与能力	给予他人有用的利益 **服务** 帮助和协作	将有用的利益回馈给"另一个人"（上帝） **恭顺** 服务和服从
来源	经济学 **他人的爱**	社会学和心理学 **自己的爱**	伦理学 **爱别人**	神学 **爱上帝**

这个动机分类框架不仅提供了对经典动机和需要分类多样性和内部关系的理解，而且以更全面的方式促进来自不同学科的不同方法之间的交融。此外，这个动机分类理论不但突破了传统对动机的两分法和自我决定理论的三分法，并且也克服了单维区分动机方法的局限性，在组织工作中从个人繁荣的视角创造了多维复合动机的分类。例如，表 2.7 的底层显示，纵轴中的动机分类分别来自经济学、社会学和心理学、伦理学以及神学。横轴中 4 个层次的利益涉及人类生活的 4 个维度（即生理的、社会心理的、道德的和精神的，由低至高的层次），这 4 个人类学维度可以用来解释工作场所的繁荣。Guillén 认为这种分类法也可以作为一个实用的自我评估工具，通过对照动机模型进行个人反思，识别和评价自己在工作中的个人动机。这个动机的扩展网络主要从理论层面分析了人类多维动机的交互关系，但是，这些复合动机如何进行测量还有待深入研究。

此外，Guillén（2018）强调人在工作时爱的重要性，因为爱是赋予工作本身的意义，所以建议在劳动场所还要进一步考虑动机结构和爱的类型的关系。并且，提出 4 种类型的爱，包括他人的爱、自己的爱、爱别人、爱上帝（表 2.7 最底层显示）。这种爱可以只是对工作本身和我们的爱,但它也可以指向他人的爱和其他的爱。日常工作中爱的动机越高,人类繁荣的潜力就越大。Guillén 认为人类在工作和生活中的爱是相同的、统一的。在工作中"生活的统一"不仅意味着在每一个活动中整合了以自我为中心的行为动机(外在的和内在的)和更多的自我奉献的动机(超越的和宗教的),而且也意味着将较低水平的人类动机(有用的和令人愉快的)与较高水平的动机(道德的和精神的)结合起来。这种"生活的统一"与其最深层意义上的个人正直有关,与在人类生活的各个领域整合各种动机的习惯有关,包括专业工作。实际上,Guillén(2018)所提出的工作和生活中统一的爱的类型类似于人们偏爱趋近的、有价值的和有意义的目标。为了实现"生活的统一",个人必须有意识地将自己的力量导向一个有价值的目标,这个目标比成为一名优秀的专业人士更重要。这意味着努力成为一个具有美德的人,美德对这种统一至关重要,因为它完善了一个人实现这个目标的力量(Lentija and Garcia, 2022)。上述 Guillén(2018)所言的"生活的统一"与个人正直、行为习惯等有关,与 Lentija 和 Garcia(2022)所描述的美德对"生活的统一"非常重要的观点不谋而合,一个人正直的、友好的行为习惯都属于人的品格优势和美德。由此可见,人们在工作中实现"生活的统一"需要美德,同时也在工作中塑造和完善美德,促进个人的成长和繁荣。

第三章 工作动机的测量

工作动机测量的研究与工作动机理论、模型、分类和心理测量技术的进展密不可分,同时,工作动机测量技术和方式的发展也促进动机科学研究和学术成就。在动机研究中,有关动机测量的成果出现逐渐增长的趋势。Mayer 等(2007)描述分析了 75 年(1930—2005 年)动机测量的研究进展。搜索 PsycINFO(心理信息)里的相关术语表明,从 20 世纪 30 年代初到 70 年代末,研究测量动机从 111 项上升到 3086 项(占所有索引的心理学文章的 0.002%～0.011%)。20 世纪 60 年代动机测量的研究增长迅猛,70 年代达到顶峰。然而,在 20 世纪 80 年代动机测量的占比有所下降,缓慢地发展到 90 年代,只有 5220 多项这样的研究,占比下降至 0.008%。从图 3.1

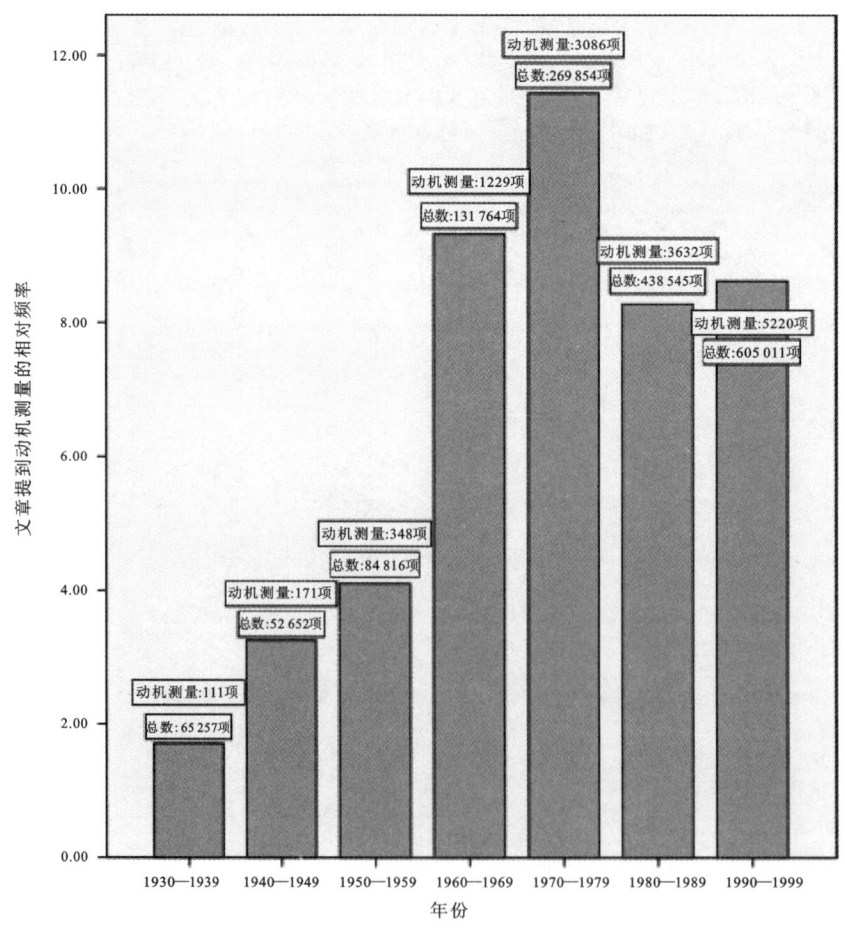

注:相对频率表示动机测量文章的数量乘以 1000 除以 PsycINFO 中的文章总数。

图 3.1 动机测量的研究数量与心理学出版物每 10 年的总数比较(据 Mayer et al,2007)

中可见,20世纪60年代初到70年代末这20年是动机测量研究的巅峰时期,动机测量研究成果数量和在心理学成果中的比例快速增加。这是因为20世纪50—60年代是动机心理学研究转变的10年,也是动机理论发展的黄金时代。很多需要理论、动机过程理论都是在这个时期产生的,所以50—60年代动机理论的发展和积淀推动了60—70年代动机测量研究的快速进步。

前已述及,哲学和神学思辨地阐释人类行为的动机主要源于自由意志;进化论从生物进化以及本能、驱动力、唤醒等理论揭示个体行为的生物动力和自然属性的差异;科学心理学带来了新的研究范式和自然科学与社会科学的测量方法(例如,观察法、内省法、实验法、问卷法等直接和间接测量方法),从多个层面(例如,意识和无意识、显性和隐性、主观和客观等)深入揭示动机的内在心理机制和环境的互动关系;神经科学通过精密仪器设备和脑电图等测量工具获得大脑活动的数据,揭示动机内在的生理状态和大脑神经调节机制。

如果从动机测量研究数量的变化只能看到表面的现象,关键是要了解动机测量的内容、方式和技术的演变和进展,洞察动机研究的取向和发展趋势。本章主要从动机理论中探索工作动机测量的内容和方法。

第一节 工作动机测量的内容

工作动机测量的内容是与动机的定义、理论和潜在结构相关的。通常学者从理论中开发测量方法去证实和验证理论,同时为了测试理论也可以先构建好的方法。所以,工作动机理论和测量方法的发展是相辅相成的。

Ployhart(2008)认为在大多数动机理论中存在6个共同的潜在维度:注意(方向)、努力、持久性、情境因素、多层次和过程取向。前3个维度是源于工作动机的定义。在动机理论中普遍界定工作动机是一个人为实现工作目标而付出努力行为的强度、方向和持久性的心理过程。工作动机包括3个关键要素是行为的方向、努力的强度和持久性的水平。情境因素、多层次和过程取向是现代理论中比较重视的维度。

Mayer等(2007)通过回顾在心理学领域从20世纪初开始到当代动机研究的理论演变,勾勒了动机测量内容的发展脉络。他们通过搜索PsycINFO,寻找已经印刷发表的测量(Murphy et al,2002)和查询心理测量年鉴(Buros,1978;Plake et al,2003),调查SPSP(society for personality and social psychology)名单服务器(listserv)成员等各种搜寻信息的技术和途径获得过去75年所有详细的动机测量量表信息。然后,从230个测量中选择155个与动机更有关的量表信息进行汇总分类。研究结果发现这些量表的特征是有广泛使用的量表,在具体情境中的动机量表,其他广泛使用量表以及较新的重要动机测试。表3.1归纳描述了目前正在使用的动机量表内容范围的分类,动机测量内容主要划分了4类:普遍的动机群体(Murray的观点)、有关自我的动机、动机的动力和其他类别的兴趣。表3.2概述了在目前正在使用的动机量表评价不同动机表现形式的分类。这些表现形式包括评价个体的心理模式、评价意识的自我概念、评价激活的计划、使用各种方法评价特定的社会背景。综合表3.1和表3.2的内容,动机测量内容主要包括三大类:动机的方向——需要、动机的动力——自我、特定情境中的动机。

表 3.1　目前正在使用的动机量表内容范围的分类（据 Mayer et al,2007 改编）

普遍的动机群体(Murray)	有关自我的动机	动机的动力	其他类别的兴趣
McClelland重要需要,例如,成就需要、权力需要和归属需要	自我指导,例如,理想自我、渴望自我、害怕自我	动机的自我决定,例如,内在或外在动机	专门的动机群体,例如,认知需要,歧义容忍
新的Murray需要,例如,害怕成功,对亲近关系的需要	自我需要,例如,自我实现,维持自尊,准备改变	动机的自我控制,例如,控制有问题的动机	强化反应特征,例如,行为的抑制和促进系统
最初Murray的需要,例如,习得,玩耍,性等			准动机性特征,例如,个人价值观

注:表中人名 Murray 和 McClelland 指代他们各自的理论或观点。

表 3.2　目前正在使用的动机量表评价不同动机表现形式的分类（据 Mayer et al,2007 改编）

评价个体的心理模式	评价意识的自我概念	评价激活的计划	使用各种方法评价特定的社会背景
动机主题和Murray动机,例如,主题统觉测验	自我判断Murray动机,例如,个性研究量表	当前关注点的情境方面,例如,个人关注点项目	McClelland重大成就通过学校中的自我判断,例如,学术动机量表
概念可及性,例如,隐性态度任务	自我判断的自我决定,例如,因果关系取向量表	Murray动机在奋斗技术中,例如,Emmons奋斗	工作,例如,Minnesota满意度量表
			运动,例如,运动取向量表

注:表中人名 Murray、Emmons 和 McClelland 指代他们各自的理论或观点。

一、动机的方向——需要

人的行为是由未满足的需要所产生。很多动机理论都关注人的需要、愿望、欲望、原始冲动、内驱力等。正如第一章在进化论中所描述的本能理论和驱力理论,像19世纪末20世纪初James、Freud、McDougall等心理学家认为人的大部分行为是由本能控制的。James(1890)识别了一系列本能,包括运动、好奇心、社交、恐惧、嫉妒和同情。McDougall(1908)提出12种本能,即觅食、母爱、逃避、好奇、合群、争斗、性驱力、创造、服从、获取、支配、排斥。Freud(1920)认为人有生的本能(包括性本能"力比多"和生存本能)和死的本能(即"桑纳托斯")两种本能。Henry Murray(1938)及其同事在著名的著作《个性的探索》中,根据在美国哈佛心理诊所的深入调查列出人类20多个需要和动机,例如,有关成就、权力、攻击性、归属、认知、玩耍等需要。他们认为这些需要是心理上习得的,而不是生理上天生的。Murray(1943)及其同事联合开发了一种评估个性的工具——主题统觉测验(thematic apperception test,TAT),这个工具也是动机的第一个间接测量方法和工具,它对分析心理学具有重要贡献。后来,McClelland(1953)将Murray的需要归纳为3类,即成就需要、权力需要和归属需要,并且开发了与TAT相似的评价工具测量这些动机。Jackson(1987)基于Murray需要理论的20种动机开发自我判断的个性研究量表(personality research form,PRF),测试包括谦卑、成就、归属、攻击、自治、变化、支配以及15个其他需要。诸多学者利用Jackson的PRF验证Murray的测试(例如,Stricker,1974;Lorr and Seifert,1977;Helmes and Jackson,1977;Fowler,1986)。并且,还有学者拓展Murray的研究,识别了成就、顺从、秩序、展现、自主等其他多种需要(例如,Edwards,1959)。可见,Murray需要理论及其TAT在工作动机测量的内容和方法中都具有至关重要的作用。

在20世纪中后期,工作动机理论中需要理论得到蓬勃发展,学者们将人类需要集中在生理需要和社会心理需要层面,主要需要理论有Maslow(1943)的需要层次理论,Alderfer(1969)的ERG理论,McClelland(1953)的成就需要理论,Herzberg(1966)的双因素理论,自我决定理论中的第四个子理论——基本心理需要理论(Ryan and Deci,1996)等。并且,这些经典理论识别的主要需要具有相关性和一致性,研究者均开发相应的测量问卷。学者根据Maslow(1943)的需要层次理论开发了与工作有关的量表,例如,Cunningham等(1975)的工作动机量表(work motivation inventory,WMI)测量在工作环境中Maslow需要层次,包括基本、安全、归属、自我状态、自我实现需要;Imparato(1972)的Porter需要满意度问卷(porter need satisfaction questionnaire)测量动机层次结构,包括安全、社会、尊重、自主性、自我实现需求的满足。ERG理论和双因素理论都是基于实验和调查研究获得的理论。

自我决定理论调查人们内在的成长倾向和内在的心理需要,认为这些需要是人们自我动机和个性整合的基础,以及在社会环境中促进这些积极过程和心理健康的条件。自我决定理论将需要定义为普遍的必需品,即人类最佳发展和完整性所必需的营养品(Ryan et al,1996)。基本心理需要理论(basic psychological needs theory,BPNT)假设基本心理需要的满足为内在动机和内化提供了营养。并且,学者们借鉴一些相关理论需要分类的观点,通过20年实证研究识别了自主需要(de Charms,1968;Deci,1975)、胜任需要(White,1963;Harter,1978)和关系需要(Reis,1994;Baumeister and Leary,1995)3种天生的心理需要。基本心理需要理论对这3种心理需要进行了界定。胜任需要(competence need)是人们努力地控制结果和体验效果;换句话说,要理解导致预期结果的工具,并能够可靠地影响这些工具。自主需要(autonomy need)包括人们努力地主观感受自己行为的"起源"(de Charms,1968),在决定自己行为时有发言权或输入信息;它涉及渴望体验内在感知行为因果关系的位点,也就是说,体验一个人的行为来自于自我。关系需要(relatedness need)指一个人努力与他人联系和关心他人,比较普遍地感到满意和一贯参与社会世界(Deci and Ryan,1991)。简而言之,自主需要来源于de Charms(1968),指按照个人意志对行为的选择感和一致感;胜任需要来源于White(1959),指个人控制行为有效率和有能力的感觉;关系需要借鉴Baumeister和Leary(1995),指个人与其他人和群体的联系,在相互交往中彼此关心和照顾感。胜任需要和自主需要是内在动机的基础——人们需要感到有能力和自主来维持自身的内在动机,关系需要对外部动机的内化也是至关重要的(Gagné and Deci, 2005)。这3种心理需要的满足可以促进自主动机、高质量的绩效和健康。van den Broeck等(2010)开发与工作相关的基本需要量表(work-related basic needs scale)来评估3种基本心理需要的满意度。

Haslam(2004)从社会认同视角描述了自我分类与需要理论识别的不同需要之间的关系,本书增加了自我决定理论中的基本心理需要理论(表3.3)。ERG理论是对Maslow需要层次理论修正比较成功有效的理论,ERG分别代表生存需要、关系需要和成长需要,它们与Maslow的5种需要是相互关联的。生存需要包括Maslow的生理需要和安全需要;关系需要包括Maslow的社交需要和尊重需要中他人尊重的需要;成长需要包括Maslow的自我实现需要和尊重需要中的自我尊重需要。从表3.3可见,Maslow需要层次理论中的自我实现需要和尊重需要中的自我尊重需要,ERG理论中的成长需要,成就需要理论中的成就需要,双因素理论中的激励因素,基本心理需要理论中的自主需要和胜任需要,这些都属于人们高层次的心理需要,采用社会认同方法分析满足这些高层次的需要是为了追求个人的自我。像Maslow需要层次理论中的尊重需要中的他人尊重需要和社交需要,ERG理论中的关系需要,双因素理论中的部分保健因素(例如,上司领导方式、人际关系等),基本心理需要理论中的关系需要,这些需要的满足是为了提升社会的自我。一些较低层次的需要则是体现人和动物最基本的需要。

表3.3 自我分类与需要理论识别的不同需要之间的关系(据Haslam, 2004改编)

自我分类的层次	内容	主要理论识别的有关需要				
		需要层次理论	ERG理论	成就需要理论	双因素理论	基本需要理论
个人的	自我作为个体(与群体内部成员相比)	自我实现需要	成长需要	成就需要	激励因素(例如,成就、工作本身、成长、进步、认可等)	自主需要
		尊重需要				胜任需要
社会的	自我作为群体成员(与群体外部成员相比)	社交需要(归属和爱的需要)	关系需要	归属需要	保健因素(例如,上司领导方式、人际关系、安全、公司政策、薪酬、工作条件等)	关系需要
人类的	自我作为人类(与其他动物相比)	安全需要	生存需要	权力需要		
动物的	自我作为动物(与非动物相比)	生理需要				

二、动机的动力——自我

从表3.3可见,人们在满足不同层次的需要时也在追求不同的自我概念和自我动机,例如,个人的自我、社会的自我、人类的自我等。自我概念和自我意识是心理学中比较古老的议题。自我意识是个体对自身生理和心理方面的认识和与周围环境关系的认识和评价。这种行为动机的自我方法导致学者们从社会学和心理动力学的视角探索动机的动力,具体包括:①自我概念的结构,例如,Freud 的本我、自我和超我,Rodgers 的现实自我和理想自我等。②自我评价与判断、关注与个性相关的动机,例如,基于 Murray 个性测试的自我判断、自我动机测量等。③自我决定,像自我决定理论就是自我方法的动机理论,此理论提出各种动机类型和因果关系取向测量都是基于自我决定。④自我调节与控制,像 Bandura 社会认知理论中的自我效能理论、自我调节理论、控制理论、自我消耗理论、调节焦点理论等都在探索对自我行为和资源的调节。相关的测量量表包括调节焦点问卷(regulatory focus questionnaire,RFQ)(Higgins et al,2001;Cesario et al,2004),自我监控量表(self-monitoring scale)(Snyder,1974;Gangestad and Snyder,2000),测量首要动机,即个体与集体自我的量表(Gaertner et al,1999,2002;Sedikides et al,2004)等。由于人们追求的自我概念是与其实现的目标和关注点有关,因此自我分类和自我概念也影响着工作动机的类型。例如,趋近动机和回避动机、内在动机和外在动机、自主动机和控制动机、自我提升动机和自我保护动机、促进动机和预防动机等,这些动机都是促进自我的积极方面和避免自我的消极方面,维护自尊和自我形象,通过追求自我所期望的终极状态而努力奋斗,从而优化个体机能和提高自我的成长和发展。所以,在工作动机中呈现新的测量,例如,个人当前的关注点和努力,这方面的量表包括 Emmons(1986)的个人奋斗评估工具(personal strivings assessment),评估积极/消极、内心/人际、成就、归属与亲和、权力、个人成长与健康、自我展示、自治、自我挫败、情绪性、传承或再生、自我超越 12 个奋斗类型。还有关注点维度问卷(concern dimensions questionnaire)、个人关注点量表(personal concerns inventory)、动机结构问卷(motivational structure questionnaire)(Klinger et al,1980;Roberson et al,1989;Cox et al,2003;Cox and Klinger 2004;Sellen et al,2006)等。

三、特定情境中的动机

Mayer 等(2007)研究归纳了在具体情境中使用的动机量表,主要涉及工作动机、学术动机、体育动机、聚焦一个动机或一个动机领域的测量。工作动机测量包括工作需要、工作满意度、工作偏好、工作诊断、工作动机类型、职业发展抱负等。例如,明显需要问卷(manifest needs questionnaire,MNQ)测量经典的动机,包括在工作环境中的成就、归属、自主权和主导地位(Steers and Braunstein,1976)。Minnesota 满意度问卷(minnesota satisfaction questionnaire,MSQ)测量员工绩效动机和工作满意度(Weiss et al,1967)。工作诊断调查(job diagnostic survey,JDS)是为了改进员工动机和生产力而设计的其他动机测量(Hackman and Oldham,1975)。工作偏好量表(work preference inventory,WPI)测量动机的位点:内在动机和外在动机各 5 项(Amabile et al,1994)。内在动机包括自我决定、胜任感、任务参与、好奇心和兴趣;外部动机测量评价关注、承认关注、竞争关注、对金钱或其他物质方面的关注和对他人指令的关注。并且,他们提出这两大类动机都包含着两个二级量表:挑战与乐趣、报酬与外在。国内学者张剑和郭德俊(2003)以 Amabile 等(1994)的 WPI 作为效标问卷,结合我国企业员工的实际情况开发了《企业员工工作动机取向量表》，提出追求胜任取向、外在报酬取向、他人评价取向、自我决定取向与良好关系取向 5 个因素的工作动机结构。

目前，在组织管理领域，学者纷纷开发隐性动机的测量。比较盛行的隐性评价是条件推理测试(conditional reasoning test，CRT)，由 James(1998)首先提出的个性测量方法。它的基本观点是个体认为其行为是正确合理的，然而对给定行为加以合理化的一些解释与分析通常是无意识的，只有在推理者的动机、建构倾向与隐性推断的引导下才会产生条件推理(James and Mazerolle，2002)。CRT 假设个体的推理活动依赖于他们潜在的个性动机，体现了心理学的动机冲突、防御机制和合理化机制。虽然，CRT 设计很多归纳推理的项目测量内隐个性，但是通过个体对归纳推理问题的解决可以评价其个性中的隐性认知偏好。而隐性认知偏好体现了有倾向性和动机性的行为意向，通常人们依据隐性认知偏好对其行为进行合理化。CRT 被广泛应用于测量成就动机、攻击性和创造性个性等。James 和 LeBreton(2012)认为，这些动机可以通过使用那些看起来与情境判断测试的内容非常相似的书面练习来进行评估。CRT 所揭示的动机可以在预测大五人格特征的自我报告测试中增加预测行为的价值。

在职业管理领域，Chan 等(2012)以新加坡大学生为样本开发了"创业、专业和领导"(entrepreneurship, professionalism and leadership，EPL)动机量表。EPL 动机测量是建立在 Chan 和 Drasgow(2001)的三因素动机之上，而三因素包括情感/身份、非计算和社会规范动机。他们提出 EPL 可以作为主观空间的 3 个维度，人们可以思考自己的职业发展。Ho 和 Chan(2020)通过新加坡和新西兰的 3 个研究样本，成功地调整了 EPL 测量方法，开发新的 EPL 动机量表(工作成人版)用于有工作的成年人，通过验证新量表具有良好的心理测量特性，类似于 Chan 等(2012)版本。一个人的创业、专业和领导动机越"多维"，他的无边界思维方式和多变的职业态度就越强。

实际上，那些普遍的动机、学术动机和某个单一动机的测量(例如，成就动机、害怕成功的动机、环境动机等)经常用于组织工作情境中进行相关研究。尤其是成就动机测量，例如，Lynn(1969)的成就动机问卷(achievement motivation questionnaire，AMQ)测量 McClelland 成就动机概念；Nygard 和 Gjesme(1973)的成就动机量表(achievement motives scale，AMS)测量成就动机，包括趋向成功和避免失败分量表；Mehrabian 和 Bank(1978)的成就倾向测量(measures of achieving tendency)测试成就倾向和任务取向；Elliot 和 Sheldon(1997)的成就目标问卷(achievement goals questionnaire)测量成就目标和避免失败的动机；以及 Schuler 和 Prochaska(2004)开发新的成就动机问卷(achievement motives inventory，AMI)等。这些成就动机问卷经常应用于与工作和职业有关的成就动机研究，广泛作为职业咨询、职业成就、招聘面试、人员选拔、个人潜力和个性测量的重要工具。

纵观动机测量内容的发展，从关注动机方向—需要到动机的动力—自我、特定情境中的动机，表明了人类动机越来越微妙和复杂，同时，工作动机测量内容越来越多样化，测量范畴不断拓展。

第二节 工作动机测量的方法

工作动机测量的方法与测量的内容和动机分类有关。最常见的动机测量方法是直接测量法和间接测量法。直接测量法是通过自我报告法和问卷调查法评价显性动机,测量口头编码的、可以有意识接近的动机。间接测量法主要运用投射法等评价隐性动机,通过自发地表达自己的关注点或偏好测量无法口头编码和不能直接接近的意识。Ployhart(2008)认为在动机研究中有 4 种主要测量系统,包括投射的、客观的、主观的和隐性/显性的测量。其中,客观的测量是指通过一些事例的数量来评价动机,例如,在生理上评价呼吸率和心率,或者反应错误或成功的数量等。在一些认知取向的研究中采用测量反应时或加工速度来作为判断标准,提高动机测量的有效性。这 4 种普遍的动机测量方法虽然彼此有区别,但是也有相似之处。因此,Ployhart(2008)提出了一个简单的启发式框架比较普通的动机测量。从图 3.2 可见,这个启发式框架包含客观性-主观性与隐性-显性两个维度,形成 4 组特征的动机测量组合方法。反应时的测量具有客观性和隐性的特征,自我报告则是主观性和显性的特征,建构式反应测量的主观性和隐性比投射测量的要多些。Ployhart 认为这个框架体现了不同领域的研究原则,左上象限(客观性-隐性)符合认知心理学研究,然而,组织中的动机研究主要在右下象限(主观性-显性)和右上象限(客观性-显性)。

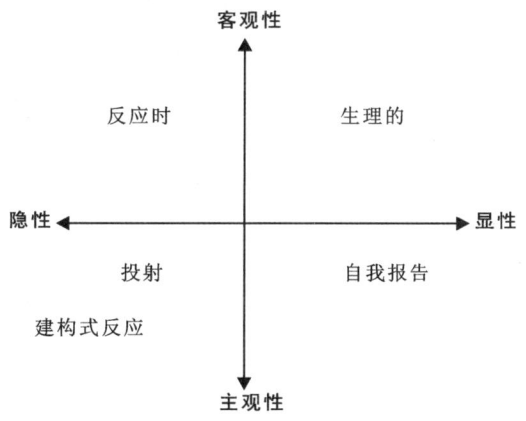

图 3.2 动机测量的启发式框架(据 Ployhart,2008)

动机是人内在的心理倾向,只有通过外在行为来间接推测。在组织情境中了解和推断员工的工作动机惯常采用观察法、自陈测量法和投射测量法。综合学者的相关研究,这里主要讨论偏主观性的显性和隐性动机,以及结合客观性和隐性的隐性动机测量方法,主要涉及工作动机的直接测量法和间接测量法。

一、工作动机的直接测量法

1. 直接测量的内容

工作动机的直接测量法也称自我报告(self-report)或自我判断(self-judgment)测量,主要采用书面问卷的形式编写好问题,让被试直接回答或者判断。很多显性动机都采用直接测量法,学者们开发了很多直接测量量表。例如,Edwards（1959）个人偏好量表（edwards personal preference schedule,EPPS）和Jackson等（1987）个性研究量表（personality research form,PRF）测量经典的动机;Cattell等（1963）动机分析测试（motivation analysis test,MAT）测量动机资源和动态冲突的领域;Deci和Ryan（1985）一般因果关系取向量表（general causality orientations scale,GCOS）基于自我决定理论测量动机轨迹,包括自主性、控制性和非个人的因果关系取向;Guay等（2000）情境动机量表（situational motivation scale,SMS）测量动机位点,包括情境性内在动机、认同调节、外部调节、去动机;Gagné等（2010）工作动机量表（motivation at work scale,MAWS）,基于自我决定理论测量4种不同的动机类型,即内在动机、认同调节、摄入调节和外部调节。van den Broeck等（2010）开发与工作相关的基本需要量表测量自主、胜任和关系3种基本心理需要。Gagné等（2015）基于自我决定理论对工作动机量表修订而编制了多维工作动机量表（multidimensional work motivation scale,MWMS）,进一步开发和测量多维动机,即去动机、外部调节-社会、外部调节-物质、摄入调节、认同调节和内在动机6种动机。

2. 直接测量的量表形式

工作动机的直接测量量表形式有开放式问卷和封闭式问卷。开放式问卷只提出相关问题,让被试用自己的语言回答问题。封闭式问卷不仅提出问题,而且还提供回答的选项,让被试选择最适合自己现状的选项。封闭式问卷样式主要包括多项选择题、Likert的量表、语义差别量表等。有的测量关注与个性相关的动机,像Edwards个人偏好量表要求被试在两个选项中做出与他们的愿望大致匹配的选择。还有的测量量表题项是让被试对问题的观点在正确和错误中做出判断(例如,Jackson,1987)。然而,工作偏好调查问卷（work preference questionnaire,WPQ）测量管理工作成就动机,设计24对强制选项要求被试作出评价(Fineman,1975)。基于自我决定理论的工作动机量表均采用Likert的五点量表或七点量表(例如,Gagné,2010;van den Broeck et al,2010;Gagné,2014)。

3. 直接测量法的特点

工作动机的直接测量法优点是简便易行,应用广泛。根据工作动机及其相关个体心理变量设计问卷,建立理论模型和假设,在短时间内可以收集大量的抽样调查数据进行统计分析,验证模型和获得有效结论。这种类型的测量可以采用横断面模型、跨层次模型、多层次方法、纵向分析方法等多种分析方法。工作动机的直接测量法存在两个需要关注的问题:测量量表的质量问题和被试回答的质量问题。

测量量表的质量就是体现量表的信度和效度。信度就是测量量表的科学性,即量表所设计的问题是否测量到工作动机相关维度的内涵。效度就是测量量表的普遍实用性,即量表在不同文化下不同时期都能反映出测量的一致性结构。Gagné等（2010）开发的MAWS是在法语和英语两种语言中测量1644名员工,提出跨语言的工作动机结构,最后一致性地组成4种不同工作动机类型。Gagné等（2014）研制的MWMS是在7种语言9个国家中获得3435名员工数据,通过因素分析显示 19 个题项的量表在 7 种语言中有相同的因子结构。所以,研究者在开发工作动机测量量表时采用多种统计方法(例如,探索性因素分析、验证性因素分析等)、模型检验和跨文化研究方式来提高工作动机直接测量的信度和效度。

被试回答的质量就是被试对问卷题项的理解性和回答的真实性。由于工作动机的直接测量法具有强烈的主观性,被试对每个题项的理解程度就影响回答质量。此外,被试在测量时的心理状态(例如,情绪、知觉等)、心理特征、个性偏好和配合程度(例如,虚假、社会赞许等)等主观因素和客观情境因素都影响测量结果的真实性。因此,研究者在量表设计中尽量使用通俗的语言编制题目,减少比较专业晦涩的词语,让被试易于理解和判断。同时,测量量表可以采用多个维度和一个维度多个题项的方式,甚至还有反向设计的题目,减少被试回答趋中的偏好。

二、工作动机的间接测量法

1. 间接测量的内容和形式

工作动机的间接测量法主要测量隐性的、无意识的动机。由于隐性动机难以描述和用自我报告的问卷测量,所以研究者开发了多种间接测量方法。这些间接测量方法最早源于个性特征测验,逐渐发展测量隐性社会认知、隐性态度、隐性动机等心理过程。下面讨论 4 种隐性动机的间接测量方法。

1)采用投射技术测量

投射技术是间接测量法中最常用的技术,它最先应用于临床心理学领域测量个性特征,后来逐渐引入到动机测量研究中。瑞士著名的精神病学家 Hermann Rorschach 于 1921 年首创了墨迹测验(rorschach inkblot test,RIT)用于个性测验。虽然,Rorschach 墨迹测验这种间接测量技术受到众多批评和质疑,但是,它毕竟开创了对无意识心理测验的方法,为后继间接测量技术的发展提供参考和借鉴。

在 20 世纪 50 年代,动机领域中有少数学者开始使用投射技术开展间接测量。Murray(1943)采用投射技术编制了个性特征测验——TAT。这个测验提供了许多张图片,要求被试观察比较模糊的人物图片,并根据每张图片中的人物和情境讲一个故事。实际上,被试在编故事的过程中就会把自己的思想观点、情感偏好投射到故事中的人物身上,无形地反映了被试的需要和压力。测试人员通过这些需要和压力可以间接推断被试的个性特征。尽管 TAT 主要在临床中使用,其评价方法依赖于专家主观评价,存在着不便计分、过于主观、费时费力等缺陷,但是,它也成为评价个体需要状态的测量工具,为隐性动机测量技术的发展奠定基础。受到 Murray 需要理论的影响,McClelland(1953)提出社会动机模型,包括权力需要、成就需要、归属需要 3 种需要。McClelland 及其同事修改 TAT,开发了与 TAT 相似的图片故事练习(picture story exercise,PSE)测量这些内隐动机(McClelland et al,1953)。同时,McClelland 为了改进 TAT 使用的缺陷,设计了一套简便和严格的客观计分系统,推动 TAT 更加方便于动机的实证研究,具有心理测量效力。随后,Geist(1959)设计图画兴趣量表(Geist picture interest inventory,GPII),通过 3 幅一组的图片进行评估,测量职业选择动机和个性特征。Miner(1971)句子完成量表(Miner sentence completion scale,MSCS)专门设计一系列开放式的陈述(例如,我的家庭医生……)让参与者完成句子,通过对回答进行编码来评价在6种不同管理角色中(例如,竞争、武断)的出色表现,从而预测他们的管理效率和动机。

进入21世纪后,Sokolowski等(2000)开发多动机网格(multi-motive grid,MMG)测量归属、权力、成就动机。Scheffer等(2010)开发操作性动机测试(operant motive test,OMT)改进PSE不易操作和耗时的缺陷。相关研究证实与PSE相比OMT确实操作更快和更有效,是良好的心理测量工具。Mayer等(2007)统计在75年期间一般动机测量中采用投射技术的研究总计1815项研究,其中,有1791项(包括使用TAT的非动机测量)使用TAT(测量成就、权力和归属动机,使用McClelland计分系统);有21项研究采用GPII;有3项研究采用MMG。这说明TAT是在间接测量中是使用最广泛的测量工具,在采用投射技术研究的总数中占98.7%。

几十年来,研究者普遍采用比较经典传统的TAT、PSE等以投射技术为主间接测量方法,依据人们对图片故事报告,通过一些内容编码来推断个体内隐动机,分别建立了成就、权力和归属三大动机的计分方式和整合计分系统。后继学者为了克服投射技术的主观性、繁琐性和提高测量的客观性,不断地融合优化探索创新,开发了隐性动机测量的多种新技术。因此,在20世纪90年代,当新的、"客观"的间接测量方法被开发出来,提供了一种替代方法——更方便、更快速、更简短的方法,许多研究者放弃了主观内容编码和解释主义技术,转而支持新的客观技术(Bing et al,2007)。这些新技术主要包括Kubinger等(1996)的工作风格测验(work style battery test,WST),Sokolowski等(2000)的MMG,Greenwald等(1998)的内隐关联测验(implicit association test,IAT)等(杜建政和李明,2007)。

2)采用客观行为测量

WST采用了客观行为测量,它包括符号编码和图形辨别两项任务,并且在测验中使用了Cattell的客观个性测试(objective personality test,OPT)。OPT是依据行为观察的个性测验,这样就提高成就动机测量的客观性和内容的有效性,比投射技术所获得的研究结果更加真实可信(wagner-menghin,2004)。

3)采用半投射动机网格技术

成就动机网格(achievement motives grid,AMG)是Schmalt(1999)结合问卷测量法和TAT投射技术的优点创立的一种网格技术,其测量方法类似自陈测量,但是却利用TAT投射技术的图片材料测量隐性的成就动机,所以被称为半投射测验。在测试中使用18张图片,编制了某个特定的成就情境,在每一张图片下面都有18个项目陈述量表。被试可以先看有具体活动的图片,然后从陈述量表中选择适合描述图片的陈述语句。半投射技术与投射技术不同的是被试不需要自己看图片编一个故事,而是在研究者编好的多个陈述中做出选择。Schmalt(1999)研究证明这种半投射技术的信度和效度明显比TAT和问卷测量都要高一些。

最初,这个网格技术是测量单个成就动机,后来发展为测量多个动机的网格技术,例如,像MMG和MMG-S(多元动机网格测验)(Sokolowski et al,2000)主要测量权力、成就和归属三大动机,采用多动机网格技术。每个动机状态都有两个分量表,代表指导动机状态的不同情绪因素,即渴望与恐惧。MMG-S渴望归属、渴望权力、渴望成功、恐惧拒绝、恐惧失败、恐惧权力 6 个动机因素。实验者向被试提供 14 张图片,每个图片有 12 个陈述项目(表 3.4)。这样将图片(i)与语句(j)设计成 $i \times j$ 矩阵或称网格(grid),即构成一个 14×12 矩阵。MMG-S 测验提供 94 个陈述分散在 14 张图片中,其中 72 个是关键项目(6 个动机×2 个陈述×6 个情境＝72 个),22 个是填充项目(检测被试是否诚实回答)。被试结合每张图片和陈述项目做出判断,量表提供"是/否"两极选项,通过计算每个特定动机所有关键项目回答"是"的总分而获得某个动机的得分。Sokolowski 等(2000)指出 MMG-S 是使用图片来唤起情感动机与一种经典问卷技术相结合,其中记录对预先确定的陈述所做出的评估反应。与广泛使用的基于故事的 TAT 或 PSE 测量方法相比,MMG-S 是一个更加方便用户和更加严格地唤起隐性动机的测量版本。研究显示 MMG-S 具有较好信度和效度。Kehr(2004)使用 MMG 来评估管理者的内隐动机。焦璨等(2010)对 Sokolowski 等(2000)编制的多元动机网格测验(MMG-S)进行中文版的修订,中文修订版 MMG-S 仍保持英文版的六因子结构,量表信度较高,适合于企业管理人员测量社会动机。Schultheiss 及其同事(2009)认为像 MMG 这样的测量倾向于收敛显性动机测量,因此不能捕捉到传统的内隐动机测量的重要方面。

表 3.4 **MMG-S 量表的陈述项目和动机类型**(据杜建政和李明,2007)

序号	陈述项目	动机类型	序号	陈述项目	动机类型
1	交际感觉良好	HA－归属渴望	7	感到可以胜任	HS－成功渴望
2	预感将要丢脸	FP－权利恐惧	8	害怕麻烦别人	FR－拒绝恐惧
3	对成功有信心	HS－成功渴望	9	打算避开难题	FF－失败恐惧
4	恐怕被人拒绝	FR－拒绝恐惧	10	试图影响别人	HP－权利渴望
5	感觉无能为力	FF－失败恐惧	11	想要联系他人	HA－归属渴望
6	担心被人压制	FP－权利恐惧	12	想获得好名声	HP－权利渴望

此外,隐性心理资本(implicit psycological capital questionnaire,I-PCQ)测量可以作为隐性动机的评估。I-PCQ(Harms and Luthans,2012)采用书面形式使用了一个半投射技术,主要依据对简短问题的评分。为了测量有关心理资本的隐性结构,研究者呈现给回答者 3 种情境的提示,要求他们编出陈述中关于某人的故事(不是他们自己)。然后,让他们对其生成的故事回答有针对性的问题,问题回答的形式采用 Liket 量表。3 种情境的提示包括积极体验(如"某人有一个新工作")、消极体验(如"某人在工作中犯错误")和模糊体验(如"某人与他/她上司谈话")。这种模糊性提示与经典的 Rorschach 墨迹测验或者 TAT 非常相似,倾向中立是为了让回答者投射他们的个性或动机。I-PCQ 开发 20 个题项评价心理资本中自我效能、希望、乐观和韧性 4 个维度,并增加了 4 个题项为填充项,目的是用来帮助掩饰测量的意图。

4)结合反应时客观测量

IAT 是由 Greenwald 等(1998)率先提出的测验,它是以反应时为指标测量内隐社会认知的新技术。IAT 原先是测量隐性态度,通过一种计算机化的分类任务来评估概念词(例如,花、虫)与属性词(例如,积极与消极)两类词之间的自动化联系的紧密程度,进而间接测量内隐态度。IAT 在生理上是以神经网络模型为基础,通过测量两概念在此类神经联系上的距离来测量两者的联系。IAT 基本原理是:词语刺激与内在需要或内隐态度的关系是相一致还是矛盾影响神经加工复杂程度和反应时。在相容任务中,两类词的关系与被试的内隐态度一致或联系较紧密,辨别任务主要依赖自动化加工,反应速度快且反应时短;相反,在不相容任务中,两类词的关系与被试的内隐态度不一致或联系不紧密,被试就会产生认知冲突,辨别任务则主要依赖复杂加工,这样反应速度慢且反应时较长。因此,两种联合任务的反应时之差就作为两类词的关系与被试的内隐态度相对一致性的指标。Greenwald(1998)在经典的花-虫内隐联想测验中发现两种联合任务间反应时有显著差异,内隐联想测验效应显著。"花+褒义词"的联合明显快于"虫+褒义词"的联合,这表明"花+褒义词"的联合与被试的内隐态度更一致,被试对花的态度更为正向[①]。

IAT 具有较好的信度与效度,广泛应用于心理学领域测量内隐态度、内隐刻板印象(例如,性别刻板印象、学科刻板印象等)、内隐自尊、内隐攻击性、内隐动机、个性特质等心理现象。然而,由于 IAT 不能对单个概念或多个概念进行评价,学者们进一步探索提出多种内隐联想测验。通过应用击中联想任务(go/no-go association task,GNAT)(Nosek and Banaji,2001)、外部情感西蒙作业(extrinsic affective simon task,EAST)(de Houwer,2003)等新方法改进 IAT,形成了单靶内隐联想测验(single target implicit association test,ST-IAT)(Wigboldus et al,2004)、单类内隐联想测验(single category implicit association test,SC-IAT)(Karpinski and Steinman,2006))和单属性内隐联想测验(single attribute implicit association test,SA-IAT)(Penke et al,2006)等修正版本。IAT 最新修正版本是 Sriram 和 Greenwald(2009)开发的简式内隐联想测验(brief implicit association test,BIAT),其特点是比较简便和易于操控。实证证明 BIAT 可以成功地应用于测量内隐态度、自我认同和刻板印象(晋争,2010)。Nosek 等(2014)开展了 7 项研究和多次重复来评估 BIAT 数据处理的多种方案,推荐测量的评分程序。BIAT 的应用不断增长,分数可以自动计算出来。目前,BIAT 不仅用于开展内隐联想测验的研究,而且还作为调查的模板工具,用于在线的数据收集。

另外,学者们尝试将 IAT 和 BIAT 应用于测量隐性动机。Brunstein 和 Schmitt(2004)运用 IAT 评价个体成就动机的差异。Keatley 等(2012)将 IAT 用于个体自主和控制动机的内隐测量。Slabbinck 等(2018)基于 Slabbinck 及其同事(2011,2012,2013)的程序和 Sriram 与 Greenwald(2009)隐性动机 BIAT 的结构,开发了一个 BIAT 测量成就、归属和权力内隐动机,并将这一测量应用于企业家研究领域。研究表明 BIAT 是一种易于使用和有效的隐性动机测量方法,建议可以促进在管理研究中引入内隐结构。

正如图 3.2 动机测量的启发式框架所示左上象限,记录反应时是一种兼有客观性和隐性特征的测量方法,IAT 测量的是隐性社会认知,因此,Ployhart(2008)认为左上象限(客观性-隐性)的测量适合认知心理学研究。由此可见,IAT 创造了以反应时为指标的、客观性与隐性相结合的测量方法。

---

① 内隐联想测验 https://baike.so.com/doc/1333339-1409673.html。

2. 间接测量法的特点

隐性动机的间接测量法具有独特的优点,归纳为以下 4 个方面:

(1)隐性动机的间接测量法运用图片故事、词语联想、完成句子、推理项目等多种主题刺激形式,通过任务转换过程揭示无意识的、潜在的心理特征和隐性的心理结构。然而,隐性的心理结构是行为结果有效的预测者。间接测量通常考虑动机与个性特征、认知、情绪等心理因素,神经网络加工特征的生理因素以及刺激任务等情境因素的关联,可以有效地挖掘人们行为深层的复杂原因和真实"心理"。

(2)隐性动机的间接测量法结合主观性和客观性相融合的多样测量技术,不断演化发展测量的新技术。从隐性动机的间接测量多种形式的发展可见,从纯主观性的投射技术的隐性动机测量(例如,TAT、PSE)—引入客观行为测量的隐性动机测量(例如,WST)—"半投射"动机网格技术(例如,AMG、MMG 和 MMG-S)—结合反应时客观测量的隐性动机测量(例如,IAT 和 BIAT)。隐性动机的间接测量技术不断改进和完善,产生了主观性-隐性、客观性-隐性相结合的多种测量,逐步形成减少测量的主观性,增加客观性的混合方式。

(3)隐性动机的间接测量法可以有效克服被试撒谎或社会赞许等不诚实的回答对测量结果的影响。学者们开发了投射或半投射技术,通过任务转换过程和心理关联间接地判断被试的某些心理需要和动机。一些研究结合图片或者情境描述的陈述项目设计了检测被试回答是否诚实的填充项目(例如,MMG-S、I-PCQ),从而能提高回答的真实性。隐性动机的间接测量可以降低社会赞许反应和说谎的可能性,因为,间接测量是借助图片、故事、词语联想、情节等媒介的隐性性质,使回答者去猜测测量的目的或伪造他们回答的难度更大和吸引力更小。例如,CRT 为了保持测验目的的间接性,在被试作答前应告知问卷上的归纳推理问题是用来测量他们的关键智力技能。Lebreton 等(2007)通过实证研究证明在间接测量下 CRT-A(攻击性)不存在掩饰现象(李永鑫,2008)。

(4)隐性动机的间接测量之间的相关度很低,测量的心理过程有差异(例如,Bosson et al,2000;Bar-Anan and Nosek,2014)。de Houwer 和 Moors (2010)研究间接测量有象征性(例如,OMT、I-PCQ、CRT)和非象征性(例如,IAT 和 BIAT)两种形式。非象征性测量的分数来自于测量程序的物理特征(对 BIAT 的反应延迟),而象征性测量的分数来自于参与者对刺激的解释(参与者解释图片、场景或问题的方式)。Bosson 等(2010)研究隐性自尊使用象征性和非象征性两种间接测量手段,结果发现它们之间相关性很低。Slabbinck 等(2013)比较作为权力隐性动机测量的图形态度内隐关联测验和图片故事练习的收敛、区分和递增效度,研究显示象征性形式的情感错误归因程序(affect misattribution procedure,AMP)和其他非象征性间接测量之间的平均相关性仅达到 0.26。他们通过 IAT 和 PSE 来测量隐性权力需要,报告这两种指标之间的相关性为 0.31,进而表明 IAT 在预测行为方面的递增效度远远超过 PSE。

当然,隐性动机的间接测量法存在一些缺陷:主观性、度量计分、比较费时、操作不简便、心理测量学问题等。从间接测量技术的演变可见,研究者们不断改进测量内容和度量计分方式,简化测量操作过程,发明计分系统(例如,McClelland et al,1953),甚至使用计算机程序开展测试,可以快速自动地完成计分(例如,BIAT)。正如前所述,动机测量主要根植于Murray首创的20多种人类需要和动机调查。后继学者成功地继承Murray的观点,逐渐将隐性动机测量主要聚焦于成就、权力和归属三大类动机。与显性动机相比较,隐性动机的测量内容和范围比较局限。未来还要从动机理论中不断探索其他的动机测量,拓展隐性心理结构研究的范畴。此外,由于隐性动机存在着测量有效性和管理的真实性或想象性的问题,所以,在组织管理研究领域很少使用隐性动机的测量。学者们纷纷倡导将隐性动机的这些测量工具广泛应用于组织工作情境(例如,Lawrence and Jordan,2009;Slabbinck et al,2018)。

三、工作动机的直接测量法与间接测量法的关系

1. 显性动机测量法与隐性动机测量法之间不相关的证据

从直接测量和间接测量的内容可见,可以使用或者结合直接和间接不同的方法测量相同的动机,或者开发不同的量表采用同一种方法测量同一种动机。尤为明显的是McClelland的三大动机测量,既有显性的直接测量量表又有隐性的间接测量量表。心理学家越来越明白使用不同的方法来测量相同动机的量表往往无法收敛(McClelland,1985)。因此,学者们开始研究隐性动机的间接测量法与显性动机的直接测量法之间的关系,以及两类测量的一致性和对结果变量预测性的差异(例如,Brunstein and Schmitt,2004;Lawrence and Jordan,2009)。Spangler(1992)的元分析发现TAT和其他比较典型的自我报告方式与各种结果有关联,然而,TAT与自我报告测量之间是弱相关。

Brunstein和Schmitt(2004)运用IAT评价个体成就动机的差异,并且深入比较显性成就取向量表(achievement orientation scale,AOS)测量和IAT测量的隐性成就动机。研究结果发现IAT和AOS所测量的成就动机在统计上相互独立,成就动机的两种测量对反馈高度敏感。他们认为成就动机的IAT与自我报告测量代表了两种明显不同的构念,这是因为它们之间本质上没有公共方差,但是有选择地预测了不同的输出变量。Lawrence和Jordan(2009)在工作场所以112名工人为样本,比较研究隐性动机和显性动机测量之间的关系。隐性动机采用MMG-S评价成就、权力和归属3种动机,显性动机采用Heckert等(1999)开发的需要评估问卷(needs assessment questionnaire,NAQ),测量成就需要、归属需要、支配(权力)需要和自主需要。通过两种类型的验证性因素分析检验心理测量特性,以及隐性动机测量与显性动机测量之间的收敛和区分效度。数据显示由MMG-S评估的隐性动机变量与由显式NAQ评估的显性动机变量在操作上是不同的,来自MMG-S变量的区分效度较差。采用回归分析来评估这两种测量在影响工作和生活满意度方面的同时效度,结果显示显性动机与满意度的变化显著相关,而隐性动机则不相关。同样在企业管理领域,Slabbinck等(2018)选择比利时79位企业家为样本,采用PRF的归属、支配和成就分量表评价显性动机,使用新开发的BIAT评价权力、归属和成就隐性动机,并且研究企业家隐性动机与创业自我效能感、企业建立数量和财务盈利能力的关联。研究结果显示企业家显性动机与自我报告的"主观"企业结果(创业自我效能感)测量有关,而隐性动机则无关;企业家隐性动机与"客观"企业结果(财务盈利能力)测量相关,而显性动机却无关。同时,在企业成立后的头几年里,企业家隐

性成就需要与企业绩效的关系大于隐性权力需要；在企业成立的后几年里，隐性权力需要与企业绩效的关系大于隐性成就需要。这个结果说明在企业创建不同时期企业家们隐性成就需要和权力需要与企业绩效的关联度在发生变化。

先前研究比较一致地发现隐性动机的间接测量和显性动机的直接测量之间的方差重叠很小，因为测量方法是不可比较的。为了更好地测试隐性动机测量和显性动机测量之间假设的独立性，Schultheiss 等（2009）在 190 个参与者中使用 PSE 测量隐性动机（McClelland et al，1989），显性动机则使用线索-反应匹配的 PSE 问卷版本 PSE-Q 和传统的显性动机测量——个性研究量表（personality research form，PRF；Jackson，1984）。PSE 和 PSE-Q 之间的相关性很小，且大多不显著，而 PSE-Q 在主题和跨主题范围内与 PRF 存在显著的方差重叠。他们的结论是即使使用了可比较的隐性动机和显性动机的测量方法，独立假设仍然成立。

为了探讨动机的直接测量法中自我判断量表和间接测量法中 TAT 量表之间相关性这个问题，Mayer 等（2007）总结了 8 项关于自我判断与 TAT 量表之间关系的研究结果。数据显示自我判断量表彼此之间确实存在相当高的相关性（中值为 0.73），而自我判断量表与 TAT 量表的相关性几乎可以忽略不计，并且奇怪的是 TAT 量表同样也不能相互关联，大多数涉及 TAT 测量的相关性都低于 0.20。由此可见，动机的直接测量法和间接测量法的量表之间不相关，直接测量法中自我判断量表之间有显著的相关，而间接测量法中 TAT 量表之间却完全不相关。因此，他们建议动机研究者最好使用多种方法来评估动机，因为这些方法利用了不同的心理过程。进而推断未来研究一个有希望的领域是评估一个既定动机的两个（或更多）测量方法之间的一致性。在某些情况下，当多个指标达成一致时，可能会有更强有力的预测。

综合各项研究结果表明显性动机与隐性动机测量之间相关不显著，彼此独立，并且不同类型的间接测量之间相关性相当低。直接测量和间接测量对结果变量的预测力是不同的，预测了结果测量中变化的独特部分。这些研究说明动机的直接测量和间接测量的结果之间存在差异，它们所揭示的显性心理层面和潜在心理过程有微妙的不同。

2. 显性动机测量法和隐性动机测量法之间不相关的原因

那么，是什么原因导致显性动机测量和隐性动机测量之间缺乏相关关系的呢？可能有以下两种原因。

(1) 两种动机测量的内容是分离的、不一致的。大量的事实证明显性动机和隐性动机测量的潜在结构是有差异的。有意识的显性动机与无意识的隐性动机是不一致的、分离的。在第二章工作动机的分类中，已经阐明显性动机和隐性动机是两个独立的动机系统。显性动机是符合人们有意识的自我概念，由社会外在激励引起的反应和及时选择的应答行为；而隐性动机是由潜意识唤起的积极情感反应和内隐的行为倾向，由任务内在激励引起的反应。显性动机与认知影响行为有关，影响有意识的态度、判断、归因和决策；而隐性动机与情感相连的潜意识反应有关，预测长期的行为趋向和自发行为。

研究者对显性动机和隐性动机过程的相互作用和对行为的影响开展研究。在社会心理学中，依据双过程理论学者们提出诸多的双过程模型。通过对现有的双过程模型的扩展，Strack 等（2004）提出了双系统模型（two-systems model）解释社会行为是两种不同的信息处理系统的联合机制,即反射系统(reflective system)和冲动系统(impulsive system)。反射系统基于对事实和价值观的知识产生了行为决策。一旦做出决策,反射系统就通过意图的自终止机制激活适当的行为。相反,冲动系统则是激活行为图式,通过来自知觉输入或再反射过程而扩散激活,通过联想网络和动机取向(包括趋近和回避取向)来引出行为。社会行为是由这两个遵循不同操作原则且相互作用的系统所控制。表3.5呈现了双系统模型中反射系统和冲动系统不同的特征。

表3.5 双系统模型的特征

序号	反射系统的特征	冲动系统的特征
1	行为是一个决策的结果,基于对事实和价值观的知识产生决策	行为由行为图式激活的传播引起
2	需要大量的认知能力,通过命题分类和三段论推论产生知识,由意识状态所控制	需要很少的认知能力,可能在次优条件下控制行为。元素包括感觉、概念、情感和可以相互连接的运动表征
3	有适当的临时存储的信息,可以表现在任何给定的时间	是一个简单的联想网络和记忆系统,慢慢地形成长期记忆
4	是一个高度灵活的系统	灵活性低,但速度快,不需要注意资源

从表3.5中可见,反射-冲动系统与显性-隐性动机系统的特征有很多相似之处。例如,反射系统和显性动机都是有意识的,由意识控制;与认知过程有关,影响价值判断和决策;对当前刺激的及时反应和暂时的信息储存。冲动系统和隐性动机与情感体验有关,依据经验和联想网络激活行为图式,预测长期的行为趋向等。Strack等(2004)认为反射-冲动模型与显性-隐性模型具有家族相似之处,因为这两种观念都认为不同的机制可能在效价和行为之间进行中介,以不同的操作方式对行为产生影响。但是他们强调这两个模型之间存在差异,某些观念是不完全一致的。首先,反射-冲动系统是并行运作且相互作用,不仅在不同的处理阶段中相互作用,而且它们的输出以协同或拮抗的方式来决定行为。然而,大多数显性-隐性模型假设是序列操作模式,显性-隐性动机系统是彼此独立的,可以单独测量和探讨。其次,将反射-冲动模型划分为两个系统并不是基于意识的存在或缺失。尽管如此,他们仍然建议反射-冲动模型可能有助于理解行为如何受到显性和隐性机制的影响。他们主要依据隐性-显性模型操作特征的区别,比较与其他双过程模型的一致性(例如,Smith and de Coster,2000),认为隐性过程位于冲动系统中,而显性过程则发生在反射系统中。由此可见,显性和隐性过程的结合和独立效应已经在双系统模型中被概念化。

Keatley等(2013)响应了先前学者的建议,即显性动机测量将提供反射系统的解释,而冲动系统可以通过隐性动机测量来评估(Brunstein and Schmitt,2004;Thrash et al,2007)。他们采用SDT和双系统模型作为框架,研究显性和隐性自主动机结构对自由选择范式中任务持久性的影响。结果支持了假设模型和在动机行为研究中包含的隐性测量方法。同时,他们发现自主动机的隐性测量似乎更适合解释比较自发的或计划外的行为差异。此外,尽管双系统模型的含义被应用于社会心理学和其他的各种现象,但是,Strack 等(2004)指出双系统模型并不适合心理功能的特定领域,并试图整合认知、运动和行为机制。然而,事实上 Keatley 等(2013)的研究为双系统模型提供了支持,即双系统模型可以作为理解 SDT 的自主和控制动机的隐性和显性测量对行为持久性的独特影响框架。可见,他们的研究提供了一个更清晰的证据,表明双系统模型比较适合于解释支持动机行为的心理过程。

(2) 两种动机测量的方法存在缺陷。Thrash 等(2019)提出传统思维认为隐性动机和显性动机在统计上独立的观点显然是不正确的。过去研究的元分析表明,隐性动机与显性动机一般是弱相关而不是不相关。如果过去研究方法中不可靠的测量等缺陷被克服,它们的相关性是能增强的。这种关系仍然足够温和,以至于隐性动机和显性动机之间的差异携带了关于个性一致性的重要信息。他们详细回顾了传统的历史观点和当代动机的 PSE 和问卷测量之间关系的观点,然后推测隐性动机和显性动机在个体之间应该是独立发展的,不存在相关性。那么,究其原因,是动机发展的独立性导致测量统计的独立性。Thrash 等(2019)为了更好地理解研究者对问卷和 PSE 之间缺乏相关性的解释以及导致这些解释的假设,提供了一个模型作为分析框架。图 3.3 显示了研究者对隐性动机和显性动机之间缺乏相关性的解释模型(第三列);导致这些解释的默认假设模型(第二列);比较自由假设的一般模型(第一列)。

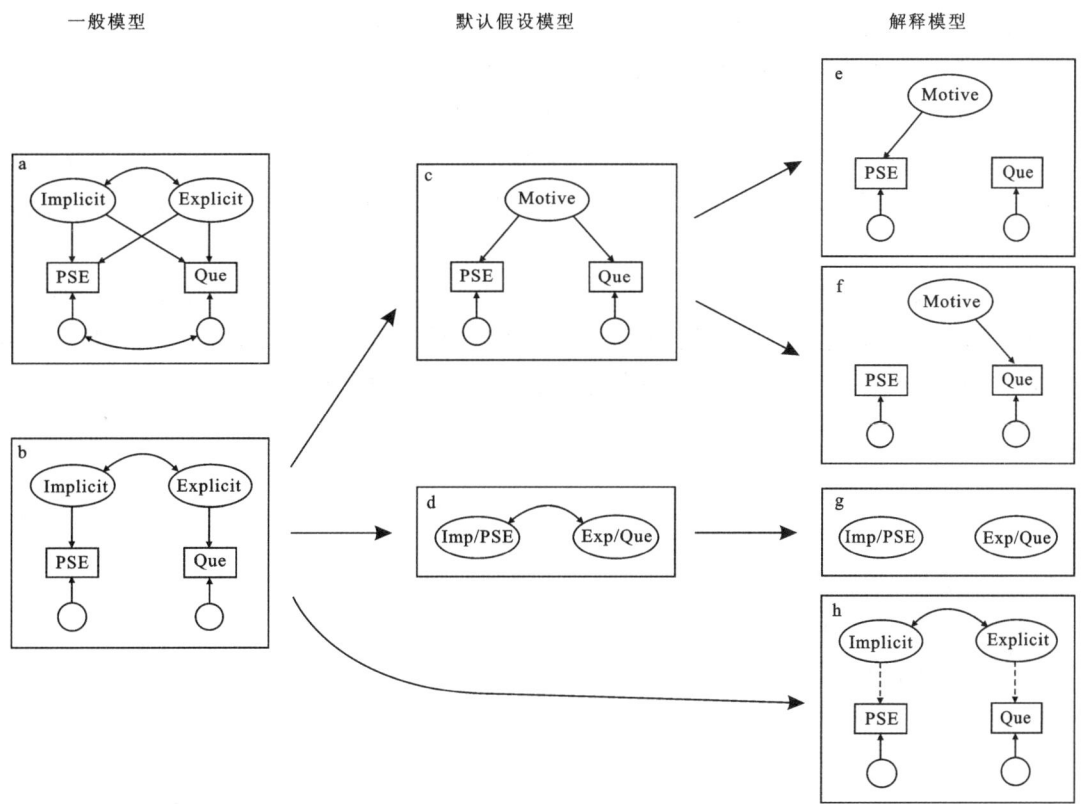

注:PSE. picture story exercise,图片故事练习;Que. questionnaire,问卷;Implicit/Imp. 隐性;Explicit/Exp. 显性;Motive. 动机。

图 3.3 隐性动机和显性动机之间缺乏相关性的解释模型(据 Thrash et al, 2012)

在一般模型图 3.3a 中,包含在同一内容领域(例如,成就动机)隐性动机和对应的显性动机两个结构。圆弧箭头表示两者之间的相关性,长方形表示两者分别的得分,小圆圈表示误差项。这个模型图主要体现了两个主要的解释理由和推理路径(从左至右):第一个解释理由是测量的效度不高。它的推理路径是从图 3.3a 中的一般模型(提出了一个潜在动机的假设而不是两个)—图 3.3c 所示的替代默认模型(隐性和显性动机结构之间没有区别)—解释模型图 3.3e 或图 3.3f(将测量之间缺乏相关性归因于问卷或 PSE 的效度不足,即测量方法无效)。第二个解释理由是隐性动机和显性动机结构在统计上是独立的。它的推理路径是从图 3.3a 中的一般模型(提出每个测量都是完全有效的假设)—图 3.3d 所示的默认模型(结构和测量之间没有区别)—解释模型图 3.3g(将测量之间缺乏相关性归因于隐性和显性动机结构在统计上是独立的——类似 McClelland 的结论)。

Thrash 等(2012)认为最好的路径方法是既不做任何假设,又允许一般模型本身来指导理论和研究。这个模型表明 PSE 和问卷之间的相关性是 3 个关系与 3 个对应干预路径的乘法函数(Bollen,1989)。①潜在的隐性动机和显性动机结构之间的关系;②在隐性动机结构和 PSE 测量之间的关系;③显性动机结构与问卷测量之间的关系。或许这些因素都导致了 PSE 和问卷测量之间的弱关系(图 3.3h)。

Thrash 等(2019)进一步探索影响显性和隐性动机测量之间关系的两种因素:方法学因素和实质性变量。其中,影响隐性-显性动机相关性估计的方法因素包括多种方法学因素的综合效应、内容对应关系、测量的可靠性和多特质-多方法矩阵(multiple trait multiple matrix,MTMM)分析等。而调节隐性-显性动机一致性的实质性变量主要有自我决定和多重调节方式。并且,从理论意义上归纳了动机一致性的前因和结果变量,前因变量有需要满足、参考能力、压力和情绪调节等,结果变量包括身份状态、意志力、心流、幸福、关系结果、工作动机等。

由此可见,显性和隐性动机测量之间关系的相关性和一致性是一个错综复杂的问题,有很多因素影响和调节,包括显性和隐性动机潜在结构的性质、测量方法、调节变量、理论基础和假设前提的合理性等。学者们在不断探索和拓展这个领域的研究。

第四章　情绪与工作动机

人的心理过程包括认知过程、情绪过程和意志过程。情绪是很重要的心理过程，它不仅影响着认知过程，而且影响着行为意向——动机以及行为本身。情绪作为一种重要的积极主观体验与动机之间关系非常密切。Kanfer 和 Kerry(2011)认为决定动机的内在因素包括生物的、情感的和认知的过程。生物过程（例如，疲惫）、情感驱动的行为趋向（例如，对惩罚威胁的敏感性）、动机（例如，成就或归属）和认知（例如，自我效能或期望）通过影响动机过程进而影响行为和绩效。随着组织所面临的环境越来越动态、复杂和不确定性，在组织中员工的情绪状态和工作动机越来越受到管理者的高度重视，因为只有大力地激发员工的积极情绪及自主动机引发积极工作行为才能实现组织目标，提高组织效率和核心竞争力。学者们纷纷探索和提出新的情绪与动机理论指导管理实践，例如，积极情绪的扩展与构建理论（Fredrickson, 1998），情绪的动机维度模型（Gable and Harmon, 2010b）等。本章讨论情绪的概述和基本理论、积极情绪理论、情绪与工作动机关系的理论等。

第一节　情绪的概述

一、情绪的定义

情绪（emotion）是人类在自然和社会环境中逐渐形成的适应性反应，对人的生存、社会交流和身心发展都具有重要的价值和意义。情绪不是一个古老的词，在 17 世纪初英国语言学家 John Florio 在翻译法国哲学家 Michel de Montaigne 的文章时，首次将法语术语"émotion"翻译成英语中的术语"emotion"。当时这个词代表着躁动、身体的移动或是骚动。这样情绪一词从法国传到了英国，开始出现在英语中。后来出现了与情绪相似的词——激情（passions）或情感（affections）。在 18 世纪中叶，这些激情和情感统称为情绪。在 19 世纪初，苏格兰哲学家 Thomas Brown 认为很难用任何文字来阐述情绪的确切含义，率先倡导将情绪作为一个理论范畴。直到 19 世纪中期才指定情绪为"一类可以系统研究的心灵状态"（Dixon 2003；Solomon，2008）。每个人都知道什么是情绪，直到要求给出定义，似乎没有人知道（Fehr and Russell，1984）。后来来自哲学、生物学、心理学、神经科学等不同科学的观点解释情绪。

心理学家对情绪有诸多的解释和定义。在《心理学大辞典》中，情绪的定义是有机体反映客观事物与主体需要之间关系的态度体验。情绪是指人脑对客观事物是否满足人的需要而产生的心理体验。这种主观体验可以分为积极情绪和消极情绪。当客观事物满足人的需要时,人就会产生积极情绪,例如,喜欢、高兴、兴奋、激动等;当客观事物不能满足人的需要时,人就产生消极情绪,例如,悲伤、愤怒、害怕、厌恶等。情绪是积极或者消极就会产生趋近或回避的行为取向。

普遍认为情绪是短暂的、强烈的,主要与人的基本生理需要相关联而产生的体验。人的情绪状态有心境、激情和应激状态。与情绪经常交替和混同使用的概念是情感,它既区别于情绪又与情绪相关联。情感(affect)是与人的社会需要相关联而产生的比较稳定、深刻的体验,例如,道德感、理智感、美感等通常是高级的社会情感。情感的概念比较笼统和宽泛,它包括了人们体验到的所有范围的感情。在心理学文献中有时情绪与情感混淆使用,难以区分。在文献中还有使用 affectivity、emotionality(例如,Watson,2002)这样意思相似的词。所以,"情绪"一词可能是所有科学中最模糊的概念之一(Frijda and Scherer,2009)。

二、情绪的系统

从概念而言,情绪是一个多成分、多维度的系统,它首先与人的需要和态度相关。然而,态度包括认知、情绪和行为意向 3 个心理成分。情绪通常有生理和认知的因素,并且影响行为。100 多年前,William James(1890)认为传统描述在情绪体验中发生的事件序列为感知—感觉—身体变化—行动。Plutchik(1985)认为 James 的观点是错误的,他建议情绪应该定义为在一个复杂的反馈回路系统中具有某些松散耦合元素的一系列事件。这个链条包含了认知、唤醒、感觉状态、行动准备、显示行为和公开行动的元素。情绪链具有与刺激相互作用的效应,从而产生一定程度的行为稳定状态(Plutchik,1977,1983a)。Izard(2010)综合很多学者关于情绪的定义,提出一个多维的观念,认为情绪是由神经回路、反应系统和感觉状态/过程组成的,激励和组织认知和行动。情绪存在着主观的、生物的、有目的和表达的现象(Izard,1993;Mauss et al,2005)。Reeve(2018)提出相似的观点,认为情绪是一种短暂的、有感觉的、有目的的、表达的身体反应,当人们面对重要的生活事件时,情绪可以帮助人们应对机会和挑战。这 4 个维度中的每一个都体现了情绪的不同方面。简而言之,每种情绪有 4 个主要成分:生理唤醒、认知解释、主观感受和行为表现(Zimbardo et al,2014)。

情绪是一种积极或消极的主观体验,它与特定的生理活动模式相关联。情绪会产生不同的生理、行为和认知变化。生理唤醒是人在情绪产生时通过神经系统自动激活导致生理上产生的反应。例如,人在生气、恐惧、紧张、惊讶的时候,会产生心跳会加速、呼吸频率增加、血压升高等生理反应的变化。认知解释是人对情境、事件或刺激有意识的认识、理解、判断和评价。主观感受是人在不同情绪状态的自我知觉,例如,人能感受到自己是快乐、激动还是痛苦、愤怒。行为表现是在情绪状态发生时,外在的动作、表情、语言等活动形式,主要包括面部表情、身体姿态表情和语调表情。例如,人在高兴和兴奋时会露出笑脸、手舞足蹈、语速变快、语调高昂;而人在悲伤时会痛哭流涕、语速减慢、语调低沉。人的面部表情是非常丰富的,是表达基本情绪的主要载体。下面列举一个事例来描述情绪系统 4 个构成成分的具体表现。当一个成年男子在山上遇见一只大黑熊,通过认知判断黑熊会伤害人;男子主观感受是紧张、害怕和恐惧;生理上通过神经传导引起心跳加快、脸色苍白、身体颤抖等变化;他的面部表情表现出十分惊恐,身体反应是迅速退缩和逃离,避免受到黑熊的攻击和伤害。

由此可见,情绪是由多个成分有机联合而产生的复杂系统,它受到生物因素和社会文化因素的影响。在后面讨论的情绪理论中可以进一步了解情绪多维的复杂系统。依据情绪系统组合成分和特征可以归纳情绪具有多种功能,主要包括适应功能、动机功能、组织功能和社会功能等。

三、情绪的分类

自从 Darwin(1872—1965 年)提出了人类情绪表达的进化基础以来,表达的普遍性就成为离散情绪(discrete emotion)假设的基石。关于情绪的分类有不同的研究视角,从情绪引发、情绪感觉状态、面部表情等进行分类。有的情绪属于自然类型,有的属于特定情绪类型。学者们通过自我报告、生理测量和行为反应观察等方法来研究情绪分类,从而形成了基本/离散的情绪理论和维度的情绪理论,也称为离散的和维度的情绪模型(discrete vs. dimensional models of emotion)。

1. 基本/离散的情绪理论

基本/离散的情绪理论认为情绪是若干相互独立的实体,类似于不同的化学元素或动物种类,针对人类祖先所处环境中威胁或挑战的原型演化而来(Tooby and Cosmides,2008)。学者们分析在不同文化下人们共通的、离散的基本情绪类别。Darwin(1872)讨论痛苦、烦恼、反思/坏脾气、愤怒、厌恶/蔑视、恐惧/惊讶、羞耻、快乐/兴奋、爱、温情、奉献等基本情绪。William(1890)提出恐惧、悲痛、爱和愤怒 4 种基本情绪。美国心理学家 Ekman 及其研究伙伴 Friesen(1976)通过深入研究,创造和开发了面部动作编码系统(facial action coding system,FACS)来识别面部情绪,发现 7 种基本情绪:愤怒、恐惧、蔑视、厌恶、悲伤、惊讶和快乐(Ekman and Friesen,1986)。后来,Ekman 对他们的基本情绪列表进行了扩充。Izard(2007)认为情绪有两类:一阶基本情绪和二阶情绪图式。婴儿开始拥有一套完整的纯一阶基本情绪。他假定存在 10 种基本情绪:兴趣、愉快、惊奇、悲伤、愤怒、厌恶、轻蔑、恐惧、害羞和胆怯。在童年后,二阶情绪图式作为成人行为和活动的主要动机和调节系统。虽然,这些离散的情绪分类来自于不同的角度,但是发现它们聚焦于相同的基本情绪,即普遍认为有 6 种基本情绪:愤怒、恐惧、悲伤、快乐、厌恶和惊讶。

2. 维度的情绪理论

维度的情绪理论依据不同维度可以组合为多样化的复杂情绪分类。维度的模型有二维度、三维度、四维度等不同观点。Wundt(1896)最早提出情绪三维度模式,即情绪有愉悦-不愉悦、唤醒-平静、紧张-松弛 3 个维度,每个情绪处在 3 对两级维度上的某个位置。Schloberg(1954)基于面部表情研究提出愉悦-不愉悦、注意-拒绝和激活水平 3 个维度。在 Darwind 的生物进化论之后,Robert Plutchik 提出的情绪心理进化理论是对一般情绪反应最具影响力的分类方法之一,心理进化论将情绪定义为有机体对刺激的适应性反应。基于 10 个假设,他认为情绪是不同物种在演化过程中为了满足生存繁殖和适应环境的需要而表现的不同形式。并且，Plutchik（1980）提出 8 种基本情绪：快乐（joy）、信任（trust）、害怕（fear）、惊奇（surprise）、哀伤（sadness）、预期（anticipation）、气愤（anger）和嫌恶（disgust）。这些情绪是原始的生物反应，可以激发动物产生高度生存价值的行为。基本情绪在人的总体情绪类型中占有很小的比例，大部分情绪都是组合、混合或衍生而成，它们可以成对、相反两极进行定义。Plutchik（1980）认为情绪具有强度、相似性和两级性 3 个维度。

Plutchik（1980）开发了著名的模型——情绪轮（emotion wheel），第一次发表其锥状模型（3D）或轮状模型（2D）来描述各种情绪的相关联程度（图 4.1）。从图 4.1 可见左上角是倒锥状模型（3D）说明了强度、相似性和两级性 3 个维度的关系。锥体截面区分了 8 种原始情绪，对角的是相对的情绪，邻近的是相似的情绪，锥体自下而上表明强度由弱至强。锥状模型展开就形成轮状模型，这个情绪轮像花瓣一样，通过颜色、圈层显示了不同情绪形式、强度及其相对关系。颜色深浅表示情绪强度，颜色越深表示情绪越强烈，相反，颜色越淡则情绪越温和。从图 4.1 可见，从宁静—快乐—狂喜，情绪强度是由温和至强烈，其中，宁静是快乐的温和形式，快乐是狂喜的温和形式。此外，快乐与哀伤、气愤与害怕、惊讶与预期等都是成对的相反情绪。除了 8 种基本情绪外，还产生很多不同的情绪，相邻的两种情绪混合形成新的情绪，例如，爱（love）、乐观（optimism）、悔恨（remorse）、蔑视（contempt）、顺从（submission）、敬畏（awe）、不赞同（disapproval）、侵略性（aggressiveness）等。

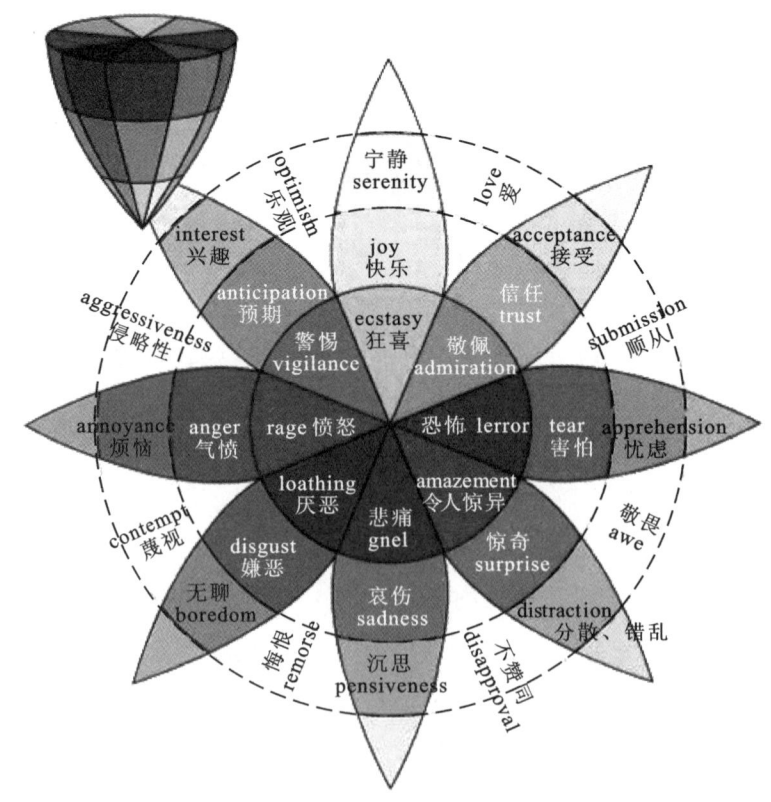

图 4.1 Plutchik 的情绪轮

Plutchik(1980)为情绪提供了较好的分类,划分了 4 组混合情绪:初级(primary dyads)、二级(secondary dyads)、三级(tertiary dyads)和对立二元体(antithetical dyads)。初级情绪可以混合产生二级情绪。通过二元配对(由两种情绪组成的情绪)可以产生 32 种组合情绪(图 4.2)。例如,内疚(guilt),嫉妒(envy),不信(unbelief),绝望(despair),好奇(curiosity),希望(hope),骄傲(pride),愤世嫉俗(cynicism),高兴(delight),焦虑(anxiety),多愁善感(sentimentality),羞愧(shame),悲观(pessimism),恐怖(morbidness),支配(dominance),愤慨(outrage)等。情绪 4 组混合方式为:①初级二元体是相邻的初级情绪对混合,爱是由快乐+信任;②二级二元体是间隔二瓣的情绪对混合,绝望是由哀伤+害怕;③三级二元体是间隔三瓣的情绪对混合,焦虑是由预期+害怕;④对立二元体是间隔四瓣的情绪对,嫌恶与信任是一对相反情绪。

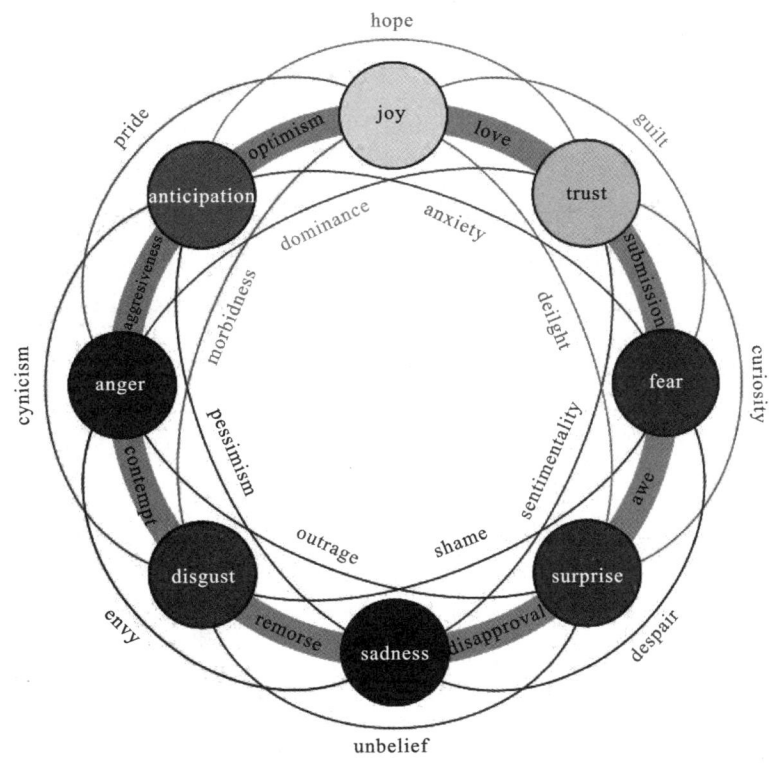

图 4.2 情绪二元组合方式(资料来源:https://zhuanlan.zhihu.com/p/544848260)

Russell(1980)指出所有的情绪状态有两个独立的神经生理系统:一个与效价(vualence)有关(愉悦-非愉悦),另一个与唤醒(arousal)有关(激活-非激活)。愉悦也称效价,是快乐的积极情绪和不快乐的消极情绪。唤醒是从平静到兴奋的状态。Russell(1980,2003)将愉悦和激活两个基本维度垂直构建的核心情绪环状模型(circumplex model)。每一种情绪体验都是愉悦和激活这两个维度不同程度的线性组合,从而形成不同的情绪分类(图 4.3)。两极对立的情绪是互相排斥的(Russell and Barrett,1999)。

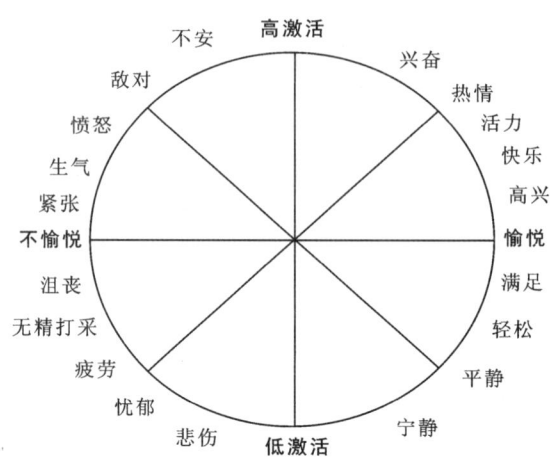

图 4.3 核心情绪的环状模型（据 Russell,1980,2003 改编）

Lang(1995)认为情绪系统可以分为欲望和厌恶动机系统（aversive and appetitive motivational system）。当激活时，厌恶动机就会促进防御行为（如回避、逃跑、防护等），而欲望动机就会产生趋近行为（如，吃东西、探索等）。这些代谢和神经系统的激活代表了唤醒。后来，Lang 等(1997)将效价和唤醒/激活作为情绪的基本维度。效价决定行为的方向，唤醒是激活的强度。Lang 等(1997)开发了国际情绪图片系统（international affective picture system,IAPS），是由美国情绪与注意研究中心(1995)编制的一系列标准化图片用于情绪和注意的实验研究。这些图片都是情绪引发的彩色图片，从报纸、杂志和书籍不同来源收集的。IAPS(Lang et al,2005)包括 1000 多种人类体验典范（如快乐、悲伤、害怕、生气、威胁、有吸引力、丑陋；房子、艺术品、家居用品、建筑项目；葬礼；污染；城市风景、海景；医疗、病患者；有爱的家庭；雨滴、瀑布；玩耍的孩子），是以虚拟世界的图画呈现。在 IAPS 中每张图片都根据大部分人（包括男人和女人）在观看时引起的愉悦感和唤醒感进行评价。然后，依据情绪评价的平均数和标准差对这些图片进行编号（4 个数字）和编辑条目，并免费分发给学术研究人员（Bradley and Lang,2007）。Lang(2005)开发自我评价量表（self-assessment manikin，SAM）以非言语的方式评价情绪的愉悦、唤醒和优势（pleasure，arousal，dominance）3 个维度。SAM 采用自我报告的九点量表，具有测量迅速、简单的特点，被试只需选择符合自己情绪状态的卡通小人即可。在不同文化下研究证明 IAPS 图画具有较好的国际适用性。Huang 等(2015)使用 IAPS 开展跨文化比较研究中国和美国健康成人的情绪差异，建议 IAPS 规范应用在亚洲文化中需要修改其适合性。国内学者结合 IAPS 研究形成中国修订版参数。

不管是离散的模型聚焦基本的少数情绪分类，还是维度的模型发散多维的相似和有差异的众多情绪类别，事实上，人类的情绪是多种多样的、微妙的，它们就像一个大家庭，随着生物进化和社会学习，大家庭的成员在不断互动、衍生和增加。其中，除了有离散的基本情绪之外，还有多维混合的复杂情绪。有些基本情绪是人与生俱来的，例如，快乐、悲伤、恐惧。还有一些微妙的复杂情绪是在人类生息繁衍和人际交往中学习而表现出来的，例如，嫉妒、惭愧、羞耻、感激、羡慕等。有一些是人与动物共同具有的基本情绪，还有一些是人类特有的、特定情绪。针对情绪研究中存在的维度和离散两种对立模型,情绪的动机维度模型建议需要考虑一个整合的观点(Harmon,2019)。

第二节 情绪的基本理论

情绪系统是一个多维的复杂系统,有生理的、心理的、表达的、行为的成分,甚至还有现象学的、评价性的成分。理论侧重的维度不同形成多样的情绪理论,Scarantino(2016)将情绪理论分为三大传统:感觉传统、评价传统和动机传统。感觉传统是以情绪感觉为最基本特征,将情绪视为独特的意识体验。评价性传统将情绪定义为对诱发环境的评价。动机传统则将情绪视为动机状态。

情绪理论反映了学者对情绪的界定、情绪引发机制和情绪系统的探究。最早是由Darwin(1872)在他的名著《人和动物情绪表达》中提出情绪理论,强调情绪的进化功能。Darwin的概念是将人类的情绪视为一种进化的能力,反映了比较原始物种的行为:在威胁或欲望的情况下发生的反应被保留了下来,因为它们促进了个体及其后代的生存。情绪不仅可以帮助人类履行日常的生活任务,而且通过引发特定的生理变化和不同情绪状态做出反应,进行社会交流。随后,情绪理论产生了不同的研究取向,包括功能取向、认知取向、神经科学取向等。它的发展历程是:早期情绪理论—情绪认知观—当代的情绪神经科学观。早期情绪理论受到Darwin进化论的影响,重视生理反应与情绪体验的关系,属于功能取向,包括James-Lange情绪理论、Cannon-Bard情绪理论等。随着认知革命的浪潮兴起,情绪认知理论关注情绪产生过程中认知评价的主导作用,属于认知取向,主要包括Schachter-Singer情绪认知理论、Arnold评定-兴奋理论及情绪的评价理论等。实际上,早期情绪理论和情绪认知理论都逐渐认识到在情绪产生过程中神经系统的作用和重要功能。但是,有的理论对情绪调节的神经中枢和外周神经的认知不正确、不精准,甚至是错误的、不科学的。那么,随着神经科学的发展,通过借助精密的脑电仪器和功能磁共振成像(fMRI)技术为解读情绪产生的复杂大脑调节机制提供科学的神经生物学理论基础,因而出现神经科学取向。普遍认为情绪反映了大脑中基本动机回路的激活,广泛地基于生存目标:欲望和维持生命;防御和保护。一般观点是欲望(防护的/吸引的)系统的激活与积极情绪相关;防御(保护的/厌恶的)系统的激活与消极情绪相关(Lang,2010)。例如,最新的神经生物学理论——人类情绪的四重奏理论(Koelsch et al,2015)。

目前,基于心灵哲学和认知科学的新理论——生成论的出现(Dierckxsens,2020),促进了情绪的最新研究取向,生成取向(enactive approach)(Glas,2020)的产生。生成取向是从"意义建构"(sense-making)的视角看待情绪的动力作用,主张情绪与认知相互交织,并与有机体适应环境的身体活动有密切联系。Sánchez(2019)认为情绪并非发生于有机体头颅内,是产生于大脑、身体和环境的互动与耦合。叶浩生等(2021)将认知的4E(embodied, embedded, extended and enactive cognition)属性应用到情绪上,认为情绪和情感也具有具身、嵌入、延展和生成特征。生成取向似乎是生理反应的功能取向和认知取向的折中结合,将情绪、认知和身体三者有机融为一体,相得益彰,可以称之为"三融合"。由此可见,情绪系统解释需要跨不同学科的理论整合,包括哲学、心理学、神经生物学、社会学、人类学和心理语言学等。学者们在不断地探索着人类情绪的本质和奥秘。下面介绍几种有代表性的情绪理论。

一、James-Lange 情绪理论

在 19 世纪 80 年代,Willian James 和 Carl Lange 几乎同时提出相似的情绪理论,即将情绪等同于身体的生理变化来解释情绪的本质。所以,学者将他们的理论统称为 James-Lange 情绪理论,这也是情绪早期经典的理论。

美国著名心理学家 James 是心理学中功能主义学派思想的先驱。1884 年,他的开创性论文"什么是情绪"发表,定义了情绪;1889 年,他提出"情绪的生理基础"的观点,讨论情绪的引发;1890 年,他的著作《心理学原理》问世,这本书在美国心理学史上的重要性是无可匹敌的(Benjamin,2007)。James(1884)假设血液流动和肌肉紧张提供了生理变化,在感觉时就产生情绪,如果没有这些,人们就会有"冷认知"。也就是情境刺激作用于人的感官,产生植物性神经系统的活动,引起身体的生理变化,而情绪就是对这些身体变化的知觉。James(1890)陈述他的观点:"我们感到悲伤是因为我们哭泣,生气是因为我们受到攻击,害怕是因为我们颤抖。"他提出对情绪状态的意识体验是对行为和身体变化的自我感知(James,1894)。James 的情绪理论其实深受 Darwin(1872)的影响,即重视在身心关系中所表现出来的意识的适应性功能。

丹麦生理学家 Lange(1885)在同一时代独立提出了一种类似的情绪理论。Lange 是从临床的角度分析情绪问题,因为他观察到所有的情绪都涉及生理变化,特别是血流的变化,所以,重视血管舒缩系统对情绪反应的不同影响。血管舒缩系统可能只是一般自主神经系统的一部分,情绪的神经调节受到血管舒缩中枢的影响。当外界刺激引起人血管舒缩活动以及植物神经系统的调节变化,就产生情绪变化。当刺激导致血管舒张和植物神经系统活动增强时,人就产生愉悦的情绪;相反,如果血管收缩和植物神经系统活动减弱,人就可能产生害怕的情绪。Lange 使用不同的例子证明,例如,人为的刺激唤起愤怒,酒精诱发快乐、悲伤和精神病状态(Wassmann,2010)。

相比较而言,Lange 更加局限于血管舒缩功能对情绪的影响,而 James 的观点则更广泛,关注身体活动在情绪中的作用。总之,James-Lange 情绪理论的共同观点是情绪是刺激唤起本能和身体的生理反应,正是对这些生理反应变化的感知,唤起了一种情绪的感觉状态。由于他们强调情绪的产生是植物性神经活动的产物,因此,后继学者称这个理论为情绪的外周理论。这个理论的贡献是提出情绪与有机体变化之间的关系,强调有机体的生理变化导致情绪,生理唤醒产生情绪。大脑解释内脏变化作为情绪体验,并将生理的内脏体验标签为情绪体验。然而,由于 James-Lange 情绪理论片面强调外周神经对情绪的作用以及难以用实验方式测试,因此引起了很多的争议。

二、Cannon-Bard 情绪理论

美国生理学家 Walter Cannon(1927)首先反对 James-Lange 理论关于单独生理唤醒导致情绪的观点,为了抨击和挑战 James-Lange 的理论,Cannon 提出丘脑情绪说。后来他的理论受到其学生 Philip Bard 的支持和拓展,因此称为 Cannon-Bard 情绪理论(Bard,1929;

Cannon,1927,1931)。这个理论认为相同的神经刺激可以同时产生情绪体验和生理反应。位于中枢神经系统的丘脑是情绪的中枢,外界刺激引起的神经冲动传导丘脑进行加工,由丘脑同时把信息传递给大脑和机体及其器官。当信息传递到大脑皮层就引起情绪体验,而信息传送到内脏和骨骼肌就激活生理反应。可见,情绪是由大脑皮层和自主神经系统共同激活的,大脑皮质的激活产生主观体验,自主神经系统激活引起内脏反应,正因为这两种神经冲动的交互作用产生情绪而引发行为。大脑皮质被激活对刺激物做出反应,源于对刺激物的认知评价和解释,所以,这个反应过程具有认知的成分。

毫无疑问,Cannon-Bard 情绪理论具有新的突破,弥补了 James-Lange 理论的不足,重视中枢神经系统对情绪的作用,提出丘脑的情绪理论,他们对情感心理生理学的广泛研究传统产生了影响。尤其是 Cannon 认为情绪不是基于本能反应,这产生了一个跨越 70 年的持久研究范式(Friedman,2010)。最近的研究证明,情绪活动的重要中心不是在丘脑而是在下丘脑。随着神经科学的发展,发现情绪有复杂的生理机制,大脑皮层调节情绪并控制皮层下中枢的活动,这些活动主要依赖于下丘脑、边缘系统、脑干网状结构的功能。

三、Schachter-Singer 情绪认知理论

基于涉及认知和生理唤醒的经典实验,美国心理学家 Stanley Schachter 和 Jerome Singer(1962)提出情绪认知理论,也称情绪两因素(包括生理唤醒和环境线索两因素)或情绪三因素理论。Schachter-Singer 情绪认知理论认为情绪状态是由认知过程、生理状态、环境因素在大脑皮层中共同整合的结果,认知因素在其中起着关键作用。认知不仅包括对生理唤醒的认知,还包括对环境线索的认知。情绪是由生理唤醒和基于对环境线索的认知解释而共同决定。个体所体验的生理唤醒与他们认知的环境相一致,而这些决定了主观的情绪状态。这个理论的重要贡献是强调认知因素对情绪的影响,将情绪理论从生理基础的观点转向认知的观点,拓展了情绪系统成分的研究。

四、Arnold 评定-兴奋理论

20 世纪 50 年代,Arnold 评定-兴奋理论认为情绪不是直接由刺激决定的,要通过大脑皮层对刺激进行评估,才产生情绪,即经历"刺激情景—评估—情绪"基本过程。情绪产生的刺激情境引发的神经冲动通过外周神经传导,在大脑皮层对其进行评估后,又将其传导至丘脑的交感神经;然后,将兴奋传导至血管和内脏,感知到所产生的变化。评定-兴奋理论的核心观点是从外周来的反馈信息,在大脑皮层中被评估,将认识经验转化为被感觉到的情绪。情绪最重要的条件是大脑皮层的兴奋,大脑皮层和皮下组织协同活动导致情绪的产生。这个理论强调大脑皮层的评价和兴奋传导对情绪产生的影响,评价和兴奋是刺激情境和情绪的中介变量。即便是两个人面对相同的情境刺激,中介变量作用产生的评价结果有差异,可能导致他们产生不同的情绪。

五、情绪的评价理论

在 20 世纪 60 年代,受到认知革命的影响,心理表征的认知处理被学者们置于心理学科

学的核心。比较著名的情绪理论是由 Arnold(1960)和 Lazarus(1966)共同开创了一种新的理论——评价理论(Appraisal theory)。情绪出现在复杂的物种中,以满足对通常复杂和微妙的生活条件的高度反应灵活性的需要,这些条件可能会产生危害和利益(Smith and Lazarus, 1990)。他们认为情绪是人与环境交易或关系的产物(Lazarus and Launier, 1978; Lazarus and Flokman, 1987),重点解释不同的情绪是如何在同一事件、不同个体和不同场合产生的。显然,同样的刺激可以在不同的人身上产生不同的情绪,或者在不同的时间在同一个人身上产生不同的情绪,这表明并不是刺激本身引起情绪,而是刺激经过评价引起情绪。随后,还有很多学者不断发展评价理论(例如,Scherer, 1984; Roseman, 1984; Smith and Ellsworth, 1985; Ellsworth, 1991; Frijda, 1986)。评价理论在本质上是对古代情绪观念的系统化。

评价的基本前提是情绪属于适应性反应,反映了对有机体幸福很重要的环境特征的评价。个人评价一种情况会提高幸福感,人们就会体验一种积极情绪,而对幸福感的威胁就会诱发一种消极情绪(Lazarus, 1982)。这种评价是信息处理的组成部分,它使人们能够根据他们的需求和价值观来确定一种情况的重要性。评价理论是一种成分理论,因为它们认为情绪事件涉及许多有机体的子系统或组成部分的变化。Wallbott 和 Scherer (1989)描述参与情绪体验的5个子成分:情境评估、生理变化、行动动机、运动表达和主观感觉状态。学者们称之为五成分模型:①评价成分,评价环境和人与环境之间的相互作用。②身体成分,是外周生理反应。③动机成分,指行动倾向或其他形式的行动准备。④运动成分,指表达性和工具性的行为。⑤感觉成分,是主观体验或感觉(Moors et al, 2013)。Scherer 等(2001)定义情绪为有机体5个子系统中所有的或大多数状态的相互关联、同步的变化,以响应对外部或与有机体相关的主要刺激事件的评估。Frijda(1988)认为情绪产生于对个人目标、动机或关注点很重要事件的反应。例如,成年男子遇到一只大黑熊,黑熊会伤害人,那么,判断黑熊是危险的,这是一种评价。随后,还会动员其他4个组成部分的资源来处理这一情况。除了认知(评价)成分之外,还有神经生理(身体)成分(身体症状:心跳加快、脸色苍白、身体颤抖)、动机成分(行动倾向:迅速退缩和逃离,避免受到黑熊的攻击和伤害)、运动成分(面部和声音表情:十分紧张、惊恐)以及(主观)感觉成分(情绪体验:害怕和恐惧)。

学者们普遍认为通过对环境的认知评价引发或引起情绪。评价可以决定生理反应、行为倾向、感觉和行动的强度和品质。评价是一个过程,涉及评价内容和评价类型。评价的主要维度是目标相关性、动机的一致性或目标的可诱导性、新奇性、确定性、控制性、应对的潜能、内在的效价或愉悦感等。学者们提出几个评价机制,涉及双重模块和三重模块观点。双重模块的观点区分基于规则的机制(对评估值的在线计算,非自动的和倾向于概念性代码进行操作)与联合机制(刺激表征和先前存储的评估输出之间学习关联的激活,通常是自动的和概念性代码进行操作)。三重模块观点则是增加一种感觉运动机制(自动的和感觉代码进行操作)。Lazarus (1991)区分了两种评价方式:一种是自动的、非反射的、无意识或潜意识的;另一种是故意的和有意识的,即深思熟虑的。类似于 Ekman(1977)提出的两种基本情绪评价机制:自动的评价和延伸的评价。

评价过程和他们所使用的信息形成了各种成分的主要因果决定因素,这些因素共同形成了所谓"情绪"的多成分反应模式。因此,评价理论阐述并指出了情绪心理学中一个中心主题：当从动机的角度来看待信息时，产生认知和情绪融合的结果（Moors et al,2013）。由于情绪评价理论是一个持续发展的理论，学者的观点是多样化的。有的学者关注评价内容，有的关注过程机制，不断呈现局部的研究成果，缺乏一个完善的模型。关于情绪的 5 个子系统或组成成分是如何运作的？有机体先对刺激进行评价，那么，评价成分与其他 4 个成分的相互作用是并行的还是串联的？这些过程在大脑中怎样运行的？这些问题还有待深入研究，也需要心理生物学原理、神经科学理论提供科学的依据。

六、人类情绪四重奏理论

随着情绪的神经科学发展，一个新的理论——人类情绪四重奏理论（the quartet theory of human emotions）被提出。德国学者 Koelsch 等（2015）提出了一种情绪的神经生物学理论，其中包括人类独特的情绪（如复杂的道德情绪），考虑了语言对情绪的作用，促进了对依恋相关情绪的神经关联的理解，并整合了来自神经生物学、心理学、社会学、人类学、心理语言学等不同学科的情绪理论。他们指出有 4 类情绪起源于 4 种神经解剖学上不同的大脑系统神经活动。这 4 种情绪系统由脑干中心、间脑中心、海马体中心和眶额中心的情感系统组成。这些情感系统具有不同的特征和功能，例如，脑干中心的功能是上升激活，间脑中心产生疼痛和愉悦，海马体中心引起依恋相关的情感，眶额中心产生道德情感。

Koelsch 等（2015）整合来自不同学科的观点，提出了一个新的情绪理论模型，这是一个整合的和神经机能的模型。使用四重奏理论这个术语是因为情感系统在进化过程中不断分化为 4 个核心系统，包括效应系统、情感系统、语言系统、意识评价系统（图 4.4）。在这个系统他们使用情感（affect）一词，仅指情感系统中的活动；而情绪（emotion）是更广泛的术语，包括图 4.4 中主要组成部分。这个模型中每个系统都能产生特定的类别和品质，并且各系统之间相互作用和相互影响。情感系统之间以及效应系统之间的连接都是双向的。边缘/旁边缘情绪控制系统（图中未显示，主要是基底神经节、杏仁核、岛叶皮层和分泌素皮层，这些结构接收来自所有 4 个情感系统的直接投射）协调影响情感系统和效应系统的活动。情感系统和效应系统的信息被合成为一种情感知觉。情感知觉可以被重新配置成一个符号代码，如语言。

情感知觉是一种非言语的主观感觉，这种情感知觉反过来也可以被重新配置成语言。Koelsch 等（2015）认为，促成主观感觉出现有 4 种不同的感觉成分：情感成分、感觉内感受成分、运动成分和认知成分。①情感成分：是从情感系统到体感皮质的投射，例如，从丘脑到次级躯体感觉区域。②感觉内感受成分：在岛叶皮层合成，基于身体的生理条件，包括体内平衡和营养条件的整合。③运动成分：产生采取行动的倾向（或驱动力），来自基底神经节和眶额皮层。④认知成分：涉及有意识的认知评价。这些组成成分曾经在 James-Lange、Cannon-Bard、Schachter-Singer、Scherer 等情绪理论中讨论。Koelsch 等（2015）不仅研究这些情感系统以根本不同的方式运作，而且发现它们有 3 个共同特征：①它们参与了生物过程的选择和调节，如行为、知觉过程、注意和记忆过程；②它们能够在没有有意注意和意识的情况下运作；③它们的活动通常会产生一种情绪知觉（即在主观的感觉中）。

人类情绪四重奏理论是吸收很多情绪理论观点和整合不同学科观点而形成的一个神经生物学最新的理论。这个理论的名称很炫目——四重奏，代表 4 个核心成分的共同作用，具

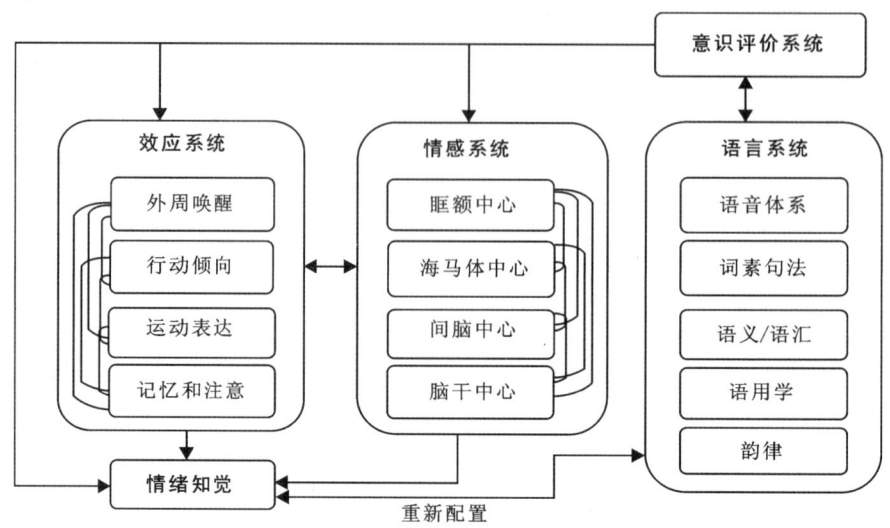

图 4.4 情绪四重奏理论所提出的情绪模型的系统说明(据 Koelsch et al,2015)

有理论创新之处。那么,这 4 个核心成分之间关系的合理性、如何在神经系统中运作还需要大量的研究去证实和补充。这个理论一问世就受到学者们关注和评论(例如,Kuiken and Douglas,2015)。

表 4.1 比较了 7 个情绪理论,其中包括 Darwin 的理论,即假设刺激首先引起情绪体验,然后导致身体反应,这一观点正好与 James-Lange 理论相反。纵观早期情绪理论、情绪认知理论和情绪神经生物学理论,人类对情绪系统的认识是逐渐深入。从 Darwin 生物进化论开始演变至今,对影响情绪的相关要素研究发展为环境刺激、生理唤醒、认知解释、主观体验等因素以及这些因素交互作用的整合。其中,很重要的核心问题是人类如何感知刺激并评估价值而引发情绪。神经科学的发展为我们认知情绪复杂系统提供坚实的基础。

表 4.1 7 个情绪理论的比较

情绪理论	主要观点
Darwin 理论	刺激→情绪体验→身体反应
James-Lange 情绪理论	刺激→生理反应变化→情绪体验
Cannon-Bard 情绪理论	刺激→激活丘脑→生理反应 / 情绪体验
Schachter-Singer 情绪认知理论	刺激→生理唤醒 / 环境线索的认知评价→情绪体验
Arnold 评定-兴奋理论	刺激情景→评估→情绪体验
情绪的评价理论	情绪涉及 5 个成分:评价成分、身体成分、动机成分、运动成分、感觉成分
人类情绪四重奏理论	情绪系统的 4 个核心子系统:效应系统、情感系统、语言系统、意识评价系统

情绪是通过对内部或外部刺激的评估而产生的。情绪和情绪调节都以价值为核心。根据这个假设的框架，Kevin 和 James(2014)从神经基础提出估值的功能架构。估值可以被描述为知觉—估价—行动 3 个阶段(perception-valuation-action，PVA)的加工循环。①知觉阶段：将各种不同类型的刺激输入；②估价阶段：根据当前的目标、背景和先前相似刺激的经验来评估这些刺激的价值；③行动阶段：包括适合估值的反应，从低水平的感觉(例如，瞳孔扩张增加)或高级的认知过程(例如，努力注意的改变)的隐蔽调整到广泛的反应系统的公开调整(例如，面部行为，姿势调整，交感神经系统的激活)。这个 PVA 序列重复作为世界(world)的新状态，由这个行动产生，成为下一个 PVA 序列的输入，从而启动一个新的 PVA 循环。图 4.5 描述了 PVA 加工循环。Kevin 和 James 认为由于多个循环随时在运作，而且这些循环相互作用，正是这些加工动力导致了行为。PVA 加工循环包括情绪和其他类型估值的基本构成材料。PVA 序列在大脑各个层次并列运行和竞争表达。这个 PVA 加工循环为情绪理论的认知成分如何完成评价估值过程提供神经学的基础。

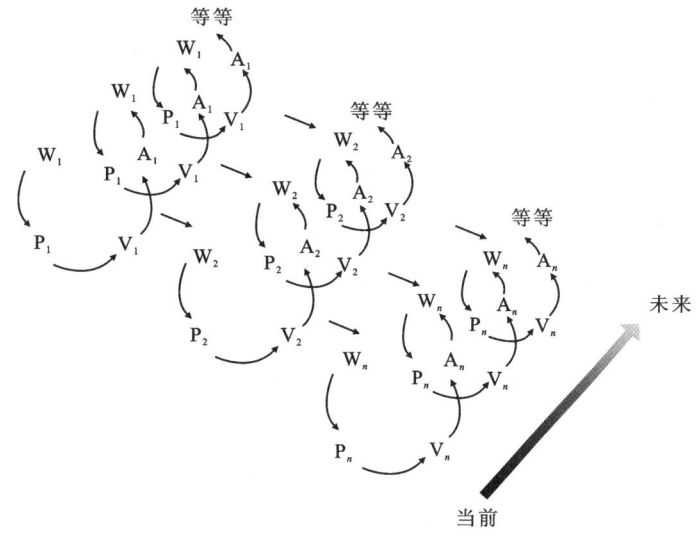

图 4.5　知觉—估价—行动(PAV)加工循环(据 Kevin and James,2014)

第三节　积极情绪理论

一、积极情绪的特征

从情绪的特征可知情绪具有两极性：积极情绪和消极情绪。这两类情绪具有相对的属性和特征，可以区分和测量。在 20 世纪，很多研究重视消极情绪(例如，恐惧、担忧、焦虑、抑郁、伤心、愤怒等)，而人的积极情绪(例如，高兴、愉悦、兴奋、热情、喜爱等)却被忽视。即便是对人的基本情绪的识别，其中消极情绪居多。例如，普遍的 6 种基本情绪：愤怒、恐惧、悲伤、快乐、厌恶和惊讶，其中仅有快乐是积极情绪。Plutchik(1980)提出 8 种基本情绪：快乐、信任、恐惧、惊讶、悲伤、预期、愤怒和厌恶，其中大多数是消极情绪，只有快乐、信任和预期属于积极情绪。长期以来学者重视消极情绪胜过积极情绪,很少去区分和研究积极情绪。正因为心理学过多关注临床治疗中心理疾病患者的消极性,重视病理学,而忽视积极性,以至于困扰着心理学使之陷入消极的黑暗泥潭。所以,Seligman 和 Csikszentmihalyi(2000)提出积极心理学,倡导积极取向,掀起积极心理学的浪潮。积极心理学确定最初的 3 个研究支柱中第一个支柱就是积极情绪。在积极心理学第一个 10 年(2000—2010 年)大部分积极心理研究专注于积极情绪和相关的认知结构。显然,积极情绪对积极心理学是非常重要的,因为积极情绪是最佳幸福感的标志。人们在积极情绪和消极情绪的整体平衡有助于他们的主观幸福(Diner et al,1991)。积极情绪标志着最佳的功能,是优化功能的核心成分(Fredrickson,2002)。因此,有关积极情绪的识别、测量和理论模型逐渐出现。

积极情绪的属性和特征往往与消极情绪进行比较研究。在积极情绪方面重要的理论突破是 Paul Meehl(1975)出版了里程碑式的研究著作《享乐能力》(*hedonic capacity*)。他认为个体在出生时就出现享乐能力上的差异,部分是可以遗传的。此外,个体在享乐能力/积极情绪上的差异在很大程度上与其在消极情绪的差异是不同的和可分离的。随后,一些学者将积极情绪和消极情绪这两个独立因素在个体内和个体间进行分析识别,以及研究它们出现在不同的描述符集、时间框架、响应形式、语言和文化中一致性(Mayer and Gaschke,1988;Watson,1988;Watson and clark,1997b)。

普遍认为积极情绪有 3 个可区别的特征:它们是适应性的、涉及趋近或欲望动机、感觉良好(有愉快的效价)。所有情绪都服务于适应功能。积极情绪与消极情绪在生物行为系统、目的、功能和体验上都有明显的差异。表 4.2 比较了积极情绪和消极情绪的不同特征。积极情绪涉及趋近动机,经常服务于欲望的(appetitive)功能,属于以趋近为导向的行为促进系统。积极情绪引导有机体趋向可能潜在产生快乐和奖励的情境与经验,或者提醒人们注意尚未实现的收益和激励他去实现它们,或者奖励和强化实际上已实现的收益。相比而言,消极情绪关注回避动机,通常服务于自我保护的功能(Watson and Tellegen,1985),属于以撤退为导向的行为抑制系统。消极情绪明显提醒人们回避和远离潜在的伤害和麻烦,或者帮助改善实际上已产生危害的后果。自然积极情绪让人感觉愉悦,有良好的体验,而消极情绪则使人有非常不愉快的体验(Smith et al,2014)。

表 4.2 积极情绪和消极情绪比较

参数	积极情绪	消极情绪
生物行为系统	以趋近为导向的行为促进系统,涉及趋近动机	以撤退为导向的行为抑制系统,涉及回避动机
目的	引导有机体趋向可能潜在产生快乐和奖励的情境和体验	让有机体远离导致痛苦、惩罚或其他不希望结果的麻烦
功能	服务于欲望的功能	服务于自我保护的功能
体验	感觉愉悦、良好的体验,积极情绪状态	令人不愉悦的体验,消极情绪状态

二、积极情绪的分类

积极情绪的主要类型有不同的研究范式:识别主要的积极情绪以及分层次、分类别的积极情绪,开发测量量表识别多种积极情绪。Fredrickson(2009)认为最常见的10种积极情绪是快乐、感恩、平静、兴趣、希望、骄傲、乐趣、鼓舞、敬畏和爱。基于积极情绪的研究成果,Smith等(2014)从情绪的评价理论观点出发,推测了10种不同积极情绪:快乐、骄傲、感激、兴趣、怀疑/决心、希望、喜爱、同情、敬畏和宁静。还有学者将积极情绪分层次、分类别研究。Watson 和 Clerk(1992)提出情绪的两个基本层级:上层和下层。上层的组成消极和积极情绪的一般维度,下层代表情绪的特定类型。上层反映情绪的整体价值,下层则体现情绪描述符的特定内容。Watson 和 Clerk(1994)研制了测量工具,开发了积极和消极情绪量表的扩展形式(expanded form of the positive and negative affect schedule,PANAS-X),发现积极情绪的3个上层的成分和18个下层的成分。①快乐(joviality)包括欢乐、快乐、活泼、热情等8项。②自信(self-assurance)包括信心、坚强、大胆等6项。③专注(attentiveness)包括警惕、专心、坚定等4项。通过实证检验快乐、自信和专注3个积极情绪的分量表高度相关。

Seligman(2002)在他的名著《真实的幸福》中,从时间的维度将积极情绪分为3类:与未来、现在和过去相关的情绪。每类别中包含着特定的积极情绪。①与未来相关的积极情绪包括乐观、希望、信心、信念和信任共5种。②与现在相关的积极情绪包括高兴、欣喜若狂、平静、热情、兴高采烈、愉快和心流(最重要的)共7种。根据情绪体验持续时间的长短,将现在的积极情绪分为两种不同类别:短暂的快乐和更持久的满足感。③与过去相关的积极情绪包括满意、满足、实现、骄傲和安详共5种。

Smith等(2014)根据10种积极情绪的属性进行归类:①有关利益的积极情绪包括快乐、骄傲和感激共3种;②有关机会的积极情绪包括兴趣、怀疑/决心、希望共3种;③对评价理论提出理论挑战的积极情绪包括喜爱、同情、敬畏和宁静共4种。

从上述积极情绪类型的描述中,Seligman提出时间划分的维度,还有其他的区分标准。对积极情绪体验进行评价,有的作为短期的状态,有的作为长期的特质。可见,对积极情绪的分类研究还在持续深入。

三、积极情绪的扩展与构建理论

Fredrickson的扩展与构建理论是最有影响力的积极情绪理论。Fredrickson回顾了积极情绪研究的历史,发现了3个方面的问题。①相对于消极情绪而言,积极情绪被忽视了。许多现有的情绪理论的核心观念是将情绪定义为特定行动倾向,以及特定行为趋向与生理变化共同作用。即情绪使身体在生理和心理上准备以特定的方式行动。例如,愤怒产生攻击的冲动,恐惧引起逃避的冲动,厌恶导致驱逐的冲动。现有的一般情绪模型适合解释消极情绪。②积极情绪与相关的情感状态相混淆。积极情绪与密切相关的其他情感状态如感觉愉悦(sensory pleasure)和积极心境(positive mood)的区分往往是模糊不清的。③积极情绪具有推进趋近或持续行为有关的功能。总之,正是因为传统的情绪研究取向存在上述问题,忽视积极情绪,把它们硬塞进所谓的情绪一般模型中,将它们与密切相关的情感状态混淆,并依据一般的趋近或持续取向描述其功能。并且，没有产生任何新的或修订的模型来更好地适应积极情绪。为了进一步理解这个领域，Fredrickson(1998)构建了一个新的理论模型以便更好地弄清积极情绪的独特作用，她称之为积极情绪的扩展与构建理论(broaden-and-build theory)。因为积极情绪显现出可以拓宽人们短暂的思维-行动储备，并建立他们持久的个人资源。

Fredrickson将这个新理论与传统的基于特定行为倾向的模型进行对比。她认为特定行为倾向可以很好地描述消极情绪的形式和功能，因此，应该保留为情绪模型的子集。然而，积极情绪很少会在危及生命的情况下发生。像快乐、平静和感激这样的情绪似乎没有恐惧、愤怒或厌恶那么有用。身体的变化、行为的冲动和积极情绪所产生的面部表情都没有消极情绪所引发的那样具体或明显地与生存相关。尽管如此，Fredrickson指出积极情绪有一个互补效应：积极情绪拓宽了人们瞬间的思维-行动储备，扩大了人们脑海中思想和行动的范围。这个理论描述10种积极情绪：快乐、感恩、平静、兴趣、希望、骄傲、乐趣、鼓舞、敬畏和爱。所有的积极情绪都具有扩展瞬间思维-行动范围的能力和建立它们持久的个人资源，范围从身体的和智力的资源到社会的和心理的资源(Fredrickson, 2001)。消极情绪适用于对焦点威胁做出快速反应，与消极情绪不同，积极情绪发生在安全或可控的情况下，并导致更广泛地寻求新资源或巩固收益。这些资源超过了暂时的情绪状态，有助于以后的成功和生存(Cohn and Fredrickson, 2009)。可见，这个理论为积极情绪的进化适应性意义提供新的视野。

Fredrickson(1998)通过大量实验验证她的积极情绪模型。例如，在实验中，实验员告诉参与者他们有一分钟的时间准备演讲，并由同龄人进行录像和评估。演讲任务会导致主观焦虑感，以及心率、外周血管收缩和血压的增加。然后，实验员随机分配给参与者观看四部电影中的一部：两部电影唤起了温和的积极情绪(快乐和满足)，第三部作为中立的控制状态，第四部引发了悲伤。结果发现积极情绪对消除消极情绪的心血管反应有明显和持续的作用，消极情绪所产生的副作用可以被快乐和满足这样的积极情绪所抵消。

扩展与建构理论认为积极情绪(即享乐/幸福/欢乐，也许还有兴趣/期待)扩大认识，鼓励新颖、多样及探索性的思想和行动。随着时间的推移，这种扩展的行为指令库建立技能和资源。例如，对风景的好奇心成为有价值的航海知识，与陌生人的愉快互动成为一种支持性的友谊，无目标的体育活动变成了锻炼和身体的优点(Compton, 2005)。图4.6呈现了积极情绪3个相继的结果：扩展思想的形式、构建资源和提升未来的成功。扩展与构建理论包括2个核心效应：扩展效应和构建效应，并且这2种效应相互影响，最终是为了增进健康、生存和成功。

1. 扩展效应

扩展效应或扩展假设是扩展与构建理论的第一个核心假设，即积极情绪可以拓宽思维-行动的范围。积极情绪似乎产生了非特定的认知变化，这可能导致行为改变，而不是直接刺激特定的生理行为(Fredrickson, 1998)。通过扩展效应导致新奇思想、行动和人际关系的变化。积极情绪影响认知变化体现在以下3种形式方面。

(1)扩展注意范围。对扩展假设最基本的认知支持出现在全局-局部视觉处理任务中。扩展与构建理论假设积极情绪随着其焦点的扩大，产生对全局层次处理的偏好，而消极情绪

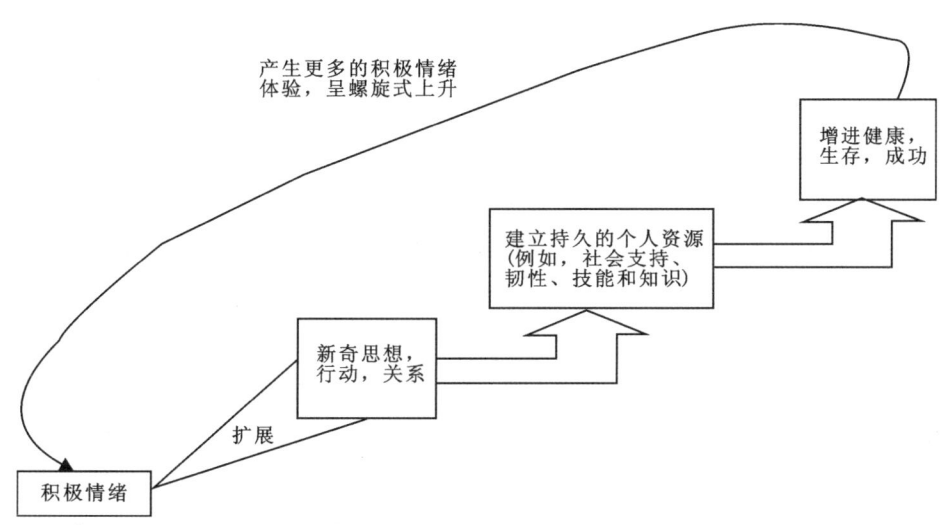

图 4.6　积极情绪的扩展与构建理论（据 Cohn and Fredrickson,2009）

往往产生对细节的偏好。Wadlinger 和 Isaacowitz（2006）采用实验法跟踪参与者眼球运动，发现诱导的积极情绪扩展了视觉搜索模式，导致对高强度积极效价的外围刺激的注意增加，更频繁的眼睛扫视向中性的或低强度积极效价的外围刺激。Johnson 等（2010）通过实验证明积极情绪会导致认知状态的扩大。通过面部肌电图（electromyogram，EMG）区分杜氏（真实）和非杜氏（非真实）的微笑。在实验中杜氏（Duchenne）微笑在积极情绪诱导中比中性或消极情绪诱导中更频繁。通过两个实验证明，高频率的杜氏微笑预测在全局-局部视觉处理任务中注意宽度的增加以及在隐蔽注意定向任务中注意灵活性的增加。证据表明认知拓宽可以通过频繁的积极情绪的面部表情来产生。

最初的扩展与构建模式只关注于通过积极情绪来扩大注意。目前，除了扩大以建立个人资源之外，还赞成纳入缩小成分的重要性。当一个人能够看到各种各样的可能性并尽可能多地接受信息时，注意就会分散，感觉到更多的消极情绪发生时就会集中注意。在集中注意的过程中，一个人会分析自身在注意不集中时发现的可能性。没有这个过程，具体的想法就不会形成。这一理论为更完整的模型提供了支持，其中包括缩小范围和扩大范围以便构建（Rathunde，2000）。

（2）扩大认知，或者更具体地说是增加认知的灵活性和创造性。与扩大注意一样，积极情绪也扩展和扩大了一个人的思维，使其具有更强的灵活性、创造性及产生不寻常和创新解决问题的能力。积极情绪激励着个人去追求新颖的、创造性的、无规则的思想和行动道路（Fredrickson，1998）。Fredrickson 实验室的研究将参与者随机分配到观看那些能引起积极情绪的电影如快乐和满足，消极情绪如恐惧和悲伤，或没有情绪。与其他条件下的人相比，体验积极情绪的参与者表现出更高水平的创造力、创造性和"大图景"的知觉焦点。Isen 及其同事（1985,1987,1993）开展大量的研究测试积极情绪对大范围认知结果的影响，显示积极情绪产生思维模式是特别不寻常的，产生更有创意和多样化的行动等。并且，证据支持积极情绪增加了认知的灵活性（Isen，2002）。

（3）影响社会认知。对社会认知的扩展影响是指我们如何看待自己与他人的关系。与注意和认知一样，积极情绪扩展和扩大了我们的人际关系范围，促进灵活和创造性地处理社会信息的方式。其中之一包括一个人如何看待自我和自我扩张的扩展效应（David et al,2013）。积极情绪也扩展社会群体的概念和打破基于"我们与他们"观点的群体间偏见（Dovidio et al,1995），甚至在种族背景中获得相同结果（Johnson and Fredrickson, 2005）。

Fredrickson（2001）采用直接的实验室实验测试这些扩展假设。他通过向参与者展示简短的、唤起情绪的电影片段，引起快乐、满足、恐惧和愤怒特定的情绪。使用非情绪的电影片段作为中性的比较条件。在电影片段后立即测试参与者思维-行动储备的范围。他要求参与者抛开电影的细节，花点时间想象自己处于一种会产生类似感觉的情境。考虑到这种感觉，他们让参与者列出所有他们当时想做的事情。这些数据提供了初步的直接证据，高唤醒状态的快乐和低唤醒状态的满足产生了比中性状态较宽的思维-行动储备。同样地，两个不同的消极情绪恐惧和愤怒产生比中性状态较窄的思维-行动储备。这个结果支持了扩展与构建理论的第一个核心假设：积极情绪可以拓宽脑海中思维-行动的范围。相比较而言，消极情绪认为基于特定行为倾向的模型则缩小了思维-行动的范围。

2.构建效应

根据扩展与构建理论，积极情绪会引发更广泛的认知变化，导致决策和行动模式的改变，这些改变将投资于智力、个人和社会领域（Fredrickson,1998）。随着时间的推移，这些相应的思想和行动模式积累起来，并建立长期的身体的、智力的、心理的和社会资源。身体资源包括发展协调性，增强力量与心血管健康；智力资源包括培养解决问题的能力和学习新信息；社会资源包括巩固联系和产生新的联系；心理资源包括培养韧性和乐观精神，发展认同感和目标取向。这些资源转化为更大的生存和再成功的机会（Fredrickson,2003）。通过积极情绪获得的资源比他们获得的情绪更持久。并且，这些资源积累起来可以增加个人的整体福祉。幸福感的增加会导致更多的积极情绪，从而带来更高的韧性。更高的韧性会提高幸福感，这将创造一个不断改善幸福感的上升螺旋。这种正向的序列称为积极情绪的"螺旋式上升"。快乐的人表现出许多积极的、持久的特质，比如，应对自如、长寿和增进健康。

扩展与构建理论第二个核心假设是积极情绪通过扩展效应构建人们持久的个人资源，得到了有力实验的支持。纵向干预研究表明，积极情绪在长期资源的开发中起着重要作用，如心理韧性和繁荣（Fredrickson,2003）。Fredrickson等（2008）随机地安排有工作的成人通过仁慈冥想（loving-kindness meditation, LKM）的干预方式来体验每天提高积极情绪。实施3周后冥想者积极情绪水平比控制组有明显提高。8周后显示冥想者大量的个人资源提升，包括身体健康，实现重要目标的力量，享受积极体验的能力和亲密关系的质量。这些不断改善的资源使调解小组的人认为他们的生活更令人满意和满足。那么，这些变化都归因于每天积极情绪的提升。Tugade等（2021）进一步研究支持积极情绪可以建立心理资源，每天体验积极情绪可以预测生活满意度和特质韧性的提高。此外，积极情绪与应对压力、健康等因素密切相关。积极情绪不仅是繁荣、昌盛和生活扩展的标志，而且可以帮助创造现在和未来的繁荣。因为积极情绪积极地扩大和建立了一个人的思维-行动能力，它们导致更多的资源和更满意的生活(Cohn and Fredrickson,2006)。

根据这一理论,积极情绪扩展了认知和行为倾向。在积极情绪状态下,认知灵活性的扩大导致资源建设随着时间的推移变得比较有价值。尽管一种积极情绪状态只是短暂的,但它的益处以特质、社会联系和能力的形式持续到未来。积极情绪对人类的成长和发展具有内在的价值,而这些情绪的培养将帮助人们过上更充实的生活。为了过上美好的生活,人们需要积极和消极情绪比例为3∶1(Fredrickson,2001)。积极情绪是人们整体幸福或快乐的标志,促进了未来的成长和成功。这体现在工作、学校、人际关系、身心健康和长寿等方面。

第四节 情绪与工作动机关系的理论

一、情绪与动机的关系

情绪与动机密切相关,因为它们的共同特征是都属于内在的心理状态和过程,影响着行为的方向和力量,引导目标取向行为。情绪系统中包含行为倾向即动机成分。情绪是一种特殊的动机类别,帮助人们注意和对重要情境(通常是外部的)做出反应以及与其他人交流意义(Zimbardo et al,2014)。情绪具有适应功能、动机功能、组织功能和社会功能等多种功能。情绪理论分为感觉、评价和动机三大传统。第三个传统就是动机传统,将情绪定义为独特的动机状态。动机研究传统认为情绪理论需要解决的核心问题是解释情绪和行为之间的关系,因为当人们表达情绪时,最终会产生重要的个人和社会结果。情绪作为一种复杂的主观体验,与人的需要满足相联系,调节目标实现行为。当客观情境满足人的需要时,人们就会产生积极情绪和激发趋近动机及促进行为;相反,人的需要未满足时,人们就会产生消极情绪和激发回避动机及防御行为。所以,情绪影响着行为的方向目标和强度,情绪是动机产生的重要前因。学者们一直讨论情绪与行为动机之间的构成关系:一方面,情绪包含动机成分,情绪是一种特殊的动机;另一方面,情绪又是动机系统的一个基本成分。实际上,情绪与动机的关系是"你中有我,我中有你"。神经科学的发展为情绪与动机的密切关系提供支持,发现动机和情绪似乎利用了类似的大脑区域网络。

1. 情绪系统包含了动机成分

很多学者都认为情绪体验中就具有动机成分,甚至将情绪看作动机。Dewey(1985)被认为是第一个先驱。如前所述,James(1890)认为情绪是对身体生理反应的感觉。Dewey(1895)反驳了这个观点。Dewey认为愤怒的感觉和愤怒本身是有区别的,一种情绪在其整体上是一种有目的的行为模式且它也反映自己成为感觉。Dewey强调当某人生气时,并不是简单甚至主要地意味着有某种感觉占据了这个人的意识,即这个人已经做好了以某种方式行动的准备。可见,情绪本质上是改变一个人行动的准备状态。

Lazarus(1999)认为如果没有认知和动机,情绪不可能发生。情绪总是对意义的一种反应,它包括对个人目标转换的含义,而不管这个意义是如何实现的。并且,在人与环境关系中创造意义时,个人动机起着根本作用,因为如果没有目标就不会有情绪。他指出动机总是包含在情绪中：①情绪转换的前因是动机（产生个人行为的原因）；②动机作为情绪本身的结果，在情绪的人与环境关系中产生新的目标和意图的形式。Roseman(2008)认为对个体行为的解释必须同时包括动机与情绪两个方面，两者会在不同条件下以不同的方式驱动和引导个体行为。情绪与动机的联系是：①情绪部分来源于动机；②情绪就是动机，即情绪给予个体行为的力量和方向。Reeve(2018)概括情绪与动机的关系为：①情绪作为动机，大部分情绪研究者将情绪界定为旨在引发适当行为的动机状态(de Steno et al,2004)。一些研究者认为情绪构成原发性动机系统。②情绪作为读出器，情绪解读出人的不断变化的动机状态和个人适应状态(Buck,1988)。

2. 动机系统包含了情绪成分

学者认为在行为驱动中产生情绪体验，尤其是内在动机包括认知成分与情感成分。Deci和Ryan(1985)指出自我决定感与胜任感是内在动机的中心成分，而好奇心的满足、兴奋感等是个体在内在动机所激发的行为过程中产生的情感体验。VanLier(1996)分析内在动机由两个层次构成：基本层次包括意图、情感和努力；第二层次是内在动机的知觉和选择成分。Csikszentmihalyi(2000)认为快乐是内在动机的关键因素，快乐提供了参与工作和取得成就的内在报酬。Lesser和Madabhushi(2001)认为探索和好奇心满足过程中的享受是内在动机的情感成分，具有情境性特点；而胜任感是内在动机的认知成分，具有跨时间和跨情境的稳定性和持久性特点。可见，情绪是内在动机的重要成分，积极情绪也是内在动机激发的结果变量。

3. 情绪和动机的神经基础

神经科学的发展帮助我们进一步理解及研究情绪和动机的神经联系，更好地区别情绪和动机这些心理过程的生物机制。在以往的神经科学研究中，情绪和动机通常被放在不同的神经回路中分别进行研究。Cromwell等(2020)深入探讨了动机和情绪功能的神经基础。他们通过大量文献研究，突破神经基础框架分离的传统观念，提出了关于情绪和动机显著的神经收敛的一种新观点，确定了情绪和动机重叠的关键神经区域。并且，他们绘制出了动机和情绪背后的相互关联的神经系统，图4.7显示了大脑中涉及动机和情绪加工的一些主要区域。图形中灰色字体代表动机，例如，错误检测（error detection）、结果价值更新（outcome value updating）、强化（reinforcement）和预测（predict）都是灰色，它们代表动机；黑色字体则代表情绪，例如，信任和同情（trust and empathy）、调节情绪（regulating emotion）、寻求（seek）和情绪（emotion）都是黑色，它们代表情绪。像学习（learning）、界面（interface）和4个箭头是灰色和黑色的混合，表示动机和情绪的交互和重叠。

动机和情绪加工的主要大脑区域：①扣带皮层（cingulate cortex）参与检测错误和社会情绪（例如，信任和同情）。②内侧前额叶皮层（medial prefrontal cortex, mPFC）区域包含与奖赏价值相关的神经活动，并在价值发生变化时表达出激活的可塑性。这个区域也是调节和主要抑制情绪的关键。此外，眶额皮层（orbitofrontal cortex, OFC）在价值判断中也是至关重要的(Kim, 2013)，脑岛（insula）与情绪产生有关。③杏仁核（amygdala）是将情绪与新刺激联系

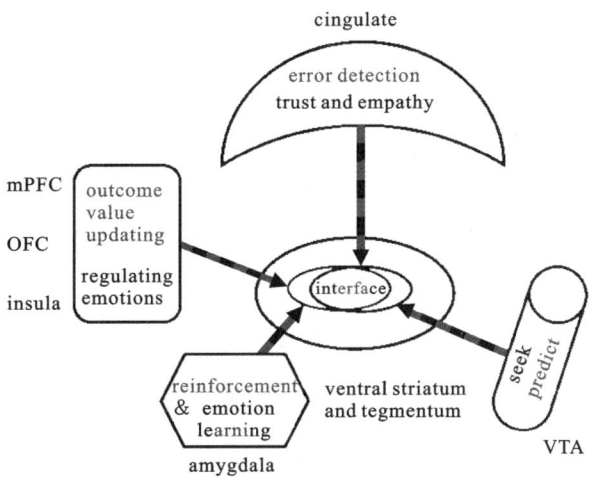

图 4.7　大脑中涉及动机和情绪加工的一些主要区域(据 Cromwell et al, 2020)

起来,并随着时间的推移发展强化力量的关键节点。④腹侧纹状体和被盖区(ventral striatum and tegmentum)是动机加工的基础,前脑纹状体区域是一个关键的界面区域,结合了来自其他大脑区域的输入。⑤腹侧被盖区(ventral tegmental area,VTA)是参与启动预测错误信号以及寻求主要的情感意识。如图 4.7 所示,动机中使用的神经回路与情绪中使用的皮质-基底神经节-皮质的回路严重重叠。通过探讨动物的情绪和动机以及相互关系模型,Cromwell 等(2020)比较了人类和非人类动物的相关研究,发现人类就像非人类动物一样,动机和情绪似乎利用了类似的大脑区域网络,这些区域包括纹状体/伏核和腹侧被盖区的富含多巴胺的通路,以及边缘结构,如杏仁核、扣带皮层和额叶皮层。每个大脑区域都划分为有界限的情感和动机亚区域,一个选定的神经界面可以在一个位置发挥作用,结合和合成这些过程。

这些发现支持了情绪和动机之间重要的神经共享,表明这两种功能在大脑中紧密地交织在一起。Cromwell 等(2020)认为神经重叠并不一定意味着连续的功能重叠。动机和情绪的功能主要是由大脑中重叠的、相似的位置和网络支撑,但在特定的连接和最核心的传递上可能不同,这些功能通常相互作用一起驱动行为。尽管动机和相关的情感体验确实相互作用,然而,它们在功能上是相互独立的。即使相同的大脑区域/系统被激活为动机和情绪,随着网络功能的转移,这种交流活动也可能涉及有区别的、独特的连接模式和信息流。所以,目前的证据支持情绪和动机之间的一些独立性和显著的收敛性。这表明情绪和动机是可以区别的、独立的心理过程,但是,它们又纠缠在一起,彼此交叠。继而,Cromwell 等(2020)提出新的观点,这些过程的大脑基质可能会合并和分离有几个条件:确定体验的数量;所要获得的目标类型;情境,特别是当嵌入社会互动时;认知输入,包括自上而下的自我控制和记忆。那么,这些新思想有待于不断地探索和验证。

二、情绪动机理论

在心理学中有关情绪和动机关联的理论广泛存在于内驱力理论、激活理论、唤醒理论、内在动机理论、个性理论中。20世纪60年代开始出现了情绪动机理论,认为情绪是动机的源泉之一,是动机系统的基本成分,从不同视角探索了情绪和动机的复杂关系。例如,Tomkins和Izard等为代表的动机-分化理论强调情绪具有动机功能和适应功能,情绪行为都是适应和调节行为。Weiner(1986)归因取向的情绪动机理论认为归因会使人出现情绪反应,出版了著作《动机和情绪的归因理论》。他指出对成功和失败的情绪反应都是由成就结果的感知原因和因果关系的共同特征或维度所决定的。Weiner(2014)概述了一些自我导向和其他导向的与成就相关的成功情绪,包括幸福、钦佩、理解、自信、不喜欢、嫉妒、感激、喜欢、骄傲和惊讶10种情绪,以及失败情绪,包括痛苦、愤怒、内疚、无助、希望、绝望、怜悯、遗憾、幸灾乐祸、轻蔑、羞愧、惊讶和同情13种情绪。Lang等(1997)的情绪动机模型认为情绪在根本上来源于欲望动机系统和防御动机系统的不同激活,提出情绪的两个维度:效价和唤醒。这些观点在前面情绪的维度理论中已描述。Gable和Harmon(2008)情绪的动机维度模型是最新的理论模型,在先前的理论基础上,超越情绪的两个维度,提出动机维度影响情绪状态与认知的关系。下面重点讨论情绪的动机维度模型。

积极情绪的扩展与构建理论提出扩展效应,通过实验证明积极情绪可以拓宽脑海中思维-行动的范围,包括扩大注意范围和认知(Fredrickson,2001)。然而,这项研究主要考察了在趋近动机强度较低的积极情绪(例如,满足)。Gable和Harmon(2008)通过系统研究在不同趋近动机强度下的积极情绪,获得不同结论,发现高趋近动机的积极情绪(如欲望)缩小了认知,而低趋近动机的积极情绪则拓宽了认知。因此,Gable和Harmon(2010b)提出一种新的情绪认知交互作用模型:情绪的动机维度模型(motivational dimensional model of affect),拓展了对情绪状态如何影响注意和认知广度的理解。这个模型表明动机强度而不是情绪效价是注意和认知狭窄/扩展的主要原因。积极和消极情绪有不同的动机强度,研究发现低动机强度的情绪扩展了认知过程,而高动机强度的情绪缩小了认知过程。

Gable和Harmon回顾了以往情绪的注意和认知结果研究重点关注效价维度(即情绪是积极的还是消极的),然而忽视动机的方向和强度。情绪的动机维度模型提出情绪具有两个动机维度:动机方向和动机强度。①动机方向:是趋近或避免一个物体或目标的驱动力。Watson(2000)将积极情绪直接与趋近动机相关联,消极情绪与回避动机相关联。但是,研究发现动机方向和情绪效价在这种方式没有联系。特别是愤怒却是一种与趋近动机相关的消极情绪状态。所以,这个模型认为动机方向和情感效价可以是独立的。②动机强度:是一种趋向或离开冲动的力量。趋近积极情绪和回避消极情绪都可以有高低不同的强度,例如,高/低趋近动机积极情绪,高/低回避动机消极情绪。动机强度与唤醒直接相关,但与唤醒不同的是,动机总是具有行动的意义(即使它们是模糊的)。当低强度的动机被唤起时,参与者也报告了低唤醒,有时对中性刺激的反应报告相等的唤醒程度。因此,这个模型发现唤醒和动机不完全相同(Gable and Harmon,2010a)。大量的实证研究证据支持情绪的动机维度模型,研究主要涉及动机强度、积极情绪/消极情绪与注意、记忆和认知分类,以及这些变量关联的神经基础等。

由于过去研究仅关注低强度趋近动机的积极情绪,所以,Gable和Harmon(2008)通过4个实验探索高强度趋近动机的积极情绪与注意焦点,使用自我报告法和心理生理测量等方式,所有假设都获得支持。实验①:比较低趋近动机与高趋近动机的积极情绪的注意效应。被试先观看中性的电影,再观看高趋近积极情绪(美味的甜点)或者低趋近积极情绪(幽默的猫)的电影,最后完成全局-局部视觉处理任务(Kimchi and Palmer,1982),评估注意广度。结果表明低趋近积极情绪比高趋近积极情绪引起比较全局的注意焦点。实验②:研究高趋近积极情绪相对于中性状态的注意窄化。被试先观看食欲(甜点)或中性(岩石)图片,完成字母实验(Navon,1977),评价注意广度。结果在食欲图片后对全局目标的反应时间比中性图片要慢,证明高趋近积极情绪相对于中性条件缩小了注意范围。实验③:将特质趋近动机与降低注意广度关联。为了研究趋近动机的个体差异是否与欲望刺激后的注意反应有关,采用行为抑制敏感性(behavioural inhibition sensitivity)/行为激活敏感性(behavioural activation sensitivity)问卷测量特质的趋近动机,使用 Navon 的字母实验评价注意广度。结果显示特质动机越高的个体在趋近动机刺激后注意越窄。实验④:在高趋近积极情绪中操纵趋近动机。通过改变人们对消费在图片中看到的甜点的期望测试,表明高趋近动机的积极情绪会导致注意狭窄。Harmon 和 Gable(2009)进一步探索趋近动机的积极情绪对注意窄化影响的神经基础,使用脑电图(EEG)阿尔法功率来测量神经激活,发现左侧额叶皮层激活与趋近动机的积极情绪和注意窄化有共同的联系。

此外,情绪的动机维度模型还探索了动机强度、消极情绪和注意(Gable and Harmon,2010b)、记忆和认知分类。大量实验表明情绪的动机模型不仅适用于预测基本的注意过程,还适用于更高层次的记忆、认知过程以及分类。Threadgill 和 Gable(2019)探索不同动机强度的消极情绪如何影响中心或外围呈现信息的记忆。通过 5 个实验研究为认知范围的动机维度模型提供了额外的支持,结果表明高强度情绪缩小了认知范围,而低强度情绪扩宽了认知范围。这些结果获得一致观点是情绪对全局-局部优先级的影响不是由于消极和积极情绪,而是由于动机强度。

由此可见,情绪的动机维度模型是一个有效的理论模型。首要的贡献是强调动机在情绪中作用。超越原有的效价和唤醒两个情绪维度,提出动机维度(包括动机方向和动机强度),尤其是动机强度影响着情绪和认知的互动关系。研究发现低动机强度的情绪扩展了认知过程,而高动机强度的情绪缩小了认知过程。

其次,情绪的动机维度模型修正原有的观点,并开发情绪新的测量工具。研究表明,动机方向(趋近与退缩)和情绪效价(积极与消极)的关系并不像曾经的理论那样密切相关;积极情绪并不必然与趋近动机相关,消极情绪也不必然与退缩动机相关(Harmon,2019)。一些研究表明,愤怒违反了这个命题,因为它是一种消极情绪,通常与趋近动机有关(Carver,2004;Harmon and Carver,2009)。由于情绪测量存在一些问题,普遍使用的积极和消极情绪量表(PANAS;Watson et al,1988)并没有随着理论的发展而演进,测量的不是离散的情绪。因此,Harmon 等(2016)开发了一种测量状态自我报告情绪的新工具:离散情绪问卷(discrete emotions questionnaire,DEQ)。测量引发比较敏感的 8 种常用的情绪状态:愤怒、厌恶、恐惧、焦虑、悲伤、快乐、放松和希望。并且,DEQ 8 个分量表比 PANAS 测量更加敏感。

最后，情绪的动机维度模型深化了情绪-动机-认知的关联研究。尤其是在认知心理学领域应用这个模型开始一系列认知心理活动过程为结果变量的研究。近来，学者们主要研究不同动机强度的积极情绪/消极情绪对注意范围（张光楠和周仁来，2013；Liu L et al，2014）、注意灵活性（Ma and Li，2016）、工作记忆协调性（辛晓雯等，2018）、时距知觉（尹华站等，2021）、认知控制和加工（王振宏等，2013；王春梅和吕勇，2016）、类比推理（杜雪松等，2021）、创造力（杜夏雨等，2021）影响等。这些研究说明情绪的动机维度模型所揭示的规律是普遍实用的，进一步验证动机强度对情绪和认知互动关系的显著调节作用。

三、情绪和工作动机的相互作用

情绪具有动机功能，在工作情境中情绪对动机激发和行为有显著的影响。尤其是积极情绪在工作动机中的关键作用逐渐重视，研究表明情绪对工作动机有积极影响。根据情感事件理论，工作环境中的事件引起员工的情绪反应：一方面，直接影响情绪驱动的行为；另一方面，影响工作态度，进而影响判断驱使的行为（Weiss and Cropanzano，1996）。研究发现积极情绪提升期望动机和效价动机（Erez and Isen，2002）。自我报告的积极情绪会影响以后自我报告的持久性（Tsai et al，2007）。积极情绪的扩展与构建理论提出积极情绪可以积极地扩大和建立一个人的思维-行动能力，它们产生更多的个人资源，可以激发实现重要目标的驱动力和韧性，提高满意度、成功和健康。Cox 和 Patrick（2016）在对零售支持员工实施情绪干预之后，他们以一种更平静、更慎重的方式处理情绪情况，这影响了个人动机和组织中的工作绩效。Sahu 和 Srivastava（2017）探索工作场所积极情绪的前因和后果，通过实证研究显示积极情绪显著预测工作满意度、工作动机和个人绩效，但消极情绪则显著预测压力。核心情感理论已经成为一个有用的模型，用来探索情绪和动机之间的关系（Russell and Barrett，1999；Barrett et al，2007）。如 Seo 等（2004）、Bloom 和 Colbert（2011）使用核心情感理论提出概念模型强调情绪在工作动机中的重要影响。相反，员工内在动机也可以引发积极情绪作用于其他的积极心理特征和行为（Stanley and Schutte，2022）。所以，在工作场所员工的情绪和工作动机可以相互作用。

Seo 等（2004）提出一个概念模型：情绪体验在工作动机中的作用。依据其观念描述整理见表4.3。这个概念模型预测这些瞬间的情绪体验，通常称为核心情感（core affect），结合起来影响工作动机的特定行为结果。核心情感是 Russell 和 Barrett（1999）提出的理论，他们认为情感是一个基础的、不可分离的心理特征。核心情感是指伴随着一定唤醒的愉悦和不愉悦的状态。这个概念模型中的核心情感是对环状模型（Russell，1980，2003；Russell and Barrett，1999）的扩展，理解为"短暂的、基本的愉悦或不愉悦以及激活或非激活"的分析单元。从表4.3可见，核心情感在愉悦度（pleasantness）和激活度（activation）的反应，影响着工作动机的3种行为结果的瞬时变化：生成-防御取向（generative-defensive orientation），努力程度和持久性。核心情感直接或间接地通过影响期望理论的期望判断和效价判断（expectancy judgment and valence judgment）两种认知判断和控制理论所称呼的进度判断（progress judgment）。

表 4.3　情绪体验与工作动机的概念模型(据 Seo et al,2004)

情绪体验	认知因素	工作动机的行为结果
愉悦度	期望判断(某些行为导致某些预期结果的主观可能性)	生成-防御取向(表示在生成和防御之间的选择)
激活度	效价判断(某些预期结果的主观吸引力)	努力程度(个人在选择和执行行动来完成既定任务上投入了多少时间和多大的精力)
	进度判断(对实现绩效目标的进展的主观评价)	持久性(保持一个最初选择的行动过程的持续时间)

Seo 等(2010)使用基于互联网的投资模拟和经验抽样程序来测试了这个理论模型。假设核心情感通过 3 种认知因素间接影响工作动机的行为结果。实际测试结果与模型的预测结果一致,愉悦度与所有 3 个预测指标都呈正相关。在大多数情况下,这些影响是通过其与期望、效价和进度判断成分的关系间接发生的。同样正如模型所预测的那样,激活度与努力程度是直接的正相关,激活度直接影响着努力程度,可以不受到认知因素调节。然而,相反的是愉悦度首先影响认知判断,间接地影响行为结果。这个测试清楚地证明了核心情感在任务动机中起着重要的作用。核心情感的愉悦度和激活维度都与任务动机的 3 种行为结果有关。这项测试证明了个体内随着时间而变化的核心情感是一个重要的动机属性,系统地预测行为选择、强度和持久性,这些在个体内随着时间也有很大的差异。同时,它为增强对情绪在工作动机中关键作用的价值关注提供实证支持。

在组织管理中,内在动机是来自于工作本身的积极行为倾向,对员工的工作绩效、创造力、幸福等起着积极作用。研究证明员工情绪在内在动机激发中产生重要影响。Bloom(2011)通过对内在动机的文献研究和命题整合,开发了一个核心情感和内在动机的概念模型(图 4.8),其核心观点是积极情绪是内在动机的一个重要原因,这样可能有助于解释其自我产生和自我延续的特性。积极核心情感是这个模型的核心结构,指在一系列激活水平上的积极享乐基调的情感体验,包括感到兴奋、快乐或满足。从图 4.8 关于内在动机的认知-情感模型可见,积极核心情感通过 3 种途径影响内在动机。①第一种途径:当个体体验到隐性的积极情绪时,可能不会成为进一步认知评估的主题(Russell,2003)。这种隐性的积极情绪可能是内在动机的充分原因,直接导致内在动机的无意识体验。②第二种途径:当积极情绪进入认知意识时,个体很可能会对积极情绪的原因做出有限的归因(Cropanzano et al,2003;Barrett,2005),也期望这些积极情绪体验导致更高水平的内在动机。③第三种途径:当积极情绪触发更广泛的认知加工时,情绪元体验(Barrett et al,2007;Elfenbein,2007)发生。在情绪元体验中意识认知(即情绪评价)发挥着重要的作用,人们更仔细地检查感知因果对象和事件以确定它们的特征和可能的轨迹。在这些情况下,核心认知和情感共同作用影响内在动机,并可能鼓励个人在未来寻求类似的经历,从而产生更持久的内在动机。在某些情况下,积极的核心情感是产生内在动机的充分原因,而在其他情况下,情感与认知协同工作,从而诱发内在动机。最后,积极情绪元体验启动情绪调节过程,人们试图控制和调整他们的情绪体验。

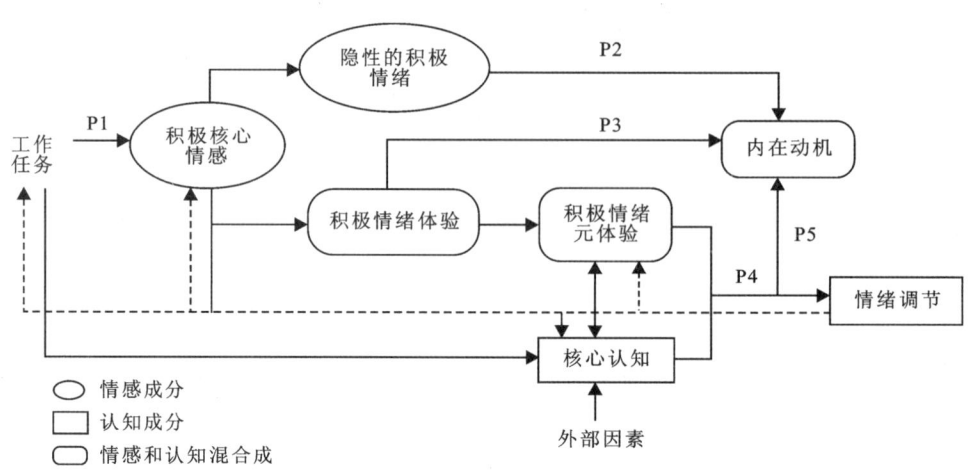

图 4.8 核心情感和内在动机(据 Bloom and Colbert,2011)

图 4.8 中呈现了 5 个命题(proposition,P),反映了各变量之间的关系。P1:当参与工作活动和工作环境诱发个体积极核心情感时,内在动机就引出。P2:隐性的内在动机发生在参与工作活动和工作环境中诱发隐性的积极核心情感中。个体很可能没有意识到他们积极的核心情感或他们隐性的内在动机。P3:基于情绪的内在动机在参与工作活动和工作环境产生积极情绪体验中被引起。个体意识到他们积极的工作体验,因此很可能寻求方法来继续参与他们认为是体验来源的活动。P4:情感-认知的内在动机是由积极情绪元体验和意识核心认知的共同作用引起的。P5:积极情绪元体验和核心认知启动了情绪调节活动,增加了维持、增强和重复内在动机的可能性。

由此可见,Seo 等(2004)与 Bloom 和 Colbert(2011)综合现有理论提出的情绪与动机的概念框架,尽管还需要反复检验,然而他们都表明情绪在几乎所有的人类动机、思维和行为中都起着至关重要的作用。

随着积极心理学的发展,为了促进和发挥人类积极功能,学者们对积极主观体验和积极特质产生浓厚的兴趣,并成为积极心理学的核心支柱。最近,Stanley 和 Schutte(2022)通过积极情绪的联系,融合了自我决定理论和积极情绪的扩展与构建理论,提出一个积极功能的宏观理论。这个宏观理论认为,Deci 和 Ryan 的自我决定理论所描述的内在动机和基本需求满足,会导致高水平的积极情绪(包括快乐等情绪)。Fredrickson 的扩展与构建理论提出高水平的积极情绪会导致扩展注意和认知范围,拓展思维-行动储备,从而建立长久的身体、心理、智力和社会资源和技能。这些资源和技能可以表现为积极心理学所研究的积极特征,例如,自我效能感、情绪智力和品格优势等。高水平的积极特征则导致最佳的功能。这个宏观理论的核心成分就是积极情绪,两种理论之间联系的纽带也是积极情绪。实证研究考察了内在动机、基本需求满足、积极情绪以及积极特征等变量之间的关系。其中,内在动机和基本需要满足是产生积极情绪的前因。并且,Stanley 等(2000,2001)的研究结果对这个最佳功能的宏观理论提供了一些初步的支持。

第五章 心流与工作动机

人们完全沉浸于正在从事的任务中,专心致志且享受着活动,不需要外在的奖励,这种独特的心理状态是自有目的的或内在动机的,具有控制感和改变时间感的心流(Flow)体验。是什么原因激励着人们去做自己感兴趣的、入迷的活动呢?人们在行动时既不是由于饥渴等生理需要,也不是由于外在的奖励或惩罚。实际上,心流这种心理现象早已存在,并以其他的名称应用于东方佛教和道教、日本禅宗、印度教中,已有 2500 年的历史。宗教中"无所作为"或"不做而为"的思想状态(道教中的无为)类似于心流状态。东方精神实践家曾发展出一套完整的心流理论来促成精神力量及个人发展与自我提升。心流有关的概念在宗教中的历史要比在心理学中的历史更加悠久。在积极心理学中,心流的概念是由 Csikszentmihalyi 于 1975 年命名,他持续采用科学的研究方法深入探讨心流。Csikszentmihalyi(2012)总结:有趣的是学术兴趣的第一个火花来自人类学家,其次是社会学家,最后是运动和休闲的心理学家。然后,这个领域慢慢地开始勉强地接受心流作为一些可能与心理学中心问题相关的东西(Engeser,2012)。目前,虽然心流是比较新近的研究领域,但是也成为研究最频繁的积极心理学主题之一。当 Csikszentmihalyi(1975)率先引入心流概念时就明确地表明心流体验是具有内在动机的现象。可见,心流与内在动机密切关联,学者甚至将心流称为内在动机的体验(Nakamura et al,2019)。Bakker(2005)提出工作心流(work-related flow)的概念以及专注、享受和内在动机 3 个维度。关于心流与工作动机的关系,在理论方面呈现不同的观念,例如,工作心流的自我决定观(内在动机的心流模型)、工作心流的调节相容观、工作心流的需求资源观等。在实践方面,心流与动机关系的研究领域涉及运动、艺术、游戏、教育(如在线学习)、在线购物、工作场所等。

第一节 心流研究的起源和心流的维度

一、心流研究的起源

在 Csikszentmihalyi(1975)的心流理论提出之前,其他学者研究了与心流有关的主题。早在 1918 年,Woodworth 在其著作《动力心理学》(*Dynamic Psychology*)中指出人类是活跃的有机体,可以参与内在动机的行为,一种活动可以提供自己的驱动力。此外,Woodworth 描述了人在一项活动中完全"专注"的状态及其重要性,遗憾的是他并没有进行专门研究。Allport(1937)提出"功能自主"(functional autonomy)的概念,认为参与一项活动的驱动力可能会独立于发起活动的动机,这样活动就会成为自我激励。人本主义心理学家 Maslow(1965)识别出高峰体验(peak experience),这是与敬畏和惊奇有关的神秘的、入迷的或超越的体验。这些体验就像心流一样,常常涉及一种时间感的变化和自我意识的丧失。Rogers(1961,1980)发展了"充分发挥作用的人"和"明天的人"的概念,这些概念似乎与 Csikszentmihalyi(1990)的"自成目的个性"(autotelic personality)的概念有关(Rich,2013)。在人本主义心理学之前都有学者饶有兴趣地研究与心流有关的概念,例如,最佳刺激、玩耍等。Csikszentmihalyi(2000)也承认其心流理论受到人本主义心理学家的影响。然而,Csikszentmihalyi(1975)的贡献是基于前人的理论认识到这种心理状态和高峰体验的重要性,将这种体验率先命名为心流。并且,通过观察法、访谈法、经验抽样法、问卷法等方法开展了深入研究,提出心流理论。表 5.1 描述了 Csikszentmihalyi 心流理论的理论先驱(Engeser and Schiepe-Tiska,2012),涉及研究功能欲望、最佳刺激、玩耍、胜任、高峰体验、个人原因等理论。心流研究建立并强烈影响了心理学的一个新方向,称为"积极心理学"(Snyder and Lopez,2009)。在积极心理学中,心流理论让人们重新认知心流这种最佳体验的重要性和对社会生活的价值。从心流的视角而言,美好生活的特征是人们完全专注于自己所做的事情,所以,心流研究对于社会生活有广泛的影响。

表 5.1 心流理论的理论先驱(据 Engeser and Schiepe-Tiska,2012 改编)

Groos(1899),Bühler(1922):功能欲望(funktionslust)	
Hebb(1955),Berlyne(1960):最佳刺激(optimal stimulation)	
Piaget(1951),Callois(1958):玩耍(play)	Csikszentmihalyi(1975)
White(1959):胜任(competence)	自成目的的体验/心流体验
Maslow(1965):高峰体验(peak experience)	
deCharms(1968):个人原因(personal causation)	

二、心流的维度

在 20 世纪 60 年代,Csikszentmihalyi 开始创造性的研究过程,对艺术家们的创作工作产生了浓厚的兴趣,这是心流理论产生的源头。他发现在心理学文献中缺乏对玩耍现象的思考和讨论,无法区分人们在玩游戏的情境与非玩耍的情境(例如,音乐、绘画,甚至在工作)中的感受。关于玩耍治疗和玩耍诊断的文献中很清楚地表明玩耍可以是应对,也可以是表达,或者两者都有。Maslow(1954)认为玩耍可能是无用的和没有动机的,是一种存在而不是奋斗,是目的而不是手段的现象。Heckhausen(1964)将玩耍活动视为所有无目的活动的原型,这些活动都是由激活循环驱动的,从而持续了一个最佳的中间激活水平。正是这些新的、意想不到的、微妙的因素吸引了个人去参加这些活动。Csikszentmihalyi 观察到艺术家们一心一意地专注于他们的作品,而忽略了饥饿的痛苦、疲劳以及其他的不舒适。他试图理解这些艺术家所经历的这种现象,基于大量访谈的研究结果,他将人们在"玩耍"中所报告的特殊状态称为自成目的的体验(autotelic experience)。Autotelic 来自希腊语中的自我(auto=self)和目标

(telos＝goals)，意思是你所做的事情可能主要是为了体验本身。后来，为了使用更容易理解的语言，Csikszentmihalyi（1975）将这种心理状态称为心流，这是因为在采访中人们经常用流水的形象来类比他们所描述的感觉，他将之定义为"人们在完全参与行动时感受到的整体感觉"。心流研究和理论的起源是希望理解这种内在动机或自成目的的活动现象：活动本身具有奖励，与其最后结果或任何由活动可能产生的外部利益无关（Nakamura and Csikszentmihalyi，2002）。

Csikszentmihalyi（1975）在他的第一本书《超越无聊和焦虑》（*Beyond Boredom and Anxiety*）中，将这种心流状态描述为"最佳体验"（optimal experience），因为它使人从体验中获得高度满足感和享受感。Csikszentmihalyi（1975，2000）通过广泛访谈国际象棋选手、攀岩者、音乐者、舞者和其他强调享受是追求一种活动的主要原因的人，调查了享受的性质和条件。此外，他还研究了工作情境，结果发现在玩耍和工作环境中所报道的现象明显相似。Csikszentmihalyi（1975，1990）描述了心流体验的9个成分，确定6个主要维度，保留3个成分作为心流的条件或前提条件。心流的维度包括：①行动和意识的融合；②完全专注于手头的任务；③失去自我意识；④增强控制感；⑤自成目的的体验；⑥时间感知的扭曲。心流的条件包括：①感知挑战和技能之间的平衡；②清晰的近端目标；③明确的反馈（Nakamura and Csikszentmihalyi，2002；Nakamura et al，2019）。心流的成分相互联系，相互依赖。

Jackson 和 Eklund（2002，2004a）曾对两种心流模型进行评估。第一个模型是上述Csikszentmihalyi（1975，2000）经典的九因素模型，将心流视为多方面的结构，包括专心（concentration）、控制（control）、融合（merging）、自成目的（autotelic）、目标（goals）、自我意识（self-consciousness）、时间（time）、反馈（feedback）、平衡（balance）。第二个模型是单因素模型，表示心流是单一的结构。结果发现这两种模型具有较好的统计匹配度，然而九因素模型匹配度优于单因素模型。

在经典的心流理论模型基础上，其他学者也提出不同的心流成分，大部分特征相似。在运动领域提出心流的9个成分（Jackson and Marsh，1996）。20世纪70年代，在德国开展了与心流相似的研究，Rheinberg 试图采用 Heckhausen（1977）的模型来预测学生的考试准备情况，发现该模型遗漏了一个重要的方面：学习活动本身的激励机制。Rheinberg 指出活动的激励最好在休闲活动中进行研究，主要探究的问题是：为什么个体会高度参与没有明显奖励甚至高成本的活动呢？Rheinberg 的研究问题与研究方法非常类似于 Csikszentmihalyi 的工作，但是他们对这些结果的看法是不同的。Rheinberg（1982，1986，1993）深度访谈摩托车骑手、风帆冲浪者、音乐家和滑雪者，发现他们从事活动的共同点是活动本身的动机。Rheinberg（2008）提出类似的6个心流成分：最佳挑战感，对活动和反馈的需求是清楚和明确的，对行动的追求是顺利的，不需要努力和意志的关注，时间感的变化，失去了自我反思和自我意识。与上述9个成分相比，好像缺少自成目的的体验的成分。这些多样维度或成分成为心流理论和心流测量的重要基础。由此可见，心流是一种多方面的主观体验和自成目的的最佳体验。

根据心流体验的条件和维度，Nakamura 等（2019）总结了心流体验的条件-体验模型（the condition-experience model），描述了心流条件与维度之间的关系，心流体验的3个条件有助于心流体验的6个维度。感知挑战与技能之间的平衡是心流体验的核心,对它的评估依赖于清晰的近端目标和明确的反馈。这3个条件似乎是心流体验的前提条件或者前因,6个维度构成心流体验本身。可见,在Csikszentmihalyi(1975,1990)提出心流体验的9个成分或者特征里混合了心流的前因和心流体验本身。

第二节 心流的操作与测量

在积极心理学中,研究者采用访谈法、问卷法、经验抽样法和标准化量表的分量法等多种方式测量心流。最初,Csikszentmihalyi采用现象学的方法定性的访谈来开展研究,记录人们描述自成目的活动时的体验属性。访谈法的优点是识别和描述心流体验的维度及动态的关键工具,为现实生活情境中的心流体验提供了全面描述。访谈法的缺点是需要参与者对过去发生活动的心流体验进行回忆和描述,一旦记忆缺失或歪曲就会影响信息的真实性和完整性。定性的数据难以量化,不容易在不同个体之间进行比较和深入研究。为了获得较好的心流体验,还需要定量的测量方法。

每种测量方法都与心流结构的操作定义和模型有关。目前,心流的概念与操作有4种结构:心流状态和心流体验、挑战-技能平衡或心流条件、意向心流和心流倾向、自成目的个性(Nakamura et al,2019)。随着神经科学和生物学的发展,推动着心流测量方法的多样化,也不断促进心流定义操作和理论纵深的发展。下面讨论心流测量中常用的问卷法、经验抽样法和标准化量表的分量法。

一、问卷法

心流问卷(flow questionnaire,FQ)首先提出心流的定义,要求受访者识别它们;其次,向受访者提供几段文字,并询问他们心流体验的情境、活动以及心流诱发的频率。目的是通过自我报告的问卷设计获得心流体验的主要维度(Csikszentmihalyi and Csikszentmihalyi,1988)。Mayers(1978)开发了一个心流量表(flow scale),里面有10项,引导个人估计经历心流体验的频率。Engeser等(2003)设计的心流短量表(the flow short scale)包含13项,有10项是测量心流体验的成分,另外3项是对情境的担忧。学者还开发了心流量表应用于特定情境中测量心流状态,例如,运动、临床治疗、工作、学校等。

FQ的优点是可以估计在各种情境中体验心流可能性的差异,获得较浅和较深不同强度的心流,测量心流发生的条件。Csikszentmihalyi(1975)基于访谈研究提出第一个模型:心流状态的原始模型(the original model of the flow state),区分了心流、焦虑和无聊3种状态。在图5.1模型中,只有当挑战与技能平衡时促进心流体验。而与技能相关的巨大挑战会引起焦虑或沮丧,挑战不足会导致无聊或冷漠。与低挑战/低技能情境相比,在高挑战/高技能的情境下实现心流将更加强烈、复杂和有序。实证数据证实,与简单和困难的条件下相比,个体在最佳平衡条件下经历了更多的流动。然而,FQ的缺点是无法测量特定活动中的心流强度或水平以及挑战与技能比例对心流状态的影响。

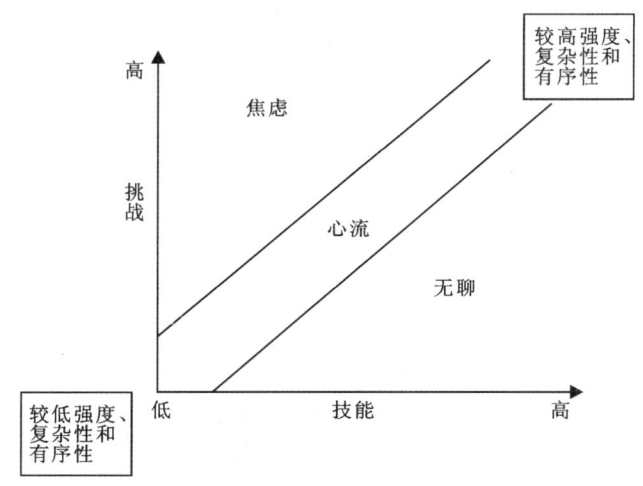

图 5.1　心流状态的原始模型（据 Csikszentmihalyi，1975，2000 改编）

二、经验抽样法

由于 FQ 存在着局限性，在 20 世纪 70 年代末，为了推动心流研究，学者开发了一种特别适合研究情境体验的工具，包括最佳体验，那就是经验抽样法（experience sampling method，ESM）（Csikszentmihalyi et al,1977；Csikszentmihalyi and Larson,1987）。ESM 是研究人们日常生活中的行为、感受和思维的一种研究过程，它包括要求个人在正常一周的清醒时间内随机提供系统的自我报告。ESM 的发展是为了感受"内在体验的脉搏"，并研究日常生活中的心流模式（Csikszentmihalyi et al,1977）。通过推断日常生活中的时间预算（即个体处于特定状态的序列和时间）理解主观体验的相关变化。参与者配备寻呼设备（寻呼机、可编程手表或手持电脑）一周，在预先编程的一天 8 个随机时间向他们发出信号，他们在日常活动中重复完成一份自我报告的经验抽样表（experience sampling form，ESF）。ESF 由 13 个分类项和 29 个测量项组成。分类项目包括当前活动和背景、有关动机和兴趣方面（包括时间、地点、伙伴关系/对同伴的渴望、正在进行的活动、开展活动的原因等，大多数为开放的问题）。测量项目采用 Likert 量表的形式测量一系列主观感受（包括专心、感受自我意识、活动的挑战、活动中的技能、感受控制等共 16 项，采用 10 点量表）和情绪的强度（共 13 项，使用 7 点量表）。然后，研究者对收集的一周数据进行编码统计。虽然 ESF 利用了心流的某些成分方面，但一个人是否经历了心流的决定因素仅仅是基于挑战和技能之间的匹配。ESM 集中采样的时刻是：当"心流的条件"已经存在（即挑战与技能的平衡）和/或者报告"心流状态"。这是一种比典型的标准化问卷更复杂的测量方法，比较费时耗力。

ESM 是从实际的日常经验流中抽取多个随机样本。它的优点是允许调查更广泛的现象，可以关注抽样者的活动、认知、情绪和动机状态，为建立系统现象学提供了一个好的工具。虽然，在测量日常生活中的心流状态和检验挑战与技能平衡对心流影响的假设方面，ESM 优于 FQ，但是，它也存在诸多局限性。首先，ESM 产生于心流时间段，特别是当收集大量的经验样本时，必然会中断参与者的心流体验。这样可能影响抽样时的体验评估。其次，ESM 没有评估所有的心流成分，虽然利用了心流的某些成分，但是仅仅使用感知挑战与技能的平衡这一个变量测量心流(Rheinberg and Engeser,2018)。最后，使用 ESM 收集的数据很容易产生统计分析的偏差。因为心流只依赖挑战与技能两个项目来评估平衡在心理测量学上是有问题的，并且匹配的计算也不容易处理，影响量表效度，所以 ESM 需要采用统计策略来控制数据的潜在偏差。

Csikszentmihalyi 和 LeFevre(1989)采取经验抽样法研究提出一个新的模型：象限模型(the quadrant model)，划分了心流、焦虑、无聊和冷漠 4 种状态。在图 5.2 中两个轴变量都被标准化，0 值表示弱平均值；Z 表示 z-分数(z-score)，也叫标准分数，是一个数与平均数的差再除以标准差的过程。象限模型将心流作为一种状态，是参与者认为挑战和技能大于每周的平均值，并且彼此之间处于相对平衡的状态。挑战与技能的水平通常定义为一个人的平均水平。当人们在挑战和技能水平的得分都高于平均水平时，就会期望人们最接近于心流体验(Z-挑战＞0 和 Z-技能＞0)(Csikszentmihalyi and Nakamura,1989)。象限模型区分了高挑战-高技能平衡的情境(心流状态)与低挑战-低技能平衡的情境(冷漠状态)，以及高挑战-低技能(焦虑状态)和低挑战-高技能不平衡的情境(无聊状态)。那么，要实现心流必须满足两个条件：挑战与技能的平衡，以及挑战与技能大于每周的平均值。象限模型有两个主要优点：它是一个简单的分类系统，可以毫无疑虑地简单测试心流理论的核心预测。不过，简单划分为 4 个区域的分类系统本身也存在潜在问题，尤其心流区域包括过多，中等水平的挑战和技能也可能落在了心流区域。

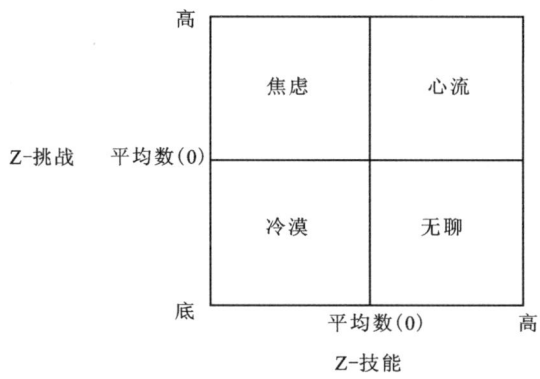

图 5.2 心流状态的象限模型(据 Csikszentmihalyi and LeFevre,1989 改编)

为了使分类系统更精细，米兰学者区分了 8 个体验通道，提出体验波动模型(the experience fluctuation model)(Massimii et al,1987;Massimin and Carli,1988)，通常称为通道模型(channel model)或八分圆模型(octant model)。从图 5.3 可见，此模型将体验区域划分为 8 个主要状态(包括心流、焦虑、无聊、冷漠、担忧、控制、唤醒和放松)，它们分别表示为 45°的弧扇区("通道")。他们将挑战/技能空间划分为一系列的同心圆，与不断增加的体验强度相关联。体验强度随着距离活动者的平均挑战水平和技能水平的距离而增加。其中，高挑战-高技能平衡的情境仍然作为心流条件的特征。在心流体验中，一项活动所带来的挑战与技能的比率接近 1∶1，而且操作在高于平均水平之上；当它们都低时，人们就会感到冷漠

(Csikszentmihalyi,1997)。在中等挑战与高技能情境时人们处于控制状态,而在高挑战与中等技能情境下人们则是唤醒状态。

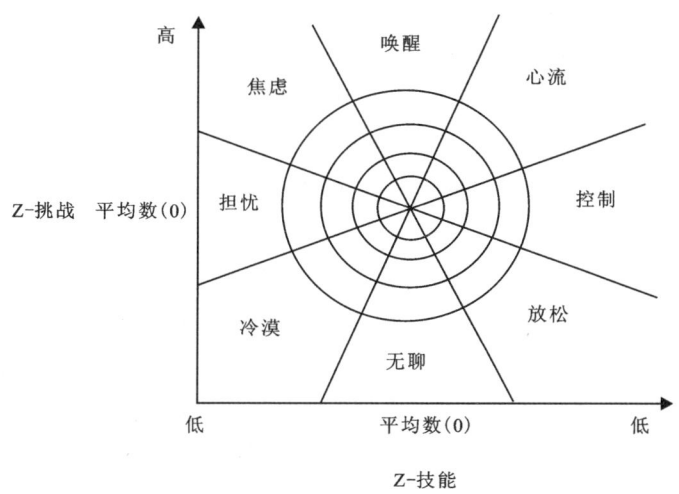

图 5.3　心流状态体验波动模型(据 Csikszentmihalyi,1997 改编)

体验波动模型的主要优势在于提供比象限模型更加丰富和稳健的经验信息,并且,对心流条件的定义更为严格,对非心流条件的定义有更大的差异。它的缺点:把心流有利情境的操作特征作为"高于平均水平"的挑战和技能是有问题的,以及象限模型和体验波动模型都不允许测试分类本身的隐含假设(Moneta,2012)。

此外,学者还开发了心流绝对差异回归模型(Moneta and Csikszentmihalyi,1996;Pfister,2002),假设挑战和技能的平衡促进心流,并允许测试这个假设,控制挑战和技能相互独立地对心流的影响。

三、标准化量表的分量法

FQ 和 ESM 推进了心流研究,但是,它们在心理测量学上还不健全。学者们不断开发和验证心流量表以符合传统测量理论要求的标准。Jackson 和 Eklund(2002,2004a)开发的心流量表是最著名的分量法研究,因为它们仍然符合 Csikszentmihalyi(Jackson and Csikszentmihalyi,1999)对心流的定义,即心流既是一种状态,也是一种特质。标准化量表的分量法(standard scale of the componential method)是将心流作为一个多维的状态-特质(state-trait)变量进行测量。心流状态通常是短暂的,并受到心流条件和其他环境因素的影响(Csikszentmihalyi,1990)。心流体验的频率和强度具有很大的个体差异。这些差异主要源于个体特质和情境因素。特质是比较稳定的个体特征,与环境变量一起影响认知、情感和行为。关于心流特质包括广泛特质和特定领域特质,在理论上有两个操作概念:意向心流(dispositional flow)和心流倾向(flow proneness)。意向心流不同于心流状态,因为它涉及体验心流的倾向,在时间上比较稳定和不易受直接环境的影响,在一种特定领域中测量心流体验。心流倾向是体验心流状态的倾向,可以在广泛的生活领域中测量心流体验。意向心流和心流倾向在操作上都是测量心流体验的频率,然而大部分的操作是测量心流的强度(Nakamura et al,2019)。心流状态是短期的体验,而心流特质适合长期的心流体验变量和结果。

Jackson和Eklund(2002,2004a)把心流操作定义为状态和特质的结构,应用心流成分的观点来测量心流作为一种状态(即描述刚刚完成的经历或事件的心流程度),一个广泛的特质(即在广泛的情境下频繁和强烈地体验心流的倾向)和一个特定领域的特质(即在特定的活动环境中频繁而强烈地体验心流的倾向)。根据心流的这个操作定义,学者们开发相关的测量问卷,分量法实际上还是基于问卷法。Jackson和Marsh(1996)曾开发了心流状态量表(flow state scale,FSS)。后来,Jackson和Eklund(2002,2004a)开发、改进和验证了两个同卵双胞胎的量表:心流状态量表-2(flow state scale-2,FSS-2),测量心流状态;意向心流量表-2(dispositional flow scale-2,DFS-2),测量心流作为一般特质或者特定领域的特质。每个量表都有36项,测量9个维度,每个维度有4项。后来,他们又开发了两个短板的FSS-2和DFS-2(Jackson et al,2008),只有9项,每个维度只有一项。

在不同文化下验证心流状态问卷和特质问卷均具有良好的心理测量学性质。研究者尝试开发非英语版本的心流问卷,将FSS-2和DSF-2翻译成不同语言进行研究验证。例如,西班牙版本的心流状态量表具有满意的有效性和内部一致性(Calvo et al,2008)。日本版本的心流状态量表-2(JFSS-2)和意向心流量表-2(JDFS-2)也具有较好的信度和效度(Kawabata et al,2008)。中国学者修订了简化版本的心流状态量表和心流特质量表(2010),中文版本的心流量表(FSS)具有良好的信度和效度。此外,Ullén等(2012)开发了瑞士语心流倾向量表(swedish flow proneness questionnaire,SFPQ)。SFPQ是一种自我报告的测量参与者在工业化社会活动中典型划分的3种不同情境下心流体验的频率,即工作、家庭维护和休闲时间。SFPQ共有22项,每个领域有7项(包括主观的专注感、挑战-技能平衡、清晰的目标、明确的反馈、控制感、缺乏无聊感和享受7个心流维度)以及一个初始分支问题。SFPQ被翻译成英语开展大样本的研究,具有较好的信度和效度。并且通过444对成人双胞胎样本的研究显示个人体验心流的一般倾向受到相同遗传因素的影响,这些与有助于心流的个性特质相关联。(Mosing et al,2012)。

标准化量表的分量法完全符合心理测量学标准,比较科学合理。分量法的优点是将心流体验视为多维的状态-特质结构,使用分量表测量心流状态和心流特质,无疑是一个很大的进步。与FQ和EMS相比较,分量法提供了比较完整的心流特征理解。并且,心理测量方法更有效和更可靠。但是,分量法也有缺点:首先,在估计心流的普遍率方面分量法不如FQ;其次,分量法假设的心流结构模型过于简单,心流的成分和前因有些混淆不清,与原有的几个心流模型不太相容,无法解释心流的复杂性。人们普遍认为,心流的前因、心流体验本身和心流的后果是与心流密切相关的方面,但仍然应该加以区分(Trevino and Webster,1992;Ghani and Deshpande,1994;Chen et al,1999)。

为了克服分量法的缺点,Moneta(2012)从心流理论的原始公式中绘制一个假设的心流状态混合模型(图5.4),定义了心流的二阶测量模型。他将心流的前因和各个方面分开,专心、目标、反馈和平衡作为心流前因,并且从专心到心流的路径被目标、反馈和平衡所调节。心流可能导致5个潜在成分:控制、融合、自成目的、自我意识和时间。这个混合模型还需更多的证据来验证其合理性。

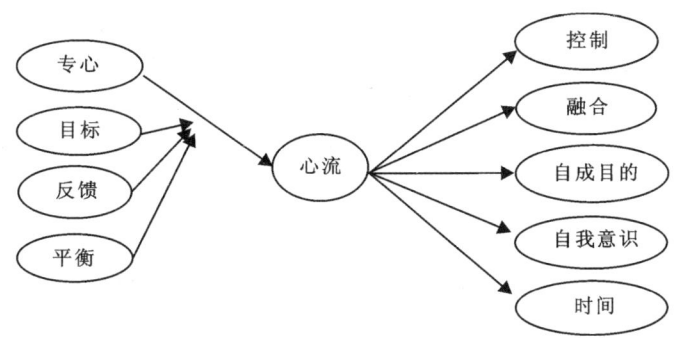

图 5.4　心流状态混合模型（据 Moneta，2012）

由于心流是一种主观体验,自我报告式的 FQ、EMS 和标准化量表的分量法是比较适合心流体验测量的常用方法,它们特征各异,有不同的操作定义以及相关的测量工具和模型。表 5.2 对这 3 种测量方法进行了比较,其中最基础的方法是问卷法,因为其他两种方法都要结合调查问卷获得数据。在表 5.2 中,心流的操作定义包括心流状态/心流体验,心流特质,挑战与技能平衡或心流条件,意向心流和心流倾向等概念。此外,心流还有一种操作是自成目的个性,它属于心流特质,具有意向的属性。心流的测试理论模型主要有 3 种:心流状态的原始模型、象限模型、体验波动模型,将人的主观体验不断细分,分别划分为 3 种、4 种和 8 种状态。尽管如此,这 3 个模型都假设感知挑战与技能的平衡或者高于平均水平是心流产生的条件。

表 5.2　心流常用测量方法比较

参数	问卷法	经验抽样法	标准化量表的分量法
操作定义	心流状态/心流体验,挑战与技能平衡或心流条件	心流状态/心流体验,挑战与技能平衡或心流条件	心流状态和心流特质,意向心流和心流倾向
优点	①评估各种情境下心流的普遍率和差异;②测量心流发生的条件是当挑战和技能相对平衡时心流发生	①在日常经历中测量心流体验的变化;②测量心流存在的条件和报告心流状态;③调查更广泛的现象	①比较完整的理解心流特征;②心理测量方法更有效和更可靠
缺点	①不测量特定活动中的心流强度或水平;②不测量挑战与技能比例对心流状态的影响	①收集经验样本时会中断参与者的心流体验;②评估心流仅使用有限的变量;③数据统计分析的偏差	①在估计心流的普遍率方面不如 FQ;②假设模型过于简单,无法解释心流的复杂性
测量工具	心流问卷,心流量表,心流短量表	经验抽样量表	心流状态量表-2,意向心流量表-2,心流倾向量表
模型	心流状态的原始模型	象限模型,体验波动模型	

在积极心理学中,通过自我报告工具来评估心流最常见的方法是在活动结束后。目前,心流体验呈现一种新的研究方法就是从生理学视角。心理生理学可以提供生理的心流指标,在活动期间进行评估心流体验而不必中断参与者。尽管自我报告式心理测量无法被生理测量所取代,然而,生理测量的优势在于可以同时评估体验和提供额外的信息,为心流开辟新的研究可能性(Peifer,2012),弥补自我报告式心理测量法的不足,并且拓展和丰富了心流理论的发展。目前,衍生了心流体验的神经生物学(例如,Hamilton et al,1984;Goleman,1995;Marr,2001;Dietrich,2004)、心理生理学研究(例如,Kivikangas,2006)。心理生理学方法通过脑电图、肌电图等测量仪器识别心流体验的指标,主要包括在压力中的生理过程和优化的生理激活,具体涉及在大脑中的最佳功能,神经递质多巴胺、皮质醇、心血管测量、皮肤电活动等。

因此,通过对心流体验的心理生理学文献研究,Peifer(2012)提出心流体验的综合定义:心流是一种积极的效价状态(情感成分),由一种被评价为最佳挑战(认知成分)的活动产生,其特征是优化的生理激活(生理成分),以完全专注于应对环境/任务需求(行为成分)。由此可见,心流是一种复杂的主观体验,它包含了生理、认知、情感和行为的成分。

Schiepe-Tiska 和 Engeser(2017)认为评估心流的方法可以划分为陈述性测量(declarative measure)和非陈述性测量(nondeclarative measure)。陈述性测量包括访谈法、问卷法和经验抽样法,非陈述性测量涉及神经元和心理生理学测量。实际上,陈述性测量就是自我报告式的、比较主观的测量方式,而非陈述性测量是相对客观的测量方式,它们各有利弊,可以相互取长补短。纵观心流测量方法的发展是逐渐整合,未来还要进一步改进测量方法,融合心理学、社会认知学、神经科学、生物学等多学科理论和方法,采用多特征多技术深入探索心流的复杂结构、影响因素和结果,以及在不同情境中的心流和促进心流的策略。

第三节 工作心流的理论

Csikszentmihalyi(1975)最早是对艺术家完全沉浸于他们的创作工作而产生浓厚的研究兴趣,他试图理解这些艺术家所经历的这种现象,导致心流理论研究的产生。在早期的研究中曾经比较玩耍和工作活动,参与者来自于外科医生、音乐作曲家和教师等不同职业。结果发现在玩耍和工作环境中所报道的现象明显相似,他们报告都具有享受活动、挑战他们有限的技能且有机会发展技能的特征。可见,心流研究最早是与工作活动相关联。一些研究表明,与工作相关的心流在享受、活动、激活和创造力方面都高于休闲活动(Csikszentmihalyi and LeFevre,1989)。因此,心流理论在组织工作领域中引起学者们的关注且开展了系统研究。

Bakker(2005)率先将心流概念引入工作场所,将其命名为工作心流(work-related flow),将工作心流定义为工作中的短期高峰体验,其特征是专注(absorption)、工作享受(work enjoyment)和内在工作动机(intrinsic work motivation)。专注指一种全神贯注的状态,员工完全专注和沉浸于工作。工作享受指员工感到快乐,并对工作生活质量做出积极评价(Veenhoven,1981)。这种享受或快乐是心流体验认知和情感评价的结果(Diener and

Diener,1996;Diener,2000)。内在动机指员工做他们想做的事情,即使付出巨大的代价,纯粹是为了去做它(Csikszentmihalyi,1990)。员工执行特定的工作活动是为了体验活动中的快乐和满足感(Deci and Ryan,1985),处于心流中的员工着迷于他们执行的任务(Harackiewicz and Elliot,1998)。

测量工作心流主要采用问卷法和经验抽样法。根据工作心流的操作定义,Bakker(2008)开发了工作心流问卷(work-related flow inventory,WOLF)测量专注、工作享受和内在工作动机3个维度。WOLF量表共13项,专注4项,工作享受4项,内在工作动机5项。参与者通过回顾过去两周里的工作经历评价心流的频率。不同职业的1346名员工的样本支持了WOLF因子的效度和信度。在不同文化和使用不同语言进行一系列研究中,WOLF表现出满意的因子效度。WOLF三因素结构在荷兰、挪威、意大利、南非、巴基斯坦、澳大利亚、中国等国家得到证实。在大部分的研究中,这3个维度都是中度到强相关,表明工作心流是一个整体的概念(Bakker and van Woerkom,2017)。

此外,还有学者基于心流的维度研究工作心流。Nielsen和Cleal(2010)测量工作心流体验包括9个项目:对情境的控制、享受、活动、清晰、技能、挑战、表现、专注、投入。张莉莉(2013)开发了5个维度的护士工作心流体验问卷,包括专注于当前的任务而忘却自我;自己能够控制工作任务并有清晰的目标;行动与意识融合,了解工作进程;时间感的改变;体验能够激发自身的工作动力。

第四节 心流与工作动机关系的理论

心流体验现象是一种强大的动力。当个人完全参与一项活动时,他们往往会发现这项活动令人愉快和本质上有回报(Csikszentmihalyi,2014)。心流体验是内在动机或自成目的的现象,活动本身具有奖励。自成目的体验是心流的特征之一。工作心流是一种短期的高峰体验,具有专注、工作享受和内在工作动机的特征。从心流和工作心流的概念和维度可见,心流体验中包含着内在动机,心流就是内在动机的体验。心流理论通常被界定为一种内在动机的理论(Rheinberg,2008)。有一些学者提出内在动机的心流模型(Csikszentmihalyi and Nakamura,1989;Keller and Bless,2008),并在中国验证此模型(Moneta,2004)。学者从运动、艺术、游戏、教育、在线学习、在线购物、工作场所等现实生活和虚拟世界方面探讨心流与内在动机之间存在密切关系,而且在大量不同人口中两者存在正相关。例如,在运动领域,评价心流与动机的关系(Jackson and Robert,1992),显示游泳运动员自我决定形式的动机(内在动机和自我决定的外在动机)和自主、胜任和关系的感知都与心流呈正相关(Kowal and Fortier,1999)。在教育领域,发现大学生学术活动中的心流体验与更多的自我决定内在动机形式之间存在显著关系,但与外在动机之间没有显著关系。自主的需要调节了心流和内在动机之间的关系(Fullagar and Mills,2008)。系统文献研究表明学生内在动机状态与心流情境的体验之间存在很强的正相关关系(Mehta and Vyas,2022)。在游戏领域,证实在线宠物游戏玩家的心流动机和成就动机影响着心流体验且极大地增强心流体验(Li and Luh,2017)。

心流体验比较复杂,是一个多维度的、动态的结构。在心流模型中包括心流的前提条件和心流体验本身,心流体验所影响的情绪的、认知的、生理的和绩效质量等结果变量(图5.5)。在工作领域,一些研究将心流与绩效、工作满意度、幸福感等积极结果联系起来。工作心流可以直接影响员工绩效,也可以通过动机和工作参与间接影响绩效。内在动机是由能力感和效能感所促进的,积极的能力反馈与随后活动的动机呈正相关。越来越多的研究正在探索意向,如动机取向,如何影响心流体验(Nakamura amd Csikszentmihalyi,2021)。目前,结合心流的前因和结果变量的相关理论呈现了不同的研究观念和取向。通过文献研究归纳了4种观念和取向:①结合自我决定理论提出工作心流的自我决定观;②结合调节匹配理论提出工作心流的调节相容观;③结合工作特征模型、工作要求-资源模型和资源保存理论提出工作心流的需求资源观;④结合非线性动力系统理论提出工作心流的非线性动力系统观。下面详细讨论工作心流的4种研究取向,它们折射了多种理论和研究方法对工作心流研究的新贡献。

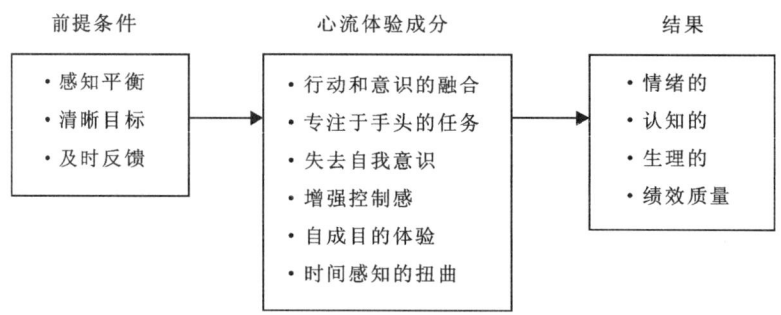

图5.5　心流体验的前提条件、成分和结果(据Landhäußer and Keller,2012)

一、工作心流的自我决定观

在心流理论中,心流体验是内在动机、自成目的的活动,活动本身具有内在的奖励,不需要外在诱因。内在的奖励包括一种直接的体验,一种令人愉快的意识状态,以至于自成目的("有自己的目标")。这种意识的自成目的状态就是心流体验。Csikszentmihalyi和Nakamura(1989)提出一个心流的内在动机的理论模型(a theoretical model of intrinsic motivation)。是什么让心流具有如此内在的激励作用?答案是在心流中人类有机体正在全力发挥运转。当这种情况发生时,体验本身就是回报。当个人的行动能力符合环境中的行动机会时,他就会经历心流。心流是一种短期的高峰体验,处于心流中人完全沉浸于活动中,享受着活动。当感知挑战与技能平衡时,内在奖励的心流体验就出现。Csikszentmihalyi和Nakamura(1989)认为心流是内在动机的重要来源体现在两个方面:一方面,心流很重要是因为体验是如此的积极;另一方面,心流的内在动机理论模型的逻辑表明心流体验可以提供成长的动力。为了恢复心流的状态,个人必须寻求更大的挑战,与环境发展越来越复杂的关系,从而促进个人进步和成长。他们通过对青少年的研究发现学生的动机倾向对应于心流模型,并且,这个心流模型是研究自然环境中内在动机动态的合适工具。心流模型关注在活动中个体对挑战和能力的主观感知的影响因素,主要来自个体和文化价值观。

Moneta(2004)结合心流理论与自我决定理论,在中国验证内在动机的心流模型(the flow

model of intrinsic motivation)。他认为心流理论预测状态内在动机在对高挑战和高技能同时感知的活动中达到高峰,而自我决定理论预测心流模型更能描述那些具有更多特质内在动机的人。实质上这两个理论结合的焦点是内在动机。内在动机是指参与任务的倾向,因为人们会觉得它们有趣和享受;而外在动机是指由于奖励或惩罚与任务不相关的因素而参与任务的倾向。自我决定理论认为心流状态是内在动机行为的标志:"心流的概念代表了一个描述性维度,它可能意味着一些更纯粹的内在动机实例"(Deci and Ryan,1985)。可见,心流与 Deci 和 Ryan(1985)界定的内在动机概念有重叠。

Moneta(2004)以文化和个人因素为调节变量,在中国开展跨文化研究内在动机的心流模型,以美国学生为参照对象。通过多层次建模表明,两个样本的最佳挑战/技能比率都偏向于技能,但在中国样本中偏向性明显更强。在中国样本中,高水平的特质内在动机和低水平的相互依赖的自我约束抵消了这种偏差。状态内在动机的心流模型不太适合中国人。只有相互依赖的自我约束才能调节最佳挑战/技能比率,这表明文化调节主要通过促进或阻碍集体主义关系的发展和价值。研究结果显示了一个文化差异的心流模型,中国人往往体验最高水平的内在动机在掌握-实践(低挑战/高技能)条件,而不是在心流有利(高挑战/高技能)条件,这种变化部分地解释为集体主义价值观的内在化。中国学生最佳体验是通过寻求在完全掌握的技能范围内不断增长的挑战来实现的。由此可见,心流理论和自我决定理论两者都需要进一步解释文化差异。

在组织背景下研究主要集中于工作心流的情境预测因素,包括挑战性的工作需求和资源。更为重要的是员工可以主动创造自己的最佳体验,产生短期的高峰体验。在心流中员工专注和享受工作,从事他们想做的工作,体验工作的快乐和满足感。工作心流与工作绩效的各种指标均有积极的关联。Bakker 和 van Woerkom(2017)利用自我决定理论建立了自我决定的心流模型(图 5.6)。自我决定理论认为通过自主、胜任和关系 3 种心理需要的满足可以增强内在动机,促进外在动机的内化,以及具有活动性和增长性的内在趋势。员工可以使用 4 种自我决定策略来满足他们的基本需要,促进工作心流体验,进而间接提高工作绩效。这 4 种自我决定策略包括自我领导、工作重塑、有趣的工作设计和优势使用。从图 5.6 可见,组织背景和个人资源因素不仅直接影响着基本心理需要的满足和心流的发生,而且将调节着自我决定策略的使用与基本心理需要和心流之间的关系。组织背景涉及人力资源(HR)实践、领导以及工作要求和工作资源(JD-Rs)等;个人资源包括自我效能、乐观、韧性等积极心理资源。组织和个人因素调节着自我决定策略的效果。组织可以通过实施人力资源(HR)实践和促进变革型领导行为来增进员工主动性行为的效果。这个模型包括一个反馈循环,其中心流体验导致更好的绩效,反过来可能反馈到个人资源和组织背景上。

工作心流的自我决定观的核心是将心流和内在动机融为一体,员工心理需要得到满足就能激发他们的内在动机和出现心流体验,而且员工可以主动地促进工作心流。自我决定理论有 3 个重要的观点:人们本质上是主动的,并倾向于行动及掌握内部和外部的力量,而不是被这些力量被动地控制;人们有一种成长、发展和综合功能的内在倾向;人们可能以积极主动的方式实现他们的潜力,但需要一个支持环境(Deci and Ryan,2000)。如果采用自我决定的策略,有效调节组织情境和个人资源就能使员工产生积极主观体验和主动性行为,从而提升工

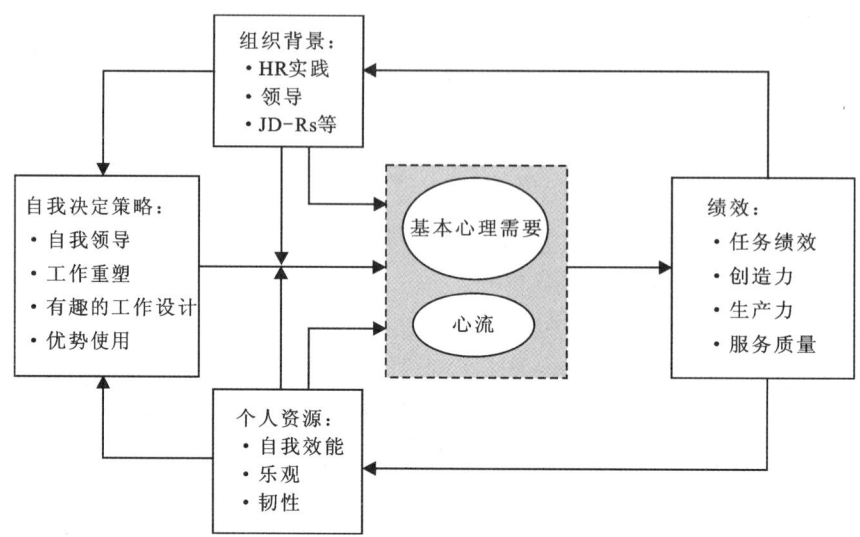

图 5.6　自我决定的心流模型(据 Bakker and van Woerkom,2017)

作绩效,促进员工和组织的发展与繁荣。

二、工作心流的调节相容观

在心流的九因素结构中,心流体验有3个前因条件:感知技能与任务要求的平衡,清晰的目标,及时明确的反馈。这3个条件以感知技能与任务要求的平衡为核心,彼此相互依存。心流的出现主要取决于感知技能和任务要求的匹配。清晰的目标可谓是及时明确反馈的先决条件,这两个前因也是感知平衡的前因,它们都包含在感知技能和任务要求匹配之中。Keller 和 Landhäußer(2012)建议在心流模型中,前因条件可以简化为"感知技能和任务要求匹配"的因素。

感知技能和任务要求匹配是心流产生的核心因素,也是心流理论中内在动机概念化的核心。Keller 和 Bless(2008)基于内在动机的共同属性,指出心流体验代表了一种调节相容性(regulatory compatibility)体验,即人的特征"技能"与环境特征"任务要求"相容和匹配。调节相容性体验普遍定义为人的特征(例如,技能水平、习惯性目标取向、个人需求或标准)和结构设置或环境特征(例如,任务要求、任务框架、可用的不同手段、特定结果或激励的显著特征)的相容性。调节相容性描述为一种现象性体验,当个体在执行任务或活动中经历的(个人和情境)因素相容时就会出现。无论何时个人的可用手段符合各自情境的提供条件或要求时,就有可能出现调节相容性体验,这种体验涉及内在动机(Keller and Bless,2008)。研究表明调节相容性具有增强内在动机的潜力(Csikszentmihalyi,2000;Freitas and Higgins,2002),影响着内在动机(Keller and Bless,2008),并且调节相容性是出现具有高水平动机力量的愉悦享乐体验的重要基础,将内在动机作为调节相容性的结果,像调节匹配、目标一致性等都是调节相容性的形式(Keller and Landhäußer,2012)。

由于心流强度系统讨论较少,心流模型除了以感知技能和任务要求匹配作为心流出现的基本条件外,还应当包含二阶维度作为影响心流强度的重要因素。Keller 和 Landhäußer

(2012)认为有两个因素决定了心流体验强度:技能与任务要求之间的感知水平和赋予活动的主观价值。将心流强度视为感知匹配和活动主观价值的函数,并提出心流体验的修订模型(图5.7)。从修订模型图5.7可见,个体在感知技能和任务要求匹配的条件下,体验到更高强度的心流时,则越主观地依恋活动。并且,心流强度随着个体属性(或感知)活动的主观价值的增加而增加。调节相容性可以理解为赋予活动主观价值的一个重要基础。主观价值的概念是基于调节匹配(regulatory fit;Higgins,2000)理论的观点,价值作为动机力量定义为由两个基本成分产生:快乐体验(价值目标的快乐/痛苦属性)和参与强度(Higgins,2006)。因为一个活动的主观价值是影响心流强度的关键因素,所以它作为第二个维度纳入心流的修订模型。调节相容性体验出现在技能与任务要求匹配的情境中,还与个体技能和能力有关的个性特质相联系。研究证明具有活动取向、内在控制点(Keller and Bless,2008)、自主取向(Deci and Ryan,1985b)特质的人对技能与任务要求匹配最敏感,最有可能体验心流。

图5.7 修订模型:心流强度是感知匹配和活动主观价值的函数(据 Keller and Landhäußer, 2012)

调节相容性体验描述感知技能与任务要求匹配的现象实质上就是人与环境匹配。人与环境匹配的研究在管理学研究中已经盛行了100多年,揭示了个体与其工作环境特征相容性的5个维度(包括人与工作匹配、人与群体匹配、人与组织匹配、人与职业匹配、人与人匹配)及其前因与后果因素。在心流理论中,学者将心流体验作为一种调节相容性体验,从积极心理体验的视角来探索心流体验的复杂性及其核心条件,强调内在动机的自成目的活动。

三、工作心流的需求资源观

从图5.6自我决定的心流模型中可见,影响心流的组织情境中包括工作要求和工作资源。工作环境提供充分的工作挑战和资源可以促进员工的心流体验,进而提升工作绩效。工作环境主要包括工作特征和工作资源,涉及工作特征模型(job characteristics model,JCM),工作要求-资源模型[job demands-resources(JD-R)model],资源保存理论(conservation of resources theory,COR),这些理论已经被用来理解心流的前提因素。图5.8描述了工作心流模型,呈现了预测心流的前因变量,包括工作特征、工作资源、工作要求和个人资源,以及积极事件和积极情绪。这些变量通过工作心流影响幸福和绩效等结果变量。工作心流的需求资源观就是反映工作心流与前因变量的关系,这些变量所涉及的JCM、JD-R、COR 3个理论的核心结构是工作动机。

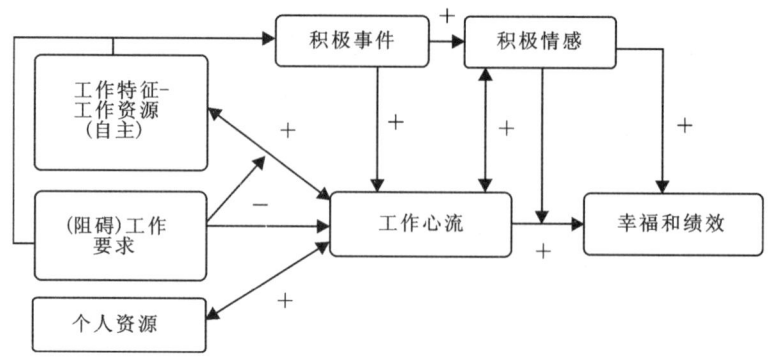

图 5.8 工作心流模型（据 Demerouti and Mäkikangas,2017 改编）

JCM 是通过工作设计激发员工动机的重要理论,提出工作设计的动机取向,认为当员工体验到工作的意义时就会出现内在动机。基于扩大工作和丰富工作的传统,Hackman 和 Oldham(1975)认为这种积极的动机心理状态来源于 5 个核心的工作特征:技能多样化(skill variety)、任务完整性(task identity)、任务重要性(task significance)、自主性(autonomy)和反馈性(feedback)。技能多样化就是工作需要员工利用不同的技能和才能完成工作的程度。任务完整性是工作要求员工完成一个完整的和可识别的任务。任务重要性是工作对他人或自己的生活或工作有实质性影响的程度。自主性是指员工在安排工作和决定工作程序方面的自主决定权、自由和独立性的程度。反馈性是指员工对其工作活动的结果及其有效性的了解程度。产生内在动机的两个最重要、最必要的工作特征是自主性和反馈性(Hackman and Oldham,1976)。工作特征模型的 5 个核心工作维度受到大量研究的验证和支持(Ferris and Fried,1987;Renn and Vandenberg,1995;Ficker et al,2001)。图 5.9 描述了工作特征模型的主要观点,突出了 5 个核心工作维度,一组关键的心理状态,个人与工作结果,以及调节个体差异的变量(员工成长需要的强度)。

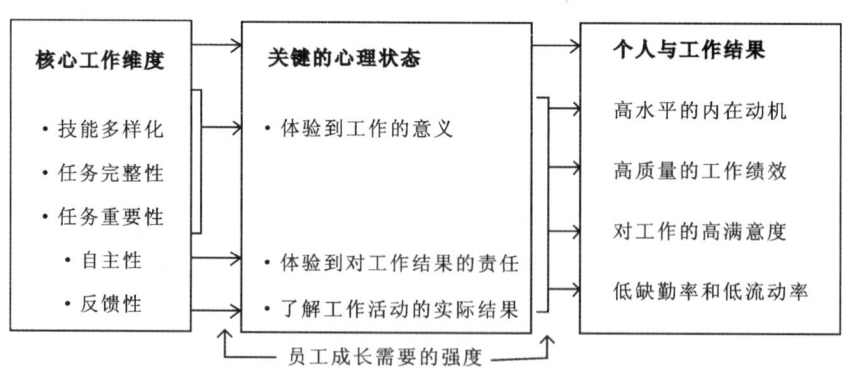

图 5.9 工作特征模型（据 Pierce et al,2009 改编）

从图 5.9 可见,核心工作维度对员工关键的心理状态产生不同的影响:技能多样化、任务完整性和任务重要性使员工体验到工作的意义和价值的重要程度;自主性使员工体验到对自己所做工作结果担负责任的程度;反馈性使员工持续地知道和了解工作效率的程度(Hackman and Oldham,1975)。关键的心理状态在核心工作维度与个人和工作结果之间产生中介作用。拥有高成长需要的员工可以体验到关键的心理状态,并且员工成长需要的强度调节着核心工作维度对工作结果的影响。这5个核心工作特征的综合得分称为激励潜力得分,代表了工作设计激励程度的一个指数,可以运用公式进行计算。如果某项工作的激励潜力得分高,说明这项工作激发员工的内在动机,提高工作绩效和工作满意度,同时还降低缺勤率和流动率。广泛研究支持核心工作维度与员工的态度、动机、行为等变量具有高度相关的关系(Humphrey et al,2007;张一弛等,2005)。此外,Demerouti(2006)研究发现这5个核心特征获得的激励潜力得分可以预测从事各种工作和职业员工的心流体验。核心工作特征与心流之间有积极的关联(Maeran and Cangiano,2013)。一些研究表明在这5个工作特征中自主性是与员工心流最一致、最密切相关的特征(Bakker,2005,2008;Mäkikangas,2010)。

JD-R 模型(Demerouti, et al,2001;Bakker and Demerouti,2007)的基本观点是每个职业都有与工作压力相关的特定风险因素。这些因素可以分为工作要求和工作资源两大类,从而构成一个总体模型,因而称为JD-R模型。工作要求涉及工作的身体、心理、社会或组织方面,需要持续的身体和/或心理(认知和情感)努力或技能,因此与一定的生理和/或心理成本相关。例如,较高的工作压力、工作超载、不利的物理环境和不安全的工作、不正常的工作时间、工作-家庭的干扰等(Demerouti and Bakker,2011)。一旦工作要求需要付出过高的努力,员工未能充分恢复,那么工作要求可能会变成工作压力源(Meijman and Mulder,1998)。工作资源对员工的动机至关重要。工作资源是工作的身体、心理、社会或组织方面,这些方面有助于减少工作要求及相关的生理和心理成本,加强员工的学习和发展,有益于实现工作目标。工作资源具体包括自主性、绩效反馈、社会支持、职业发展机会、主管指导等因素(Bakker,2005,2008)。工作资源引发动机过程,从而导致积极的幸福感和更好的绩效。

COR 的核心思想是人们具有获得、维护和保护他们宝贵的个人资源的动机,以避免压力和保持心理健康(Hobfoll,1989)。资源包括物质财产(例如,金钱、家庭)、条件(例如,婚姻状况、亲密的社会关系)、能量(例如,知识、时间)和个人特征(例如,自尊、自我效能感)。COR关注个人资源和社会心理资源。这些资源对个人很重要,因为它们是实现有价值结果的手段。资源是随着时间的推移而动态变化的,资源是得与失的循环(Hobfoll,2002)。当资源受到损失时或个人在实质性的资源投资后无法获得资源时,个体就会感到压力。人们在工作中既要消耗各种资源,也能获取和积累资源。资源的获取和促进是一个核心的动机结构。个体通过积累资源不仅更有能力承受压力,而且更有可能茁壮成长,并获得高水平的主观幸福感(Lyubomirsky et al,2005)。工作资源与心流有积极关系(Bakker,2005,2008;Demerouti,2006)。通过对中学教师工作心流的研究显示个人和组织资源螺旋式上升的证据:个人资源(即自我效能感信念)和组织资源(包括社会支持环境和明确的目标)促进了工作心流;工作心流对个人和组织资源有积极的影响(Salanova et al,2006)。工作资源与工作心流的线性变化因素呈正相关,说明研究期间工作资源与工作心流的变化是相似的(Mäkikangas et al,2010)。因此,工作心流与资源是互惠的关系,随着时间的推移而相互作用。

从图5.10可见,JD-R模型包含着健康损害和动机两个潜在的心理过程,在工作压力和动机的发展中产生不同的作用:高的工作要求导致压力、健康损害和降低能量(健康损害过程),而高的工作资源则增强动机和提高生产力(动机过程)。工作要求对员工产生积极促进和消极阻碍作用。适度的工作压力和挑战可以激发员工动机,利用个体资源实现目标,促进员工成长和发展。如果工作要求过高、压力过大或长期工作超负荷会耗尽员工的心理和身体资源,导致员工能量耗尽和身心疲惫,甚至出现健康问题。疲惫是工作资源和工作心流的一个重要预测因素,低水平的疲惫可以预测高水平的工作资源和心流(Mäkikangas et al,2010)。此外,工作资源可以发挥内在动机的作用,促进员工的学习、成长和发展,或者发挥外在动机的作用,有助于实现工作目标,提高幸福感和工作绩效。一些研究为 JD-R 模型的健康损害过程和动机过程提供了证据(例如,Mudrak et al,2018)。工作需求主要通过与付出努力和能量相关的"健康损害过程"影响经历的压力,而工作资源主要通过与满足自主、关系和胜任等基本心理需求相关的"动机过程"影响工作投入(Bakker and Demerouti,2014)。各种研究表明这两个过程并不是完全独立的。

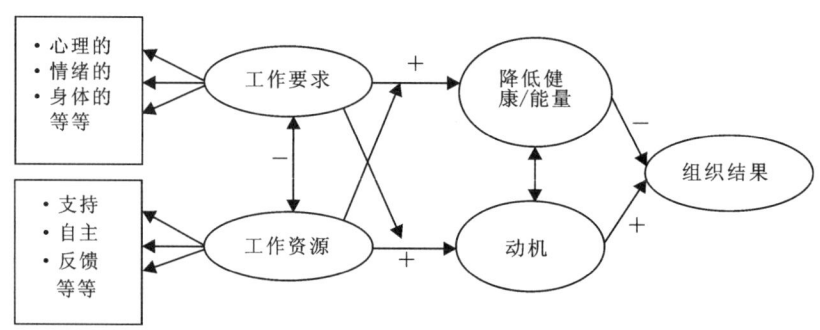

图 5.10　两种不同的潜在心理过程在工作压力和动机发展中的重要作用(据 Demerouti and Bakker,2011)

研究表明工作要求和工作资源都影响着心流。Bakker(2008)为了研究 WOLF 结构,使用 5 个工作特征(工作要求包括工作压力、情绪要求;工作资源包括自治、社会支持的同事、自我成长的机会)作为心流的预测变量,绩效的其他层次作为结果变量。研究发现工作要求(例如,工作压力和情绪要求)与专注呈正相关,情绪要求与工作享受是负相关;社会支持的同事与工作享受是正相关,自我成长的机会与工作心流 3 个维度都是正相关。工作要求对专注有积极影响,对工作享受和内在工作动机两个工作心流维度产生消极影响。工作资源积极地影响工作心流的维度,特别是工作享受(Colombo and Zito,2014)。另外,研究显示工作资源在决定工作心流方面的中心作用,工作心流在工作资源和减少疲劳中产生中介作用,以及工作要求对减少疲劳的影响。工作心流可以直接减少疲劳。控制相关的工作要求和提供工作资源可以促进工作中的积极体验(Zito et al,2015)。JD-R 模型提出工作要求与工作资源之间的相互作用对工作压力和工作动机的发展具有重要意义(Demerouti and Bakker,2011)。

四、工作心流的非线性动力系统观

心流是活动本身具有内在奖励的主观状态。心流研究主要关注进入心流的瞬间动态和在心流中的条件和特征,以及心流的前因、中介或调节者和结果变量,然而,忽视在心流体验中时间动态过程的研究。实际上,心流体验是不稳定的、波动的和碎片的。人们专注于正在做的事情是起伏不定的,因为人的注意力也是有起伏的、变化的。所以,个体体验心流是从一个时刻到下一个时刻的联合流动。心流体验是一个突然的瞬间,一切"只是点击"或"处于区域"的状态(Csikszentmihalyi,1975)。目前,心流理论转向描述心流的动态过程方面(例如,突发的动机、突发的目标及时间动态),开始关注心流体验瞬间相互作用的动态。研究者主要采用定性访谈法、ESM 和问卷法考察在不同时间范围内心流体验的波动。例如,采用以人为导向的潜在生长曲线和混合模型方法,研究工作资源和心流的平均水平以及这些平均水平随着时间的变化轨迹(Mäkikangas et al,2010)。此外,还有采用客观测量和神经生物方法来研究心流的动态。例如,使用眼动仪记录眼动轨迹来考察注意的动态和心流的关系,结果显示视觉注意的控制(安静的眼睛)先于心流体验(Harris et al,2017)。但是,还没有建立一种方法测量在真实时间内心流的时间动态而不用中断活动者体验流来报告心流(Nakamura et al,2019)。尽管研究者感兴趣于心流的时间动态,然而这种方法就是"圣杯"(holy grail,即努力而无法得到的东西)。

在工作场所开展了有价值的心流研究,通过横断面或静态的研究以及纵向分析来探索人与人之间的心流差异。但是,这些研究的局限是无法捕捉个体内部心流随时间的波动(Ceja and Navarro,2011)。心流是一个非遍历的过程(nonergodic process),心流的大多数差异是在人的内部(Fullagar and Kelloway,2009)。一些研究发现工作心流往往与非线性行为有关(Ceja and Navarro,2011)。非线性的变化表现为其中一个变量的变化可能会对其他变量的状态产生不成比例的影响。所以,目前,工作心流研究呈现一种新的研究取向,采用非线性动力系统(Nonlinear Dynamical Systems,NDS)理论来研究个体内部心流随时间而变化的规律,探讨员工在非心流状态(例如,无聊或焦虑)和心流状态之间转换的日常挣扎中所经历的非线性和非连续的变化(Ceja and Navarro,2016)。在《中国大百科全书》(2009)中定义非线性动力是研究非线性动力系统中各种运动状态的定量和定性规律,特别是运动模式演化行为的科学。NDS 理论出现于 20 世纪 60 年代,它具有各种相近似的形式,例如,混沌理论(chaos theory)、突变理论(catastrophe theory)、模糊集理论(fuzzy sets theory)等。混沌是指一种特殊的非线性动力学,它可以看作是 NDS 理论的核心部分(Guastello,2002)。非线性动力系统理论是研究如何随着时间的推移而展开的复杂过程,有时也称为混沌理论或复杂理论(Guastello et al,2009)。

20 世纪 70 年代,NDS 理论引入社会科学领域。Ceja 和 Navarro(2016)认为在 NDS 理论中混沌行为和突变这两个关键概念是工作心流研究的重要基础。美国气象专家 Edward Lorenz 1961 年首次提出混沌理论的"蝴蝶效应"。混沌理论是关于非线性系统在一定参数条件下展现分岔、周期运动与非周期运动相互纠缠,以至于通向某种非周期有序运动的理论。基于 NDS 的方式识别和测量时间序列的混沌已经应用于不同学科领域,但是应用于积极组织过程的研究甚少。近来,学者开始将非线性动力与积极组织行为进行关联(Navarro and Rueff-Lopes,2015),研究较多的是工作动机,最近开始关注工作心流(Guastello et al,1999;Arrieta et al,2008;Ceja and Navarro,2009,2011)和幸福。这些工作心流的研究表明当分析员工的时间序列时,大多数员工表现出非线性的或混沌的行为,而线性动力是例外的。在纵向数据时间序列中存在 3 种主要的时间模式类型:线性的、混沌的或随机的(Heath,2000;Morrison,1991)。Ceja 和 Navarro(2011)将个体内部心流变异性描述为混沌的或非线性的、线性的和随机的 3 种动态模式。混沌的或非线性的模式是不稳定的动态模式,但存在规律。混沌具有非线性、模糊关系、看似无规律却又有规律、对初始条件的敏感性等特征。线性的模式是跨越时间有规律和稳定的模式。随机的模式是完全没有任何模式。这种非线性方式可以弥补传统的线性方式研究心流的不足,可以揭示心流过程中的时间动态性、不可预测性和不平衡性。Ceja 和 Navarro (2011)使用非线性动力系统理论(即递归分析和替代数据分析)和多重对应分析的各种技术研究工作心流的动态模式,结果显示工作场所的心流表现出高度的个体内部变异性,而且这种变异性在大多数情况下是混沌的动态(占75%),少部分情况下是随机的(占20%)和线性的动态(占5%)。这些说明高水平的心流与混沌的动态模式有关(Guastello et al, 1999;Ceja and Navarro, 2009, 2011)。此外,心流体验的不同维度与不同的动态模式的出现有关联。心流的核心成分(例如,对感知挑战和技能的平衡,行动和意识的融合等)与混沌的模式有关,而这些成分中的中低水平与线性的和随机的模式有关。证明较高水平的心流与混沌行为有关,而焦虑感与线性行为有关,冷漠与随机行为有关(Ceja and Navarro, 2011)。

由于心流体验是一种非静态的、非平衡状态,在时间上可能产生连续变化和突然变化。法国数学家 René Thom 1972 年提出突变理论,研究从一种稳定组态跃迁到另一种稳定组态的现象和规律。自然界或人类社会中任何一种运动状态都可分为稳定态和非稳定态。非线性系统从某一个稳定态(平衡态)到另一个稳定态的转化通常以突变形式发生。突变理论与混沌理论相关联。突变理论为组织工作领域的心理研究提供较好的理论框架和数学工具。学者们开始考察工作心流从静态到动态,基于突变理论,采用线性和非线性结合建模的方式研究心流的连续性和非连续性的变化。Ceja 和 Navarro (2012)采用经验抽样法测量了员工对挑战和技能的感知,以及在享受、兴趣和专注方面的主观体验,从 60 名员工中共获得 6981 个观察结果。他们首次采用线性和非线性两种方法对连续变化和突变进行建模,观察到个体内部心流的过程,发现非线性动态系统模型(即尖点突变模型)比线性和逻辑回归模型更好地拟合数据。并且,尖点突变模型在模拟高心流情况下似乎特别强大,因为尖点突变模型可以更好地捕捉挑战-技能平衡与工作心流之间关系的复杂性和非线性。

Ceja 和 Navarro (2012,2011,2016)的研究结果,呈现了工作心流体验的尖点突变模型和传统的线性回归模型(图 5.11)。在左边的尖点突变模型中,描述了由于感知到的挑战和技能之间的交互作用而导致的顺序参数或因变量(心流,即享受、兴趣和专注的平均数)的变化。右边的传统线性回归模型显示包含相同的一组变量。从图 5.11 可见,两个模型的差异就是在尖点突变模型的折叠区域,这表明对于给定的自变量值,因变量在尖点区域内出现非连续或突变,然而,在传统线性回归模型中没有包含这些突变。显然,这两个模型在地形学上的差异说明非线性动态系统建模的方式在揭示个体内部工作心流的非连续性变化上呈现了优势。心流在活动中会变成一种随时间而推动发展和成长的动力。在人与环境相互作用中会出现突发的动机和突发的目标。在时间动态研究中,结合 NDS 方法的非线性分析和传统的线性分析可以深入比较心流体验的稳定性和动态性。因为,利用线性方法可用于验证心流随时间变化的稳定性,然而 NDS 技术(例如,Lyapunov 指数、复发分析和替代数据分析等)则研究心流在时间上的不稳定行为。

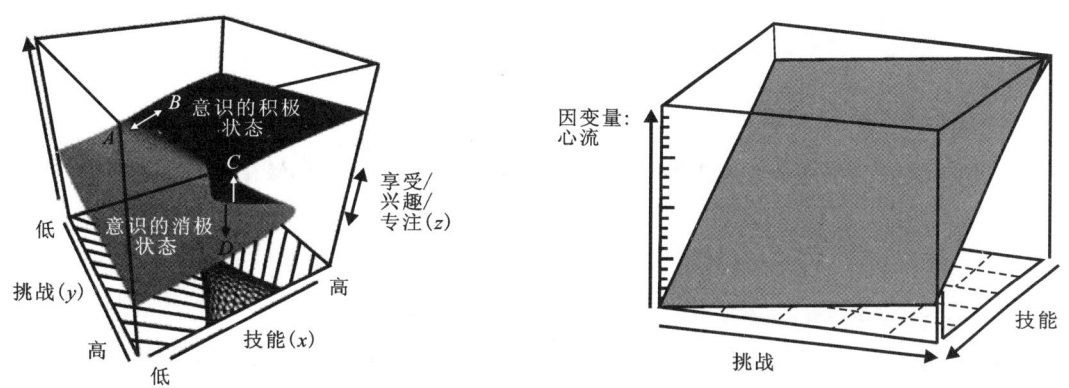

图 5.11　工作心流体验的尖点突变模型（左）和传统的线性回归模型（右）（据 Ceja and Navarro，2016）

第六章 个性与工作动机

在工作中是什么导致个体产生独特的行为模式,具有高成就动机,而且随着时间和地点的变化都能表现出一致性的行为呢?那就是个体稳定的特征。Kanfer 和 Heggestad(1997)建议更多地关注人的特征作为发展工作动机完全互动模型的第一步。人与环境的相互作用理论始于 20 世纪初,在管理学领域已盛行了 100 多年。工作动机理论中一直关注人与环境的相互作用,即人与环境匹配,涉及人的特征与其工作环境的相容性。学者们假设个体和工作的"动机匹配"(motivational fit)反映了人的特征和工作环境因素的持续和互惠影响。根据组织行为学和心理学领域的理论探索以人为中心的框架,研究人的特征对动机过程和工作绩效的影响。Kanfer 等(2008)提出动机的"3C"模型,即 Content(内容)、Context(情境)、Change(变化)。内容决定因素包括与个体间差异相关的变量,涉及认知能力、个性特质、动机、情感倾向、兴趣、价值观和自我概念等个体特征。Kanfer 和 Heggestad(1997)提出动机相关特质和技能的分类框架。特质可以通过作用于动机过程而影响工作绩效、工作满意度、幸福、创新行为等变量。然而,在工作动机理论中却比较忽视员工特质对动机的影响,很少研究个性与动机的相关性。

积极个体特征或特质是积极心理学研究的第二个支柱,主要包括个性特质、品格优势和美德等。这些积极心理特质是人与环境相互作用、相互适应的产物,具有稳定性和独特性,影响着人们形成稳定和不同于他人的认知、情绪、价值观、态度和行为。本章首先从心理学视角回顾个性的重要理论,然后从神经心理学和社会认知的视角探讨个性和工作动机的关系。

第一节 个性理论

个性也称人格,它们是同义词。关于个性的概念心理学家有不同的定义。个性被定义为由生物和环境因素演化而来的认知、情感和行为模式特征的集合(Corr,2009)。实质上个性是个体在适应环境过程中形成的稳定的心理特征和心理倾向的总和,可以预测行为。个性理论主要探讨个性的结构、类型、形成、发展和动力性的理论。对人类个性的探索是自古有之。在古代人类通过观察和实践,运用朴素的哲学观和宇宙观创造了个性的思想和分类理论。在公元前 4 世纪,古希腊医生 Hippocrates 认为人体含有 4 种不同的液体,即血液、黏液、黄胆汁和黑胆汁,提出了气质的体液论,区分 4 种气质类型。在战国秦汉期间出现的一部以医学为主体的科学百科全书《黄帝内经》中提出阴阳人格体质学说,根据阴阳气血的多少和五行属性

(包括火、金、木、土、水五行)的特点划分为二十五形人,即"阴阳二十五人"。《黄帝内经》蕴含着丰富的人格心理学思想,这是我国最早较为系统的人格学说。其实,中国的阴阳人格体质论与古希腊的体液论之间存在密切关系,它们都是从人的身体特征和体质(例如,体液、阴阳气血、肤色、体形、秉性等)区分不同个性心理特征类型。另外,三国时期魏国的哲学家刘劭撰写的《人物志》,提出根据每个人的才能和阴阳五行先天格局对人才加以分类,这是我国古代首部系统的人才心理学专著。

个性理论最初是建立在哲学、精神病治疗学和心理学的基础上。个性的科学研究起源于19世纪末20世纪初,James在《心理学原则》(1890)中部分内容涉及自我和个性相关的问题。Freud的代表作《梦的解析》(*The Interpretation of Dreams*)于1900年出版。在20世纪30年代,几位著名的心理学家出版了个性心理学的著作(例如,Allport,1937;Stagner,1937;Murray,1938),掀起个性研究的浪潮,各国心理学家对个性积极的关注和产生浓厚兴趣,促进个性理论的发展。目前,个性的理论已是百家争鸣,百花齐放,形成多元化的研究取向,主要理论包括生物进化论、心理动力论、特质论、人本主义论、学习论和社会认知论(图6.1)。虽然,它们产生于不同时期,每个理论关注点不同,彼此相区别,但也有相互影响。生物进化论重视先天的遗传和生物特性;心理动力论揭示无意识的内在力量;特质论识别重要的个性特质;人本主义论研究人内在的本性、价值、潜能、创造力和自我实现等积极心理机能;学习论重视强化、惩罚、刺激-反应、条件作用等外部环境因素;社会认知论关注人的信念、感受、期望等认知因素。由此可见,个性理论都是局部的组织,在各自特定领域中进步和发展,所以,它们一直保持分裂,缺乏广泛合作和整合的愿景(Cloninger,2009)。本节主要讨论个性的生物进化论、心理动力论、特质论、人本主义论、社会认知论。

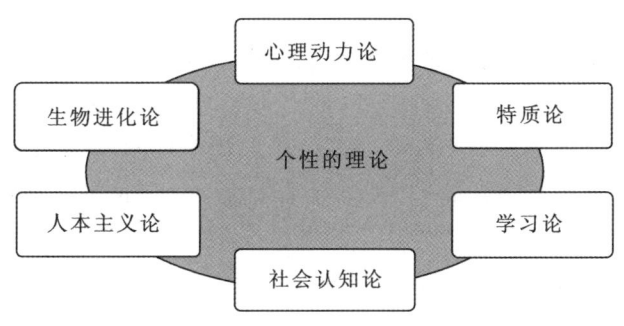

图 6.1 个性的主要理论

一、个性的生物进化理论

个性的形成离不开生物遗传因素提供前提和限制条件。个性的生物进化理论主要来源于进化论和神经科学的贡献。进化论阐明人类产生稳定的和独特的个性特征是为了生存和适应环境,神经科学则揭示导致个性差异性行为的大脑神经调节机制。表6.1描述了个性的生物进化理论的主要观点和概念以及有贡献的著名学者。

表 6.1　个性的生物进化理论的主要观点

主要观点和贡献者	主要概念
个性的重要决定因素是遗传和生物特性。例如，Eysenck、Gray、Cloninger、Kagan 等	气质,进化,适应,利他,性嫉妒,遗传,神经递质系统,神经心理系统,强化敏感性

1. 个性的进化理论

在第一章阐述了生物进化理论是研究人类动机的重要理论之一。进化心理学家们认为人类所有的心理现象都可以采用进化论的视角。Darwind(1859)的生物进化论提出选择作用于生物体的不同特征是可以遗传的,并传递给生物体的后代。变异、选择和保留机制是自然选择的基础。进化论的观点认为人的个性特征部分是归因于我们祖先的贡献,他们在适应环境的过程中产生的反应行为逐渐被保留,并通过基因传到下一代。人类的适应行为是通过遗传获得的、不需要学习、自动表现的行为。从进化心理学的角度来看,人类的个性结构是由一个有限的物种集合组成的典型的、相对特定领域的心理机制,这些心理机制在人类进化历史中演进,因为它们解决了人类祖先面临的适应问题。个性是由心理机制组成的(Michalski and Shackelford, 2008)。

关于个性的生物遗传性研究主要有气质理论和双胞胎的研究。心理学认为气质是具有生物基础的个性倾向。其中最早的是 Hippocrates（公元前 460—371 年）的气质(体液)理论,根据人的生理特性"体液"区分了 4 种气质类型。并且,气质理论认为刚出生的婴儿就有特定的行为风格和反应特征,这些都是气质的早期表现,在儿童和少年时期都会有比较一致的和稳定的行为倾向。苏联生理学家 Pavlov(1952)突破传统的思辨研究,根据动物狗行为反射的科学实验,将气质差异与中枢神经系统的特征(例如,神经激活的强度、灵活性等)关联,提出高级神经活动的 4 种类型,即兴奋型、活泼型、安静型和抑郁型。这些气质理论重视个性的生物学基础。另一项研究是关于双胞胎(Tellegen et al,1998),在他们出生后分开放在不同的家庭环境中抚养和成长,后来通过个性测试发现他们在个性上还是有一些相似特征。这些证明人的某些个性特质的确是受到遗传基因的强烈影响。例如,应激反应、吸引、幸福、攻击、避免伤害、成就、控制等。与此同时,行为遗传学研究显示在特质的自我报告中有 40%~50% 的变异是可遗传的成分(Loehlin et al,1998)。普遍认为人体在个性特质上的差异本质上也是适应性反应。实际上,人的个性特征不是单一由遗传决定的,人在与环境互动过程中要改变和调节行为方式以适应环境,所以个性是遗传和环境两个因素相互作用的结果。

2. 个性的神经科学理论

为什么人们在相同的情境下思想、感受和行为方式有差异呢？是什么原因导致个性特质有差异？个性研究要确定影响行为的潜在的生物变量和生物基础。即便个性是受环境的影响,但也需要生物系统为中介。神经科学的发展为促进个性的神经心理学研究带来曙光。一些个性特质论探索了特定特质有关的神经生物基础。例如,Cloninger(1987)的个性特质模型认为个体的神经递质系统与特定的特质独特相关,假设多巴胺能系统与寻求新奇的特质相关联,5-羟色胺能系统与避免伤害的特质相关联,去甲肾上腺素系统与奖励依赖的特质相关联。稳定性和可塑性两维特质研究表明稳定性与5-羟色胺有关,而可塑性与多巴胺有关(de Young et al,2002;de Young,2006)。个性的神经科学取向潜在地为个性心理学提供多样化的解释模型。

在20世纪70年代,Gray(1970)在Pavlov、Eysenck、Hebb等学者的生物学理论和条件反射理论基础上,提出个性的强化敏感性理论(reinforcement sensitivity theory,RST),探索导致个性差异的潜在生物基础。强化敏感性理论代表了一种大胆的尝试,解释长期稳定行为的神经心理调节以及个性的个体差异产生的神经心理机制。强化敏感性理论是基于调节刺激输入和行为反应关系的情绪和动机的中心状态的观念;这里的刺激和反应都是内在过程,只能从独特设计的实验中推断出来。广为人知的强化敏感性理论是Gray发展的个性理论,更准确地识别为情绪、动机、学习的神经心理学理论(Smillie et al,2006)。这也是强化敏感性理论成就的一个标志,Gray将个性与情绪和动机系统进行关联。强化敏感性理论于1970年正式开始出现,由Gray和同事们共同努力在40多年的发展中经过多次的修订,最著名的修订是由Gray和NcNaughton(2000)完成。他们综合已有的科学理论产生了持续创新的成果,为一般的个性理论提供重要基础。塑造和指导一个完全成熟的个性神经心理科学出现和深化,而且当今被广泛接受,在很大程度上是归功于Gray经历40多年的开创性工作(Corr,2004)。

1)强化敏感性理论产生的基础

强化敏感性理论起源于苏联生理学家Ivan Petrovich Pavlov(1849—1936年)的高级神经类型学说。学者们从文字上和概念上转换了当时比较流行的Pavlov的个性观点,将兴奋-抑制的概念与唤醒和激活的概念联系起来。英国心理学家Hans Eysenck(1916—1997年)从20世纪40年代开始就研究个性,提出3个维度特质:外向性(extraversion)、神经质(neuroticism)、精神质(psychoticism),探索了这些维度的生物学基础。他开发了最著名的个性生物模型,将个性特质与神经生物系统进行关联,为个性的神经科学奠定了必要的基础。Eysenck(1967)提出的第一个维度是外向性(E),唤醒理论假设由于内向者和外向者在皮层唤醒系统的敏感性存在差异,上行网状激活系统的反应阈值也不同。与外向性相比较,内向性维度有较低的反应阈值和较高的皮质唤醒。第二个维度神经质(N)则与边缘系统的激活和情绪的不稳定有关。Eysenck的唤醒理论采取由上至下(top—down)的方式理解所观察到的整体个性结构的因果基础。然而,Eysenck的学生Gray高度重视神经生物学胜过重视个性,专门发展了一个可以映射在大脑系统上的"概念神经系统"来描述机能系统。Gray采用比较普遍的由下至上(bottom—up)的方式,与Eysenck的方法产生互补,他们在不同的分析层次上解决重要问题。Gray的研究采取了特定方式:首先,确定了大脑行为系统的基本属性,这些属性可能与人类行为中观察到的重要变异来源有关;然后将这些系统中的变化与已知的个性测量方法联系起来。这种方法的核心是假设在这些大脑行为系统的功能中观察到的变化构成了我们所谓的"个性"(Pickering and Corr,2008)。

Gray 凭借动物学习实验研究和神经科学的成果提出强化敏感性理论。最初这个理论与个性完全无关,并没有发展为一种特定的特质理论,而是作为一种特定的生物系统理论,建议与个性联系起来。所以,个性只是强化敏感性理论的副产品。正是这个生物系统在 Gray 理论中发挥核心作用,并观察到它们的功能在个体(啮齿动物)之间以稳定和可遗传的方式发生变化。强化敏感性是指个体长期稳定的神经生物调节系统可以对不同类型的强化刺激做出反应,引起情绪、动机和行为的一系列变化。强化刺激主要有奖励刺激和惩罚刺激,所以,强化敏感性包括惩罚敏感性(punishment sensitivity,PUN)和奖励敏感性(reward sensitivity,REW)。

Eysenck 的唤醒理论对 Gray 的个性理论产生重要影响。Gray(1987)在 Eysenck 理论的基础上进行修改和超越,主要改变了在 Eysenck 特质因素空间中外向性和神经质的位置以及它们的神经心理学基础。Gray 提出将外向性和神经质旋转大约 30°,这样可以形成更有效的"惩罚敏感性"轴,反映焦虑(anxiety)和"奖励敏感性"轴,反映冲动(impulsivity)。强化敏感性最著名的说法可能是一种关于焦虑和冲动的理论(Smillie et al,2006)。图 6.2 为 Gray 对 Eysenck 特质因素空间模型修改后的示意图(Pickering et al,1999)。在图 6.2 中,外向性(E)和神经质(N)两个因素是正交(虚线),这两个因素旋转大约 30°后是基本惩罚敏感性和奖励敏感性在因素空间中的位置(实线)和这些敏感性的突发性表面表达。目前的工作假设是惩罚敏感性(在未修改的模型中,被称为"焦虑")与对抗/逃离/僵化系统(fight/flight/freeze system,FFFS)和行为抑制系统(behavioral inhibition system,BIS)有关。这一修改表明:冲动+个体相对于冲动-个体对奖励信号更加敏感,而焦虑+个体相对于焦虑-个体对惩罚信号更加敏感。坐标轴的正交性可以解释为对奖励的反应在所有焦虑层次上应该是相同的,而对惩罚的反应在所有冲动的层次上应该是相同的,Corr(2004)将其称为"可分离的子系统假说"。

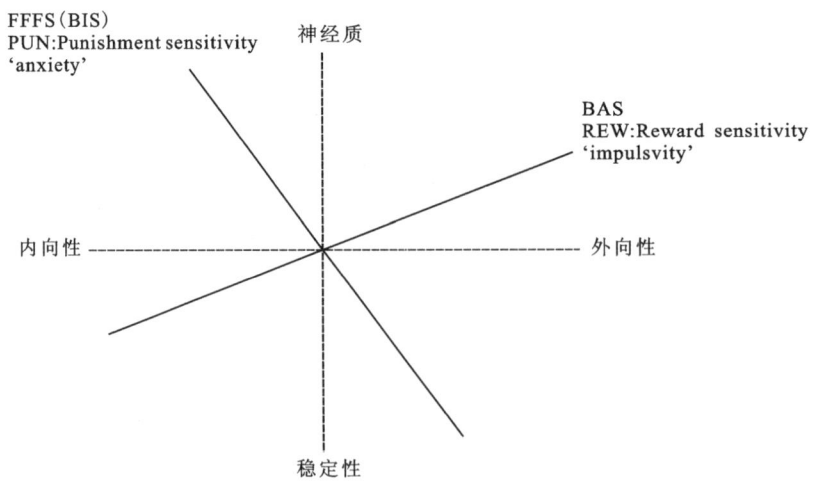

图 6.2 Gray 对 Eysenck 特质因素空间模型修改后的示意图(据 Pickering et al,1999)

Gray 的理论认为 Eysenck 的 E 和 N 维度是比较基本的惩罚敏感性和奖励敏感性的导数因素:外向性反映了惩罚敏感性和奖励敏感性的平衡,神经质则反映了它们的共同力量。外向性和神经质这两个因素与惩罚敏感性和奖励敏感性之间假设关系见图6.3。这些假设关系包括FFFS/BIS(惩罚敏感性,PUN)和BAS(behavioral approach system,行为趋近系统)(奖励敏感性,REW)的关系,它们对惩罚和奖励反应的共同影响,以及它们与外向性和神经质的关系。来自FFFS/BIS和BAS的输入是兴奋性(实线)和抑制性(虚线),它们各自的影响取决于实验因素。对E和N的输入强度反映了PUN/REW和E/N的30°旋转:相对强(粗线)和弱(细线)关系。从惩罚反应到E的输入是抑制性的(即减少E),从奖励反应的输入是兴奋性的(即增加E)。BIS通过同时激活的FFFS和BAS来激活,它的激活增加了惩罚敏感性。假设PUN和REW的联合作用导致了E和N的表面表达:PUN和REW代表了潜在的生物学特性;E和N表示它们在综合行为水平上的共同影响。

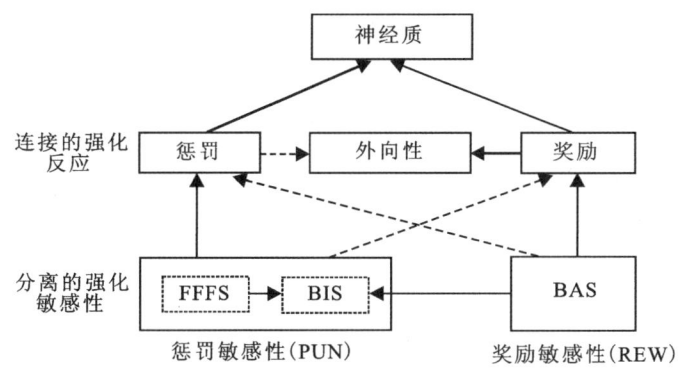

图6.3 外向性和神经质因素与惩罚敏感性和奖励敏感性之间假设关系示意图(据Corr,2004)

2)强化敏感性理论的演变

强化敏感性理论在40多年的探索中不断地演进和发展,出现了经典版(1970—2000年)和修订版(2000年)。原始的经典版本发展了3个主要神经系统:行为趋近系统、对抗/逃离系统(fight/flight system,FFS)和行为抑制系统(BIS)。Gray和McNaughton(2000)修订了强化敏感性理论,更新和扩展了"经典"版本。修订后的理论也提出了3个神经心理系统:行为趋近系统(BAS)、对抗/逃离/僵化系统(FFFS)和行为抑制系统(BIS)。重大修改的是第二个系统由FFS变为FFFS。

第一个系统是行为趋近系统。在经典版中这个系统仅对条件性欲求刺激敏感,形成一个正反馈回路,由奖励刺激呈现和惩罚信号撤销/省略所激活。这个系统与积极情绪状态和冲动特质有关。但是,在修订版中行为趋近系统要调节对所有条件和无条件欲求刺激的反应。相关个性因素包括乐观、奖励取向和冲动(Pickering and Corr,2008)。BAS的神经实例化假定在中边缘多巴胺回路中(Corr,2009)。

第二个系统是对抗/逃离/僵化系统。在经典版中对抗/逃离系统是对无条件的厌恶刺激(即天生的痛苦刺激)敏感,调节愤怒和恐慌的情绪,并且与消极情绪和Eysenck的精神质特质相关。然而,在修订版中将FFS变为FFFS,即对抗/逃离/僵化系统能够调节对各种条件和无条件厌恶刺激的反应。这个系统由分层的模块组成,负责回避和逃离行为。重要的是FFFS调节恐惧的情绪而不是焦虑。相关个性因素包括恐惧倾向和回避(Pickering and Corr,

2008)。FFFS 的神经实例化假定位于导水管周围灰质和(各种核的)下丘脑。

第三个系统是行为抑制系统。在经典版中这个系统对与焦虑相关的条件性厌恶刺激(即惩罚呈现和奖励的省略/撤销信号)和特殊类别的先天恐惧刺激敏感。在修订版中行为抑制系统不像原始版本那样反应,而是负责解决一般的目标冲突。例如,在 BAS-趋近和 FFFS-回避之间的冲突。行为抑制系统产生焦虑情绪,包括抑制潜在的冲突行为,参与风险评估过程和扫描记忆和环境,以帮助解决并发的目标冲突。奖励敏感性和惩罚敏感性将决定冲突是否被检测到的程度。BIS 机制本身的敏感性是独立于这些强化敏感性的(Corr,2004)。BIS 的神经实例化假定在大脑的中隔-海马系统中。

图 6.4 描述了修订版的强化敏感性理论中 BAS、FFFS、BIS 三大系统的运作机制,体现了三大神经心理系统的激活条件和结果。比较经典版和修订版的理论特征,这三大生物系统的机制都发生了一些变化,包括修订了基本细节,正式考虑在三大系统中的动态互动,成长表明与 BAS 相关的特质是外向性而不是冲动性(Smillie et al,2006)。

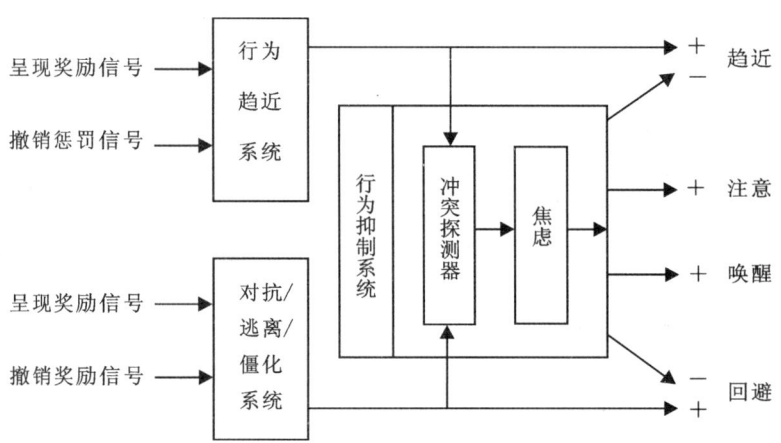

图 6.4 强化敏感性理论(修订版)的三大神经心理系统

表 6.2 总结了强化敏感性理论的具体变化和发展。根据修订后的理论,可以有效区分强化敏感性的两个分类:奖励敏感性和惩罚敏感性。奖励定义为激活 BAS 的刺激;奖励敏感性(REW)与 BAS 的功能关联,并与神经质-外向性特质有关;奖励刺激产生积极情绪状态和趋近行为,朝向某种期望的最终状态。而惩罚定义为激活 FFFS/BIS 的刺激;惩罚敏感性(PUN)与 FFFS/BIS 的功能关联,并与神经质-内向性特质有关;惩罚刺激产生消极情绪状态和防御性回避/逃离行为,远离某种不期望的最终状态。可见,修订版的强化敏感性理论体现了积极和消极两维度的情绪、动机和个性的神经心理学理论,逐渐发展了多样的个性假设和测量工具。例如,BIS/BAS 量表,惩罚敏感性和奖励敏感性问卷(sensitivity to punishment and sensitivity to reward questionnaire,SPSRQ)等。在 40 多年的历程里,逐步修改和深化的强化敏感性理论不仅使我们认识到人类个性强化过程中个体差异的全部复杂性,而且显著地提高了我们认识个性生物学基础的真实本质(Corr,2004)。

表 6.2　强化敏感性理论修订版的总结（据 Smillie et al, 2006）

三大神经心理系统		旧版理论	新版理论
行为激活系统或 行为趋近系统	刺激输入	CS+	UCS+, CS+
	行为输出	趋近	趋近
	特质表现	冲动	外向性（???）
对抗/逃离/僵化系统	刺激输入	UCS−	UCS−, CS−
	行为输出	回避	防御性回避
	特质表现	???	恐惧
	特质关系	无关	有关
行为抑制系统	刺激输入	CS−	冲突（例如，CS−与CS+）
	行为输出	回避	防御取向
	特质表现	焦虑	焦虑

注：CS+.奖励或解除无惩罚的条件信号；CS−.惩罚或挫折性不奖励的条件信号；UCS+.奖励或解除无惩罚的无条件信号；UCS−.惩罚或挫折性不奖励的无条件信号；???.未知。

二、个性的心理动力理论

个性的心理动力理论产生于 1900 年，属于由 Sigmund Freud 开创的精神分析理论。Freud 是精神分析理论的创始人，还有大量的追随者，如 Jung、Adler、Horney、Klein、Sullivan 等，推动这个理论的发展，形成新 Freud 的精神分析学派（neo-Freudian psychoanalysts）。心理动力理论诠释了个性是由人们意识不到和无法控制的内在力量和冲突所激发的。这种内在心理机制决定着人们在既定情境中的行为特征和行为模式。心理动力理论是心理学史上一个比较系统的个性理论，它包括个性结构和个性发展两个部分。表 6.3 描述了心理动力理论的主要观点和概念以及有贡献的著名学者。

表 6.3　个性的心理动力理论的主要观点

主要观点和贡献者	主要概念
个性是由人们意识不到和无法控制的内在力量产生的。例如，Freud、Jung、Adler、Erikson、Horney、Klein、Sullivan、Chodorow、Westen 等	力比多，冲突，本我，自我，超我，防御机制，恋母情结，固恋，压抑，依恋，对象关系

在第一章和第二章已经描述，在精神分析理论中，人的个性也称为精神或心理生活。Freud 在早期提出精神生活的 3 个层次：意识、前意识、无/潜意识。他认为精神生活在 3 个层次中发生和活动，意识过程仅仅是心理结构中一个较小的部分。人的大部分行为是由无意识激发的，是个性的一个部分，包含着记忆、知识、信念、感觉、冲动、驱动力和个体没有意识到的本能。因为，无意识是人类最深层、最隐秘、最原始和最根本的心理能量。心理活动的动力源

泉是生理上的力比多。那么,个性的重要动力来源于心理能量,即无意识的本能和欲望。在晚期,Freud 出版了《自我和本我》(1923),提出人的个性结构由本我(id)、自我(ego)和超我(superego)3 个部分构成。

(1)本我。本我是个性结构中最底层、最原始的部分,处于潜意识之中。人出生就存在本我,由遗传本能、欲望所构成,例如,饥饿、口渴、性等基本需要。为了满足这些需要人就本能地产生冲动,一旦得到满足人就会感到快乐。因此,本我是"本能的我""生物的我",遵循"快乐原则"。

(2)自我。自我是在社会生活环境中发展起来的,介于本我和外部世界的意识部分,是个性结构中的行政管理机构。自我既要满足本我的需要,又要符合外界社会现实的要求。所以,自我是"现实的我",奉行"现实原则"。自我处于本我和超我之间,自我不仅要调节本我和超我之间的矛盾,而且还要控制本我的冲动和缓冲超我的管控。

(3)超我。超我是最高的道德司法部,是在社会中接受文化传统、价值观念、道德规范、社会理想的影响而形成的。超我是由自我理想和良知构成,要求自我行为按照道德标准和符合自我理想。超我处于个性的最高层,既要抑制本我的冲动和监控自我,同时还要追求完善。所以,超我是"道德的我""良知的我",追求"完美原则"。个性的 3 个层次结构各司其职,相互作用,是不断协调和平衡的整体,保证个性的正常发展,实现人的崇高理想。一旦个性的 3 个结构失衡,相互冲突,就可能导致心理障碍和异常,影响人的正常生活和发展。表 6.4 概括了 Freud 心理动力理论的主要观点。

表 6.4 Freud 心理动力理论的主要观点

观点	解释
人的精神或心理生活	意识:是人可以觉察到的心理活动
	前意识:是能回忆起来的、被召唤到意识中的潜意识
	无/潜意识:被压抑在意识阈下、没有被意识到的心理活动
人的个性结构	本我:处于潜意识之中,"生物的我",遵循"快乐原则"
	自我:处于本我和超我之间,"现实的我",奉行"现实原则"
	超我:处于最高层,"道德的我",追求"完美原则"

关于个性如何发展要通过一系列性心理阶段,在这些阶段儿童要面临社会要求和他们自己的性冲动之间的冲突。一旦在某个阶段不能解决这个冲突就会导致固恋(fixations),就是在它们首次出现的发展期之后仍会持续存在的冲突或担忧,并且,这些冲突在成年后的行为中就会反映出来。Freud 认为从出生到成年经历了口唇期(出生到 1 岁)、肛门期(1—3 岁)、生殖器期(3—5 岁)、潜伏期(5—12 岁)、生殖期(12—20 岁)共 5 个性心理发展阶段。生殖器期是性敏感区,儿童出现对异性父母的性幻想,与他们的父母发生爱和嫉妒的关系,产生恋母情结(oedipus complex)和恋父情结。前 3 个性心理阶段的发展为成人后的个性模式奠定了重要基础。这里的性是泛指来自力比多的驱动力。在个性发展过程中人们面临许多消极的情绪体验,如焦虑(即被压抑的力比多)。为了应对焦虑人们发展了一系列心理防御机制,这

是通过歪曲和隐瞒它的来源无意识地降低焦虑的策略。Freud 提出了 8 种自我防御机制：否认、移置、投射、合理化、反向作用、倒退、压抑和升华。

心理动力理论是一个伟大创新的理论，精神分析理论曾经继第一思潮行为主义心理学之后，成为心理学中第二思潮。精神分析理论突破传统心理学的理性主义和仅研究人意识的层面，深入研究非理性的和潜意识的层面在行为中的作用，探讨了人的心理生活 3 个层次、个性结构和个性心理发展阶段等理论。精神分析理论不仅丰富和拓展了心理科学研究的范畴，创立了心理动力学、个性心理学、变态心理学、性学等，促进自我心理学的发展，而且开创了人类潜意识心理学研究的先河。这个理论明确辨析人的心理活动中意识和无意识的作用和矛盾运动，辩证地揭示意识与无意识、人与环境的相互作用。所以，精神分析理论不仅是 20 世纪西方心理学史中的一个里程碑，而且它对心理治疗领域产生深刻的影响，还对文学艺术、伦理学、宗教等产生深远的影响。美国心理学家 Thomas Leahey 曾将 Freud、Darwin 和 Marx 誉为 20 世纪西方思潮的 3 位先知。

心理动力理论强调在个性结构中欲望、动机等无意识因素的存在和影响，这是一个比较完善的个性理论揭示动机对个性的影响。心理动力理论实质上蕴含着个性和动机的关系，提出人的无意识的本能和欲望是个性的重要动力来源。当各种本能和欲望产生驱动力支配着人的时候（这是动机），人们要考虑认同的社会文化、价值观、道德规范等各项要求来控制、调节自己的行为倾向以适应外界环境，逐步形成稳定的行为特征，从而达到本我、自我和超我 3 个心理结构的协调和平衡，促进个性的正常发展。然而，个性的心理动力论缺陷是过于强调和夸大力比多的性本能、内在潜意识的动力对个性和行为动机的影响，忽视意识对人的心理和行为的作用，轻视社会和文化因素对个性发展的作用。新 Freud 的精神分析学家对 Freud 的理论进行评判，提出一些新的观点，他们更加重视社会环境和文化对个性发展的影响，缩小了性作为一种生物驱动力在人们生活中的作用。

三、个性的特质理论

1. 国外的个性特质理论

特质是个性的基本组成部分，它描述了一个人以某种方式感受、思考和行动的特殊倾向。关于个性结构的早期研究工作使用语言术语去识别和标记描述个人行为的稳定特性（例如，Galton，1984），采用实证数据收集特质术语（例如，Heymans and Wiersman，1906，1909；Web，1915），逐渐发展了比较丰富的个性特质理论。国外个性的特质理论家们，像 Allport、Cattell、Eysenck，反对 Freud 的心理动力理论，试图去发现在不同情境中人类行为一致的潜在资源，并相信所有人都有几个基本的核心特质，重视识别和标记重要的个性特质。提出三因素、五因素、16 因素、两维度、单个因素等模型。表 6.5 描述国外个性特质理论的主要特质分类。特质理论主要诠释个性系统的结构，主要概念涉及特质、类型、因素、神经质/情绪稳定性、外向性等。特质心理学家使用词汇法和因素分析法去探寻构成个性的核心单元和因素，开发量表测量核心特质，并应用核心特质预测行为。

表6.5 国外个性特质理论的主要特质分类

特质理论学家	主要特质及分类
Allport	3类特质:首要特质、中心特质和次要特质
Cattell	16种个性根源特质(16PF)
Eysenck	三维度(PEN):精神质、外向性、神经质
McCrae and Costa	五因素(OCEAN)或大五模型(FFM):经验的开放性、责任性、外向性、随和性、神经质
Bacan;Digman;de Young 等;Goldberg;de Raad and Barelds	两维结构或大二模型:共生性和能动性;Alpha 和 Beta;稳定性和可塑性;道德和活力;美德和活力;关系和活力等
Hofstee;Saucier and Goldberg;Saucier et al.;de Raad and Barelds	一般因素(GFP)或大一模型:p 因素;评价;道德;社会认可的品质等

1) Allport 的特质理论

个性特质理论研究的起点是对人的个性特质进行分类,使用自然语言来描述个性。一个共享分类法是词汇法(lexical approach)。Klages(1926)、Baumgarten(1933)、Allport 和 Odbert(1936)等心理学家开始将自然语言作为科学分类法的属性来源。词汇法的假设认为绝大多数与社会有关的和显著的个性特征都能从自然语言中进行编码(John and Srivastava, 1999)。特质理论最早源于美国心理学家 Gordon Allport(1897—1967 年)的研究,Allport 是个性心理学的创始人之一,也是特质理论首创者。Allport(1927)提出特质和个性的概念,认为特质是个性的基本建构单位。在20世纪30年代,继 Baumgarten(1933)在德国研究工作之后,Allport 和 Odbert(1936)开展开创性的词汇法研究有关个性的术语,他们从未删节的英语字典中抽取了 18 000 个分离术语,层层筛选至 4500 个单词,将它们列表分类。这个列表的惊人规模,Allport(1937)称之为"似乎就像一个语义的噩梦"。Allport 和 Odbert(1936)识别了 4 个分类:个性特质;暂时的状态、心情和活动;对个人行为和声誉的高度评价性判断;身体素质、能力和天赋。

基于上述特质词汇法的研究,Allport(1937)出版了名著《个性:心理学的解释》,提出著名的个性定义,即个性是个体内部心理生理系统的动力组织,它决定了个体对环境独特的适应方式。定义中的"动力组织"指个性是不断变化的组织结构,这个动力组织需要身心系统的共同操作(Allport,1961)。首先,个性特质可以区分为共同特质和个人特质。共同特质是人们共同具有的特质,个人特质是与别人不同的、个人持有的独特特质。其次,个人特质依据其在个性结构中的位置和相互关系被分为 3 类:首要特质、中心特质和次要特质。例如,如果外向性是 A 的首要特质,它最能代表 A 的个性特点,处于主导地位,影响 A 行为的各个方面;如果外向性是 B 的中心特质,它是 B 个性的核心成分;如果外向性是 C 的次要特质,表示只是在特殊情境下偶然有外向的偏好。惯常使用中心特质来说明一个人的个性。此外,Allport 还提出 A 型性格和 B 型性格两种不同的个性类型。

2) Cattell 的特质理论

美国心理学 Raymond Cattell(1905—1998 年)最早将统计方法中的因素分析法应用于个性研究,正是因为研究方法的创新,使得他在识别个性特质方面取得令人瞩目的成果。因素分析法也成为 Cattell 研究的标签和理论特色。他发现两种主要的个性特质:表面特质和根源特质。表面特质是人们可以观察到的外显行为,它们由根源特质所决定,本质上形成特质的层次。而根源特质包括能力特质、气质特质、动力特质 3 类。能力特质与使个人运作的技巧与能力有关;气质特质则与个人的情绪及其行为特性有关;动力特质与个人的奋斗力量、动机、追求目标有关。由于 Allport 和 Odbert(1936)提出 4500 个特质,数量太多测量比较麻烦,为了符合早期的因素分析计算的最大数量要求,Cattell(1943)从 171 个术语中确定了 35 个特质。通过因素分析最终确定了 16 种个性根源特质(Cattell,1945),包括乐群性(A)、聪慧性(B)、稳定性(C)、持强性(E)、兴奋性(F)、有恒性(G)、敢为性(H)、敏感性(I)、怀疑性(L)、幻想性(M)、世故性(N)、忧虑性(O)、实验性(Q1)、独立性(Q2)、自律性(Q3)和紧张性(Q4)。后来,开发和编制了 16 种个性因素量表(16 personality factor questionnaire,简称 16PF),测量每个特质的得分。Cattell (1950)提出个性可以预测行为,定义个性是一个人在既定的环境中可以做什么。这 16 种特质是稳定而持久的行为源,通过权衡这些个性特质与情境的关系,可以预测个体在具体情景中的行为。

3) Eysenck 的特质理论

Eysenck 采用因素分析和实验心理学的方法研究个性。Eysenck(1947)认为个性是生命体实际表现出来的行为模式的总和。他出版了著作《人的个性结构》(1952),采用因素分析方法提出了个性的三维度:精神质(P)、外向性(E)、神经质(N),称为 PEN 系统。精神质维度也称倔强性,表现孤独、冷酷、怪异等消极的特征,如果程度明显就发展为行为异常;外向性维度是与社交能力有关;神经质维度体现情绪的稳定性。每个维度包括下属不同维度,这些维度可以预测人在很多不同情境下的行为。例如,Eysenck 的三维度特质中外向性由 4 层构成,包括类型层(外向性)、特质层(社交性、冲动性)、习惯反应层(在社交性特质下属的反应包括招待陌生人,对人微笑)和特定反应层(讲笑话,对我笑)。并且,Eysenck 不断开发个性量表测量个性维度,例如,Eysenck 个性问卷(Eysenck personality questionnaire,EPQ)。

4) 大五特质理论

个性五因素模型(five factor model,FFM)最早源于 Fiske(1949)、Norman(1963)等学者的研究,他们基于 Cattell 的 35 个特质变量通过实证研究识别出 5 个因素:经验的开放性(openness to experience or intellect)、责任性(conscientiousness)、外向性(extraversion)、随和性(agreebleness)、神经质(neuroticism)或情绪的稳定性(emotional stability)。这些因素结构最后就变成了"大五模型",它们是非常宽泛的变量,每个维度下都概括了大量的有区别的、特定的个性特征。由于五因素英文单词的首字母可以构成 OCEAN,因而也称为"个性海洋"。McCrae 和 Costa(1985)根据这个模型开发的大五个性问卷称为 NEO 个性问卷(NEO personality inventory, NEO PI)。这个问卷最先开发量表测量神经质、外向性和开放性 3 个特质,每个特质下包含 6 个方面。后来,增加了随和性和责任性,测量 5 个特质因素。按照每个特质下有6个方面,每个方面包括8个项目,这样就构建了30个方面、240项目的综合个性问卷,修订后的问卷称为NEO PI-R(McCrae and Costa,1989)。大五个性问卷的30个亚量表结构见表6.6。大五模型将个性结构描述为5个正交维度和普遍维度,在跨语言和跨文化的个性研究中获得大量的实证支持,目前是广泛接受的、最有影响力的模型之一。

表6.6 大五个性问卷(NEO PI-R)的亚量表结构(据张建新和周明洁,2006)

经验的开放性(O)	认真/责任性(C)	外向/内向性(E)	随和/宜人性(A)	情绪的稳定性(N)
想象丰富(O1)	自我效能(C1)	热情友好(E1)	信任他人(A1)	焦虑担心(N1)
审美感受(O2)	整洁条理(C2)	乐于群集(E2)	直率坦诚(A2)	易怒倾向(N2)
情感细腻(O3)	责任感(C3)	自信迫人(E3)	乐于助人(A3)	抑郁倾向(N3)
尝新试变(O4)	追求成就(C4)	快节奏(E4)	老好人(A4)	敏感害羞(N4)
富于思辩(O5)	恒心自律(C5)	寻求刺激(E5)	谦逊自嘲(A5)	冲动性(N5)
灵活变通(O6)	计划性(C6)	积极心态(E6)	仁慈同情(A6)	脆弱依赖(N6)

在大五模型的基础上通过不同文化及语言进行反复验证和扩展从而产生各种特质因素模型,出现了六因素、七因素、八因素模型等。Almagor等(1995)使用希伯来语提出大七模型,包括大五的5个因素,增加了正价(positive valence)和负价(negative valence)两个因素。Ashton和Lee(2004)建议增加一个因素诚实-谦逊(honesty-humility),构建六因素模型。大五模型一般使用特质描述形容词评价。de Raad和Barelds(2008)认为心理词汇法并未使用其所有潜力,于是他们不仅使用形容词,还有名词、动词、副词和其他组成特质描述术语的标准表达。最后产生了八因素模型,包括大五因素和3个新因素,增加了美德、能力和享乐主义(virtue、competence and hedonism)。

大五模型及其衍生的多因素模型共同特点是从大量描述人特质的词语中部分抽取比较少量的因素,究其原因有两个方面:一是与可列举的词汇沉积特征有关;二是在不可避免的层次或垂直性质的特质结构中(de Raad,2009)。对大五模型的评论和批评主要围绕在几个基本特质是否就能代表一个人的全部个性特征以及5个因素的正交性。从词汇法的视角,学者们质疑大五并不能完全获得个性的语言范围(如 Tellegen and Waller,1995)。

Goldberg(1981)指出,需要对具有化学元素周期表功能的个人特质进行系统分类。诸多研究使用词汇法和因素分析法对大五模型进行拓展和分类研究。有些广泛的分类系统研究使用特质描述形容词(trait descriptive adjectives,TDA)来评估大五模型。其中一种研究是将广泛的分类结果提炼成几个已发表的形容词列表。在对形容词锚定的双级评分量表的研究中,使用相同的量表发现一种透明的格式可以产生因素标记比传统格式更加明确(Goldberg,1990,1992)。使用透明格式组成一个50项的测量工具,每个因素测量呈现10个双极形容词量表(例如,安静的-健谈的),从而使被测量的结构中参与因素是透明的。另一种形容词测量大五模型的研究是环状模型,其特征是特质在二维因素空间中的角度分布。简单的结构概念基于两个因素负载就可以组成大量的大五特质变量。在二维系统中,特质变量可以使用成对的负荷作为坐标值来进行环状排列。Wiggins(1982)基于大五模型因素Ⅰ和Ⅱ形成了人际行为环状模型（circumplex models of interpersonal behavior），根据支配和培养（dominance and nurturance）两个特质（对应大五模型因素中的外向性和随和性）构成的坐标形成一个圆形排列。Peabody 和 Goldberg（1989）的环状模型是基于因素Ⅰ、Ⅱ和Ⅲ 3 个特质由两个相互连接的圆形结构组成。Saucier（1991）研究也将大五模型的 3 个因素形成环状。显然，学者探索将大五模型和环状模型放在一个共同的框架中。这种研究简单结构和环状模型及其集成，即所谓的 AB5C（big five dimensional circumplex）模型（Hofstee and de Raad，1991）。传统的环状模型只将二三个大五模型因素进行分类构成环状是不完整的，应该通过大五模型的剩余维度进行扩展。而且，这些环状模型将环绕平面划分为片段，通常是 45°的 8 个片段（八分体）（Wiggins and Broughton，1991）。由于这种模式不仅很难想象，而且也不经济，因此，有必要将 5 个因素和环状模型整合成五维的环状。

Hofstee 等（1992）为了整合个性五维简单结构和环状模型，建立了个性特质节略的大五维度环状（abridged big five dimensional circumplex（AB5C）分类系统，组成 10 个两维的圆形，它们是以所有可能的大五模型因素对作为坐标而产生的。这个节略的 AB5C 模型将环状平面划分为 30°的 12 分区。这个模型将大五维度的各个方面绘制成为两个因素混合的圆形。每个圆形为 4 个因素的极点提供片段，此外，每个极点与另一个因素的两个极点进行混合。应用 540 个个性特质形容词的 636 个自我评价和同伴评价，在 45 个可能的双极方面得到 34 个定义明确的特质。AB5C 分类系统与 Costa 和 McCrae（1985）以及 Goldberg（1990）的分类是有区别的，这些学者使用了分层方法，而 AB5C 分类系统使用了与行和列条目相同概念的矩阵设计。矩阵方法的优点是更加严格和简洁，然而，存在的缺点是在片段中的术语可能在语义上是异质的。学者们开发了 AB5C 国际个性项目库（the international personality item pool AB5C，IPIP-AB5C）（Goldberg，1999）以及短板的 IPIP-AB5C（Bucher and Samuel，2017）。

5）两维结构特质理论

从特质因素结构视角，虽然大五模型的 5 个因素是正交的，构成了个性特征组织的最高层次（Goldberg，1993），但是 5 个因素相关研究发现存在高阶因素。Digman（1997）基于大五相关性测量的 14 项研究，发现大五因素量表可以纳入两个高阶结构：Alpha 和 Beta（即 α 和 β），他提议这两个正交维度与 Bakan（1966）所提出的共生性（communion）和能动性（agency）的概念并列，即 Alpha 与共生性对应，Beta 与能动性对应。在人类生活中关于能动性和共生性两个基本类型的观点最早源于古代哲学思想。Bakan（1966）的贡献是向心理学引入了能动性和共生性两个术语，并将其描述为人类存在的基本模式。关于 communion 一词的中文翻译是不一致的，出现交流性、亲和性、社交性等概念。潘哲和郭永玉（2017）通过探源研究将 communion 一词翻译为"共生"更加合适。在这个两维结构中，Alpha/共生性是与随和性、责任心和情绪稳定性有关，解释社会适应的因素；Beta/能动性是与外向性和智力相关，解释个人成长的因素。共生性和能动性这两个基本维度普遍存在于对自我、其他人和社会群体的知觉。诸多学者对这个两个抽象高阶维度所包含的内容的认知比较相似。能动性的内容是指目标的实现和任务功能，例如，能力、自信、果断；共生性的内容涉及人际关系的维护和社会功能，例如，帮助、仁慈、可信（Abele and Wojciszke，2014）。de Young 等（2002）也提出两个高阶个性因素：Alpha/稳定性（stability）和 Beta/可塑性（plasticity）。稳定性涉及情绪领域（情绪的稳定性)、动机领域(责任心)和社会行为领域(随和性)的稳定性。可塑性反映了行为(外向性)和认知(智力/开放)的可塑性,以及与探索和自愿参与(行为和认知)新体验的倾向相关的灵活性。这样大五模型可以整合为两维结构的框架,说明在个性特质中存在着高阶个性因素。

随后,共生性和能动性作为人类生存的两个基本形式,广泛适应于社会生活,逐渐成为融合特质、动机、价值观等个性领域研究的重要两个维度。在社会学、心理学等不同领域的类似研究中提出与 Alpha/共生性和 Beta/能动性两个维度相似的标签对,例如,道德和活力(Morality et al, 2005),美德和活力(Virtue et al, 2008),Alpha /关系和 Beta/活力(Affiliation et al, 2014, 2018),社会自我调节和活力(Social Self-Regulation and Dynamism, Saucier et al, 2014)等。标签上的差异可能部分是语义密度不同的结果(de Raad et al, 2018)。通过跨语言、跨文化研究结果显示,大多数两维特质结构与 Digman(1997)的 Alpha 和 Beta 两个高阶因素结构比较一致。例如,稳定性、道德、美德、关系、社会自我调节归为第一个因素 Alpha/共生性,可塑性、活力则属于第二个因素 Beta/能动性。这些两维因素结构被学者称为大二模型(Big Two Model)(de Young et al, 2002; Saucier, 2008; Saucier et al, 2014)。实际上,这些两维结构将特质语义归纳为两个集群,并将大五模型因素划分为两个更抽象或更高阶的因素,也称为元特质(metatraits)。学者采用多特质多方法(MTMM)去验证大五因素的高阶特质。Saucier(2009)在跨语言研究中发现大二模型的方式似乎比大五模型的方式更加强劲。

这种新兴的两维结构表明有两种基本的、相对独立的方式,使人们在个性特质方面彼此不同(de Raad et al, 2018)。欧洲学者 de Raad 和 Barelds(2008)提出一个新的分类系统,使用美德(virtue)和活力(dynamism)两个因素通过同分异构化程序对2331个变量进行分析,最后获得少量选择的特质描述术语沿着圆的周长排列形成了一个圆圈。关于美德和活力双因素正交方法形成的环状图详见图 6.5。使用环状表示的优点是彼此相对的特质变量的位置显得一清二楚。从图中可见,美德组相对的集群一方是由"善良"(kind-hearted)和"温和"(mild)旋转,另一方则由"寻求冲突"(seeks conflict)和"急躁"(hotheaded)旋转。活力组相对的集群一方是由"精力充沛"(energetic)和"率直"(direct)旋转,另一方则由"拘谨"(inhibited)和"害怕"(fearful)旋转。此外,在圆圈上形容词特质的含义是接近于它们邻居的特质,并且它们在代表这两个主要维度的程度上有所不同。这个圆圈可以看作时钟,从"率直"(12 点)到"喜欢聚会"(12 点过 7 分)表示活力属性的特质减少,并获得了代表与美德相对的特征。因此,每个特质集群是两个形容词簇的混合物("精力充沛"到"愉快"和"寻欢作乐"到"寻求冲突")。最后,如果每个特质或特质集群要找到其在语义上和心理上相对的特质就要在圆圈上旋转 180°。

最近,de Raad 等(2018)在来自 11 种语言或文化的特质分类系统中研究了特质的两维结构或大二模型。采用欧洲、亚洲等不同国家 7104 名参与者对 4642 个特质变量进行了评分。他们研究了探索性的双因素结果,层次结构使用二因素和五因素,二阶结构采用五因素,以及验证性分析。此外,他们对联合数据集进行了相同的分析(使用同时成分分析),最初由 4642 个特质变量组成,但在共同特质项的基础上减少到 922 项。这两个因素在单独的数据集中很容

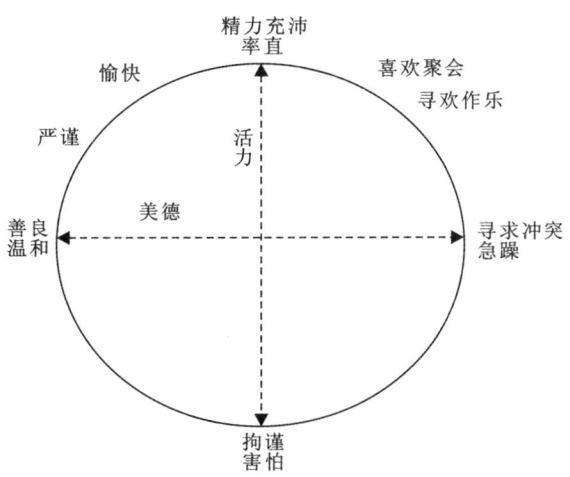

图 6.5 双因素方法的环状表示简图(修改自 de Raad and Barelds, 2008)

易识别出来,尽管这些数据集是一样的却与大五因素的关系并不一致。为了更清楚地理解定义这两个特质成分的大五起源以及二维的多面结构,他们使用了 5 个成分的结果。图 6.6 展现了两个成分的同时成分分析(simultaneous components analysis,SCA)环状图。这个二维的环型是根据 Alpha/关系(affiliation)和 Beta/活力(dynamism)两个成分的负载对作为坐标值,并放置在从原点的单位长度上。每个特质都有一个负载最高的大五成分的字母代码,大写字母 E、A、C、E、S 和 I 分别代表外向性、随和性、责任心、情绪稳定性和智力,加号和减号表示正极和负极。片段Ⅱ+Ⅰ-,Ⅱ+,Ⅱ+Ⅰ+及其相对立的部分共 6 个片段(图 6.6),主要代表 Beta/活力或能动性,具体特质包括外向性,还有智力和一些责任心。片段Ⅰ+Ⅱ+,Ⅰ+,Ⅰ+Ⅱ-及其相对立的部分共 6 个片段,主要代表 Alpha/关系或共生性,具体特质包括随和性、责任心和一些情绪稳定性。这样环状图就显示 12 个不同片段,每个因素包括 6 个片段,每个片段清楚地体现了特定大五因素的组合特征。其中相邻的片段在意义上最接近,相反的片段则代表相反的意义。研究结果表明联合数据集的分析清楚地支持了双因素模型,Alpha/关系和 Beta/活力这两个层次进一步证实了 Digman(1997)的层次。

为了解决大五模型在词汇法和问卷调查等方面的问题,Strus 等(2014)根据大五模型提出一个综合的个性模型:个性元特质的环状模型(circumplex of personality metatraits,CPM),详见图 6.7。在这个模型中除了 Alpha 和 Beta 两个正交维度外,还增加了 Gamma 和 Delta 两个元特质。在 CPM 模型中,Gamma 解释个性的一般特质,标签为整合(integration),即整合了个性的所有功能品质。Delta 是预测缺失的元特质,是一种高稳定性和低可塑性相结合的特质,称之为自我约束(self-restraint)。Gamma 和 Delta 与 Becker(1998,1999)模型中的两个基本高阶因素一致。Gamma 与心理健康有关,Delta 与行为控制有关。从图 6.7 可见,N、E、O、A、C 分别代表大五因素,加号和减号表示正极和负极。在 CPM 中有 4 个双极元特质或 8 个单极八分体。这 8 个八分体分别代表大五特质的 8 种结构。①Alpha+(稳定性):在情感、动机和社会功能方面的稳定性;②Alpha-(去抑制):高水平的反社会倾向;③Beta+(可塑性):包含认知和行为的开放及探索倾向;④Beta-(被动性):人际关系的顺从,

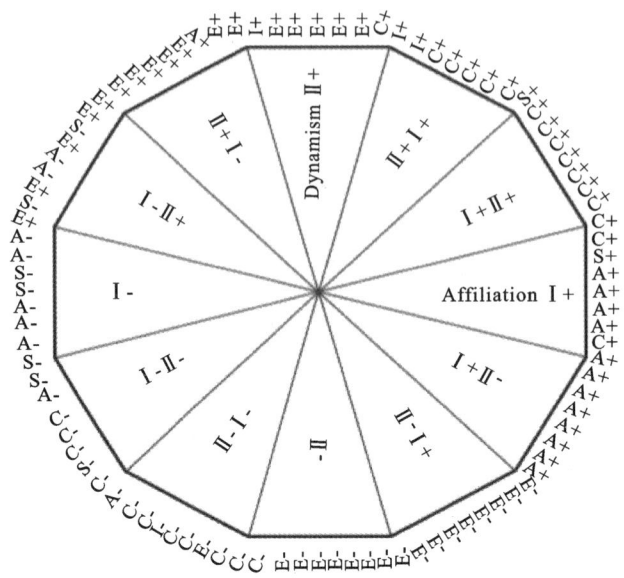

图 6.6 两个成分的同时成分分析环状图（修改自 de Raad et al, 2018）

认知和行为的被动性；⑤Gamma＋（整合）：形成了所有大五因素的最佳配置；⑥Gamma－（不和谐）：代表个性特质最不适应的组合；⑦Delta＋（自我约束）：表现高行为控制，是一种调整自我的倾向；⑧Delta－（感觉寻求）：比较冲动易变，寻求刺激，爱挑衅。CPM 模型作为一个理论模型，为广泛的个性、气质、情绪、动机模型以及个性的特质和类型理论的集成提供了基础，但还需要实证研究验证其合理性。

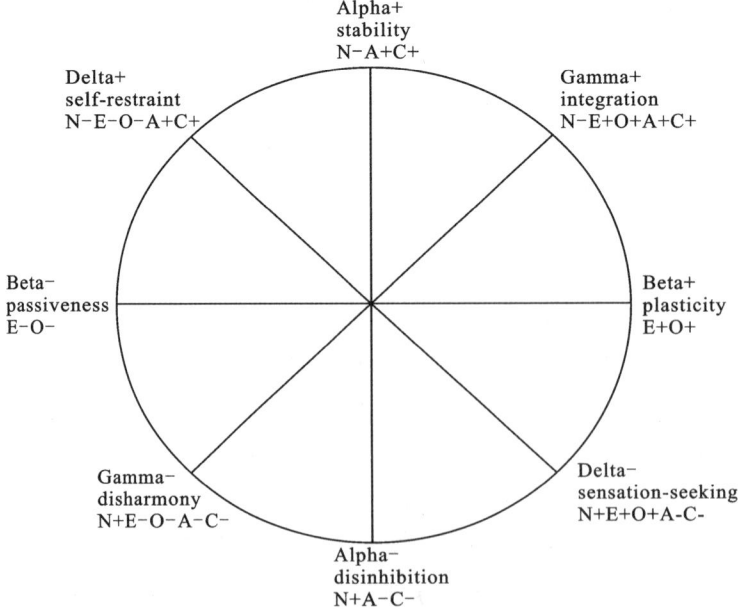

图 6.7 个性元特质的环形图（据 Strus et al, 2014）

6）一般因素理论

受到一般(general)智力因素或 g 因素的启发,Webb(1915)建议识别一个一般个性因素作为所有个人品质的总和,没有明显的智力。Hofstee(2001)首先提出一个单一的基本因素：p 因素,与广泛的社会期望特质有关。Musek(2007)引入了个性的一般因素(general factor of personality,GFP)的概念,反映了最一般的、非认知的个性基本维度,区分为正极和负极。对应于大五模型和大二模型,这个一般个性因素结构也称为大一模型。在实证研究中,学者们将大量的特质因素分析中第一个非旋转的因素提取为一般因素,例如,评价(evaluation et al,2001;Saucier et al,2005)、社会认可的品质(socially desirable qualities,Saucier,2008)、道德(morality,de Raad and Barelds,2008)等。这个一般因素通常与宽泛的社会性特质相关,在跨文化的研究中具有较高的一致性。

国外个性特质理论产生了丰硕的研究成果,主要贡献是采用多种方式识别一系列主要特质因素(表6.5),开发个性特质模型和有效的测量工具,解释在不同情境中人的特质对行为的一致性和稳定性的影响。尽管采用特质的数量和名称不同,显然这些特质有很多共同点,表面上看还是存在交叠的,比如,Cattell、Eysenck 的特质分类和大五因素有交集(如外向性、神经质等)。Costa 等(2019)通过实证研究比较16PF(第五版)、Eysenck 个性分析(Eysenck personality profiler,EPP)和 NEO PI-R 共3个量表的结构,显示它们在低水平的具体特质上有较高的相关性。虽然,他们强调个性特质是生物遗传和环境相互作用的产物,特质具有稳定持久性和变化性,但是,这些特质的本质仍然是难以捉摸的。实际上,这些特质理论所抽取的典型特质都有共同的源头,即基于词汇方法,从描述人特征的成千上万的术语中逐步沉淀,最后通过筛选和因素分析等心理测量方法抽取了少量的特质因素。尽管特质模型大多数是有层次和结构的,并在不同的文化和语言中验证,然而,主要的弊端是源于心理词汇法和不同的分类系统。在跨文化研究中发现在个性结构上存在着文化的共同性(etic)和特殊性(emic)。共同性的方式是将在一种文化中(通常是西方)开发的个性问卷转换成其他的文化；特殊性的方式是从文化自己的词汇法开始,寻求建立各自相似的个性结构(Deary,2009)。特殊性的研究导致为了实现大五模型普遍性所做的努力已经被过度扩展了(Peabody and De Raad,2002)。像中国人个性的六因素模型识别了一个新因素——人际关系,这是源于中国文化传统的特殊因素。

特质论识别人的主要特质,其中包含着动机成分和动机特质,由此可见,某些个性特质具有动机的属性。Cattell(1943)提出根源特质包括能力特质、气质特质、动力特质3类。动力特质是与个人的奋斗力量、动机、追求目标有关。在两维结构特质理论中,Bacan(1966)提出共生性和能动性两种人类生存的基本形式。Digman(1997)将大五因素归纳为两个正交的高阶结构：Alpha 和 Beta,分别与共生性和能动性相对应。随后,在社会学、心理学等不同领域的类似研究中提出很多与 Alpha/共生性和 Beta/能动性两个维度相似的标签对。例如,稳定性和可塑性,其中稳定性涉及情绪、动机和社会行为领域的稳定性,而责任心就属于动机特质。在工作领域普遍认为责任心是最重要的动机特质变量。

共生性和能动性这两个维度不仅体现高阶的个性特质,也反映了重要的社会动机,即共生动机和能动动机。能动动机主要指个体追求超越他人的成就与地位、支配与影响他人以及强调自己与他人区别的动机;而共生动机则主要指个体追求照顾养育他人、与他人合作分享以及与他人产生联系的动机(Locke,2015)。这两类抽象的动机与许多动机理论中需要分类有关联,例如,McClelland(1953)提出权力、成就、归属3种重要需要,权力和成就需要属于能动动机,归属需要属于共生动机。McClelland还研究了高成就需要的人具有3个个性特征:具有个人责任、要求获得工作反馈和设定挑战性的目标。

2. 中国的个性特质理论

中国关于个性特质系统的研究起步比较晚。在研究上存在两种取向:一是研究古代中国人个性结构。例如,杨波(2005)提出古代中国人人格维度由仁、智、勇、隐4个因素组成;张国英(2018)研究五行人格,获得中国人的人格包括达观性、积极性、包容性、得体性和合群性5个维度。二是研究现代中国人个性结构。最初,受到西方个性特质理论的影响,中国学者纷纷引入和借鉴相关个性测量量表,开展中国人个性特征的研究。当完全使用西方的个性量表时,发现中国人和西方人的个性结构存在显著差异。例如,根据中国被试使用NEO PI-R(McCrae and Costa,1989)和EPQ-KS(Eysenck et al,1996)的测量结果表明,这两种个性量表的最佳结构都是七因素。因此,中国学者以最有影响力的大五模型为基础,探索和开发本土化的个性测量工具,提出中国人个性结构模型。其中,比较有代表性的研究是中国人个性的四因素模型、大七模型和六因素模型。

1)中国人个性的四因素模型

虽然,大五模型在跨文化跨语言研究中具有较高的一致性,但是中国学者研究分析五因素并不能完全涵盖中国人的个性特征。于是,由香港中文大学的张妙清、梁觉以及中国科学院心理学研究所的宋维真等(1993,1996)联合编制了中国人个性测量表(Chinese personality assessment invenrory,CPAI)。CPAI量表包括四因素以及22个分量表,四因素分别是可靠性(dependability)、中国人的传统性格(Chinese tradition)、社会权利(social potency)和个人主义(individualism)。因此,CPAI量表测量的是可靠性、传统性、领导性和独立性四因素模型。表6.7呈现了CPAI的四因素及其22个分量表。从表6.7可见,在四因素中的因素二——中国人的传统性格是独具中国文化特色的民族性格,尤其是人情、面子、和谐性,还有因素四中的阿Q精神等。将CPAI量表与大五模型比较发现有一些因素具有相似性,例如,因素一可靠性与大五中N、E、C、A因素比较近似,领导性和独立性与C因素有关联。然而,在CPAI中没有大五模型中的O因素(开放的经验)。后来,又修订了第二版量表为CPAI-2,在原有的本土化量表的基础上,除了测量人际关系性特质之外,还针对"开放性盲点",又增加了本土化开放性量表,用以测量中国人的开放性个性特质(Cheung et al,2001)。CPAI-2是一套本土化的个性量表,涵盖中国文化的独特性和大多数文化共同性的维度(张妙清,2004)。此外,张妙清等(2008)还开发了跨文化(中国人)个性测量表-青少年版(cross-cultural[Chinese]personality assessment inventory-adolescent,CPAI-A)。

表 6.7 CPAI 的四因素及其 22 个分量表（据 Cheung et al, 2001）

因素	分量
因素一：可靠性	务实性（PRA）、情绪性（EMO）、责任感（RES）、自卑-自信（I-S）、宽容-刻薄（G-M）、老实-圆滑（V-S）、乐观-悲观（O-P）、严谨性（MET）、外内控制点（E-I）、亲情（FAM）
因素二：中国人的传统性格	人情（REN）、和谐性（HAR）、灵活性（FLE）、现代化（MOD）、面子（FAC）、节俭-奢侈（T-E）
因素三：社会权利	内向-外向（I-E）、领道性（LEA）、冒险性（ADV）
因素四：个人主义	自我-他人取向（S-S）、理智-情感（L-A）、阿Q精神（DEF）

2）中国人人格的大七模型

根据西方学者采用词汇法建立大五人格模型的程序，确定中国人人格结构由 7 个维度构成，包括外向性、善良、行事风格、才干、情绪性、人际关系、处世态度。这 7 个维度通过验证确定为中国人人格的大七模型。由此，学者开发了中国人人格量表（qingnian zhongguo personality scale，QZPS），该量表由 7 个维度和 18 个次级小因素构成（表 6.8）。QZPS 所有项目都来源于本土的文化。通过 CPAI 与 QZPS 的交互验证研究表明，两个量表项目的合并因素分析支持了中国人人格结构的七因素模型。

表 6.8 QZPS 各个因素的名称及其所含项目数

大因素	小因素		
	1	2	3
因素 1：外向性（36）	活跃（15）	合群（12）	乐观（9） 重感情（8） 沉稳（4） 机敏（6）
因素 2：善良（31）	利他（17）	诚信（6）	
因素 3：行事风格（29）	严谨（14）	自制（11）	
因素 4：才干（26）	决断（11）	坚韧（9）	
因素 5：情绪性（23）	耐性（15）	爽直（8）	
因素 6：人际关系（20）	宽和（13）	热情（7）	
因素 7：处世态度（15）	自信（9）	淡泊（6）	

此外，通过比较研究中国人的 QZPS 与西方的大五模型，发现无论在因素的数量还是因素的内涵上都存在显著差异。如图 6.8 中西方人格结构对应关系示意图所示，区域 I 是中国人人格结构的独特部分，区域 III 是西方人人格结构的独特部分，然而中间交叠的深色部分区域 II 是中西方人格结构的共同部分。这样进一步证实中国人和西方人在个性结构上存在着文化的共同性（etic）和特殊性（emic）。

3）中国人个性的六因素模型

张建新和周明洁（2006）回顾 20 年来中国人个性测量表 CPAI 的研究，根据 CPAI 与

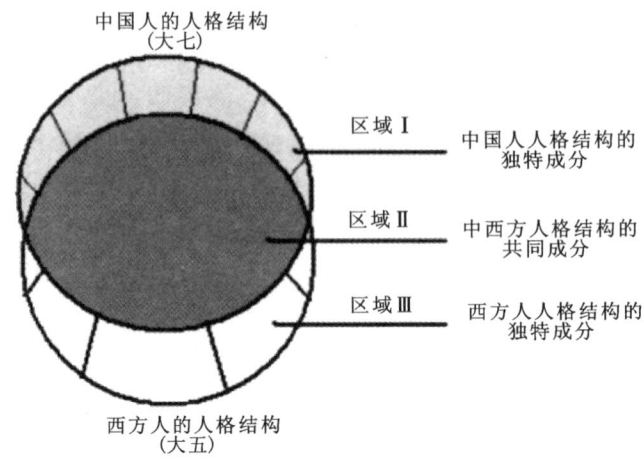

图 6.8 中西方人格结构对应关系示意图

NEO PI 量表联合因素分析结果,提出六因素假说或六因素模型(six factors model,SFM)。六因素包括情绪稳定性、认真-责任性、宜人性、外向-内向性、开放性、人际关系。并且,通过比较中国人和美国人样本在"六因素"结构中的"人际关系性(IR)"和"开放性(O)"因素上的显性/隐性表现,指出在西方文化中开放性是显性特质,人际关系性是隐性特质;相反,在中国文化中难以捕捉到开放性,可能开放性是隐性特质,而人际关系性则是显性特质。

四、个性的人本主义理论

人本主义理论重视人内在的本性、尊严、价值、创造力和自我实现,把人的本性的自我实现归结为潜能的发挥,而潜能是一种类似本能的性质。人本主义心理学产生于 20 世纪 50—60 年代,倡导从人的本性和价值来研究人的心理,重视人的成长、发展和自我实现,掀起以人为本的心理学革命。因此,人本主义心理学成为继行为主义心理学和精神分析心理学之后的第三种力量或第三思潮。主要代表人物是 Abraham Maslow 和 Carl Rogers 提出需要层次理论,Rogers 创立个性的自我理论,他们构建的重要个性理论是自我实现论。Seligman 最早倡导积极心理学,被誉为"积极心理学运动之父"。Seligman 和 Csikszentmihalyi(2000)提出积极心理学,重视研究人的积极主观体验和积极特征。积极心理学运动植根于人本主义心理学家的著作。表 6.9 描述了个性的人本主义理论的主要观点和概念以及有贡献的著名学者。

表 6.9 个性的人本主义理论的主要观点

主要观点和贡献者	主要概念
重视人内在的本性、价值、潜能、创造力和自我实现等积极心理机能对个性的作用。例如,Maslow、Rogers、Seligman、Csikszentmihalyi 等	自我实现,创造力,灵性,需要层次,高峰体验,自我理论,无条件积极关怀,接受,移情,真实自我,心流,积极心理学

1. 需要层次理论

美国心理学家 Abraham Maslow(1908—1970 年)是人本主义心理学的创始人。Maslow

(1943)发表论文《人类动机论》,提出著名的需要层次理论,认为人的基本需要包括生理需要、安全需要、社交需要、尊重需要和自我实现需要。这5种基本需要是有层次的,由低至高逐层满足和发展,其中最低层次的需要是生理需要,最高层次的需要是自我实现(self-actualization)。需要层次论、自我实现论和高峰体验论3个理论是Maslow人本主义心理学的重要组成部分。他曾指出一位音乐家必须作曲、一位画家必须绘画、一位诗人必须写诗,否则他们就无法安静。人们都需要充分利用自己的天赋、能力和潜力,尽其所能使自己变得更加完美,实现丰满的人性,这一需要就称为自我实现需要。具有强烈自我实现需要的人就是自我实现人,即所谓最理想的人。

需要层次理论不仅是动机理论,而且还是个性理论,尤其是自我实现论是其个性理论的核心。Maslow(1954)出版著作《动机与个性》,此书的名称就将动机与个性关联,揭示人的基本需要满足发展规律和自我实现人的个性特征。Maslow通过人物研究和调查提出自我实现人的15种个性心理特征:①对现实采取客观态度;②对自我、他人和自然的接受;③自发、天真和单纯;④注意自身以外的问题,能献身于事业;⑤有超然于世的品质并爱独处;⑥有较强的自主性及独立于文化和环境的倾向;⑦欣赏自己的生活经验而不形成习惯;⑧比一般人有频繁的高峰体验;⑨关心社会,对他人具有真诚的感情;⑩仅与极少数人产生深厚的友谊;⑪民主的性格结构和价值倾向;⑫强烈的道德价值观念和审美感;⑬富有哲理性的幽默;⑭富有创造性;⑮对文化适应的对抗。然而,Maslow认为真正能够达到这些标准的人是极少的。那意味着真正实现自我实现需要的人也是极少的,大多数人可能只是在追求尊重和社交需要上发展和成长。

Maslow(1965)出版著作《宗教、价值观和高峰体验》,在"核心宗教性"或"超越的体验"中,从宗教启示首次提出高峰体验。当一个人的心理状态充分满足自我实现需要时,才出现短暂的高峰经验,这是在执行或完成一件事情时深刻体验到的感觉。通常艺术家们在表演和创作中所感受到的一种"忘我"的体验,甚至感受不到时间的消逝。高峰体验是指一种短暂的令人入迷、出神入化的幸福和愉快时刻,人们能感受到敬畏、奇妙、超越与神圣感。这种体验是一种"目的体验"或"存在体验"。几乎所有的人具有或能够具有高峰体验,因为它是自然产生的,普遍存在于生活中。但是自我实现人往往比其他人有更频繁的高峰体验。Maslow认为只有在生活中经常产生高峰体验,才能顺利地达到自我实现。高峰体验理论不仅对积极心理学中心流理论产生影响,而且对文学、艺术、美学、宗教等领域产生广泛的启示。

2.个性的自我理论

美国心理学家Carl Rogers(1902—1987年)主要从事咨询和心理治疗的实践和研究,首创了著名的"以患者为中心"的心理治疗法,并且在心理治疗实践的基础上发展了个性的自我理论(self-theory),提出"以学生为中心"教育观。Rogers的个性理论产生于20世纪50年代,他出版了《患者中心治疗:它的实践、含义和理论》(1951)、《治疗、人格及人际关系的理论》(1959)等著作,系统阐述了个性的自我理论。Rogers的至理名言:"好的人生是一种过程,而不是一种状态;它是一个方向,而不是终点。"他认为人类有一种天生的自我实现动机,它是一个人最大限度地实现自身各种潜能的趋向。在这种实现趋向的驱使下人们不断成长和发展,最终导致自我和自我概念的发展、扩充和实现。Rogers 的自我理论基于现象学的观点,认为每个人知觉到不同的外在和内在现象世界。自我是一个人现象场的重要组成部分。自我概念就是个体与周围环境的互动过程中形成的,关于自己的知识、评价、调整的整个系统(Rogers,1957)。自我概念可以区分为真实自我和理想自我。当人们接受现实的自己时,就意味着人在发生变化。自我概念是个性形成和发展的重要基础,对人的行为产生极大影响。

Rogers(1957)指出人们随着自我发展而产生了一种积极关怀的需要,反映了被爱、被尊重和被接受的欲望。人们需要无条件积极关怀(unconditional positive regard)来接受其个性中的所有方面,促进自我实现。如果人们获得别人无条件积极关怀,将发展更加现实的自我概念。因为在这种条件下,儿童不需要去隐藏可能会引起爱被撤销的那部分自我,可以自由地体验全部的自我(包括错误和弱点)。但是如果反应是有条件的,儿童学会了抛弃自己的真实感情和愿望,而只是接受父母赞许的那部分自我(不包括错误和弱点),这样就不可能得到全部的自我实现,就会导致焦虑。这种焦虑是人们的经验与自我概念之间不一致所致。为了应对焦虑,人们最普遍采用扭曲的方式进行心理防御。这样就削弱了自我实现能力,使人们的个性发展不完善和不健全。Rogers 提出自我实现的倾向是要让人变得更加特异化、更加独立和具有社会责任感,成为"机能完善的人"。这样的人会开放地接受和应用所获得的生活经验,采取存在主义的生活方式,自由的体验、选择和取舍,具有高度的创造力。

在 20 世纪 60 年代,Rogers 的以患者为中心的心理治疗法得到广泛推广。在心理治疗中,他特别重视营造一个"促进成长的气氛",对治疗师提出 3 个要求:保持真诚一致的态度,对来访者的无条件积极关怀以及移情。因为,人为地创造一种理想的无条件积极尊重气氛,使来访者修复其被歪曲与受损伤的自我实现潜力,改变自我不协调的因素,促进他们的自我实现和自我完善。无条件积极关怀就是接纳和尊重对方,不以评价的态度和依据对方的言行举止来对待对方。无条件积极关注的方法就是找到人们真正的自我,使自我结构与经验协调一致。

3. 自成目的个性理论

在积极心理学中,浓厚的学术兴趣集中于人的积极主观体验研究,包括积极情绪、心流、幸福、心理资本等。Csikszentmihalyi(1975)所提出的心流理论受到人本主义心理学家的影响,尤其是高峰体验。他将心流体验视为自成目的体验,这是使人获得高度满足感和享受感的"最佳体验"。心流既是一种暂时的心理状态,也是一种特质。心流结构包括 9 个因素,自成目的是其中的因素之一。在心流研究中发现人们在报告心流频率上差异很大,并且在心流体验的品质上也有区别。Csikszentmihalyi(1975,2000)认识到可能存在一种自成目的的个性,个人倾向于享受生活或通常为自己而做事,而不是为了实现后来的一些外部目标。自成目的的个性是 4 种心流操作之一,属于心流特质。可见,自成目的的个性特征可能影响个体心流体验的频率和品质的差异。自成目的的个性涉及一系列意向的属性,在生活领域可以促进人们的心流体验。自成目的的个性体现几个核心元技能或能力,可以使个人能够进入心流并停留在其中。

自成目的的个性研究提出了两个理论模型:元技能模型(metaskills model)和接受主动模型

(receptive-active model)。Nakamura 和 Csikszentmihalyi(2002)通过文献回顾提出一个自成目的的个性的元技能模型,归纳自成目的的个性特征包括对生活的好奇心和兴趣、持久性、低的自我中心、内在动机 4 个方面的元技能。正因为这几个核心元技能使个体能够持续体验心流。另一个自成目的的个性模型是接受主动模型(Csikszentmihalyi et al,1993;Baumann,2012)。Csikszentmihalyi 等(1993)将自成目的的个性定义为接受和主动品质的结合。这些品质将共同解释自成目的的个体对新挑战的开放程度,并坚持高挑战活动。接受主动模型认为自成目的的个性的特征是体现个体开放注意力寻求挑战的能力和缩小注意力主宰挑战的能力(Nakamura et al,2019)。接受和主动品质分别使用 Jackson 的感知和理解以及成就和持久因素来测量(Jackson,1984)。

自成目的的个性测量主要采用心流研究的几种测量方法。早期自成目的的个性主要操作是测量生活中心流的频率。意向心流量表-2 测量心流作为一般特质或者特定领域的特质,它是测量心流的频率,通常也用来作为自成目的的个性的指标。在经验抽样法中,最广泛使用的测量一般倾向的心流一直是在心流中花费的时间(Adlai-Gail,1994;Hektner,1996)。其他研究将自成目的的个性操作为在高挑战高技能情境中的内在动机。随后,有学者采用投射测验法创造了一个自成目的的个性操作动机测验(Baumann and Scheffer,2010)。最近,Tse 等(2018)开发了一个有 26 个项目的自成目的的个性问卷(autotelic personality questionnaire,APQ),该问卷可以在元技能模型和接受主动模型中直接测量意向属性。

基于人本主义理论的观点,人在满足不同层次的需要和愿望时,不断追求价值和目标,促进人的自我实现和自我超越,成为理想的自我实现人和机能完善的人。人们在需要满足、动机激发和目标奋斗过程中塑造和完善着人的个性。在积极心理学中,心流体验是一种内在动机的、自成目的的体验。研究发现人们在心流体验产生的频率和时间上的差异受到自成目的的个性的影响。这说明个性特征对动机性行为的持久性、强度产生积极作用。

五、个性的社会认知理论

个性的社会认知理论关注人的思想、感受、期望、价值等认知因素对个性的影响。研究逐渐表明个性特质不仅可以预测社会行为,而且可以测量核心的社会心理结构,例如,自我效能、评价社会自我和描述社会互动(Matthews et al,2003)。很多个性理论都强调正常个性的一致性,将个体有机体看作是一个有组织的和复杂结构的整体。尽管个性特质的生物理论在个性心理学中取得较大贡献,然而它们的局限是很难预测和界定个性的行为表现。

Matthews 和 Gilliland(1999)认为,认知结构可能比生物结构更适合解释人的大部分行为。随着认知科学的发展,社会认知理论提供了有价值的策略构建个性一致性的解释模型。Matthews(2000)评判了个性特质生物解释的局限性,建立了个性理论的认知科学框架,为理解和区别各种表现的个性特质提供了多维度的解释层次及重要的理论基础。Matthews 基于前人的理论指出认知现象可以体现 3 种互补的解释类型或解释层次。①生物层次:涉及神经硬件支持处理加工,包括支持计算的物理系统说明,即神经元和电化学性质。正如生物的个性理论指出个体表现差异可能反应在大脑功能的变化(Corr,2004)。生物层次的解释主要体现个性的认知神经科学的研究,运用大脑生物硬件和认知软件来解释个性的变化。②符号层次或认知结构层次:符号层次是由 Pylyshyn(1999)描述的,涉及计算操作处理加工,包括计算操作、数据表示和实时处理支持的说明。在这种认知结构的参数中个体差异可能使个性对表现产生中介影响。③语义层次或知识层次:是其他任意处理代码的个人含义,包括根据个人目标、意图和自我信念适应环境的说明。这个层次解释个性的意图和动机基础以及目标实现的策略。人的自我意识和身份认同可能由稳定的认知支撑支持,这些支撑组织了关键的自我信念,如自我图式(Matthews et al,2000)。很容易发现个性特质与知识层次的结构有关,包括自我信念、评价和应对能力。知识层次的解释要理解认知、动机和情绪之间的关系。例如,Bandura 的社会认知理论,关注自我效能、社会学习和三元交互决定理论。由此可见,理解认知和个性之间的关系可以采用多层次的解释。如图 6.9 所示(Matthews,2008),在知识层次、认知结构层次和生物层次之间提供了界面进行整合解释,包括策略、联结机制和自然选择。由于个性特质的结构比较复杂,在认知科学中对个性特质可能需要运用两三个层次来综合解释,通过多层次的解释来理解个性的认知相关性。

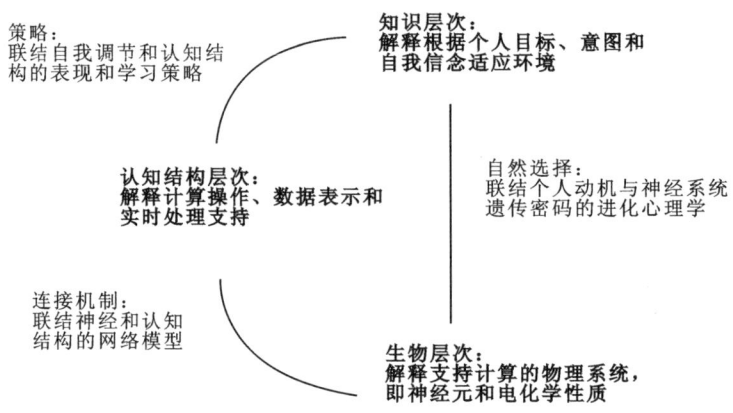

图 6.9　从认知科学中获得个性研究的解释层次(据 Matthews,2008)

表 6.10 描述了个性的社会认知理论的主要观点和概念以及有贡献的著名学者。在个性的社会认知理论中,比较著名的理论有 Bandura(1977)的社会认知理论、Mischel(1995)的认知-情感处理理论、Matthews(1999)的认知-适应理论、Cervone(2004)的知识和评价的个性结构等。

表 6.10　个性的社会认知理论的主要观点

主要观点和贡献者	主要概念
关注人的期望、信念、感受、价值等认知因素对个性的影响。例如,Bandura、Mischel、Matthews、Cervone 等	期望,自我效能,交互决定论,结果期望,认知-情感单元,信息处理,认知-适应,认知技能,自我知识,自我调节,信念,评价标准,目标

1. 社会认知理论

从 20 世纪 60 年代开始,Bandura 就开展认知因素对学习影响的研究,于 1977 年出版著作《社会学习理论》,提出社会认知理论的最早奠基理论——社会学习理论。因此,他被誉为"认知理论之父"。Bandura 克服行为主义学习理论的局限,吸收认知心理学的观点,引入自我效能、结果期待等个体认知因素,探索社会环境对人的行为影响和调节作用。社会认知理论持续发展了丰富的思想观点,形成一系列理论体系,涉及学习、动机、认知、个性等领域,主要理论包括社会学习理论、三元交互决定理论、自我效能理论、自我调节理论等。Bandura 抨击动物实验研究,倡导在社会情境中研究人的行为,开展以人为对象的实验,例如,著名的波波玩偶(bobo doll)实验。通过实验研究,Bandura 认为人的行为不仅可以通过直接经验习得,而且还可以通过间接经验习得,即观察别人的行为和行为结果而学习获得行为。这种通过示范者或榜样的替代行为所发生的学习过程就是社会学习或观察学习,这就是著名的社会学习理论。该理论提出观察学习的 4 个心理过程:注意过程、保持过程、动力复制过程和强化过程。

心理学家们提出环境决定论和个人决定论来解释人的行为。然而,Bandura 批评这两类理论的缺陷,创新地提出三元交互决定理论(triadic reciprocal determinism),即个人、环境和行为 3 个因素形成动态的相互作用。三元交互决定理论为个性心理学和社会情境中行为的解释提供重要的启示。三元交互影响如图 6.10 所示,环境变量包括物理和社会环境因素,例如,物理设置、榜样及他人的指导等;个人变量是人的认知和情感系统,例如,目标、自我效能、结果期望等;行为变量是学习、动机等活动。可能在特定情境中某个因素具有重要主导作用,但是,Bandura 认为这 3 个因素是相互影响,"你中有我,我中有你",动态地互动和调节。

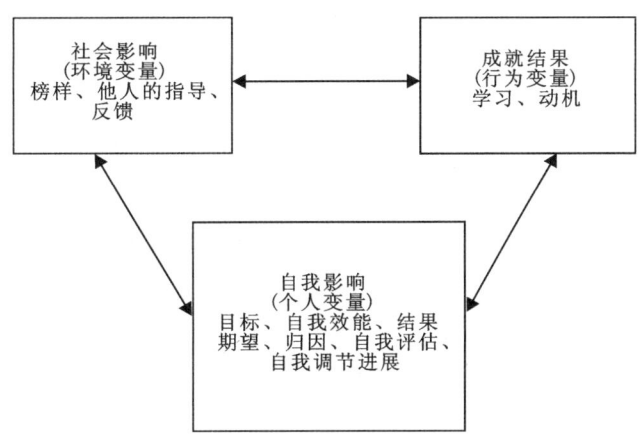

图 6.10 三元交互影响(据 Schunk,1999)

在个人决定因素中,社会认知理论非常重视认知能力对行为的影响。Bandura(1986)描述了 5 个基本认知能力:①象征能力(symbolizing capability),是人们通过代表世界特征的象征去思考的认知能力,在象征系统中语言是最核心的。②替代能力(vicarious capability),是通过观察获得知识和技能的能力,而不是通过直接经验。③预见能力(forethought capability),是预期未来的权变和计划未出现事件的应对策略的能力。④自我调节能力(self-regulatory capability),是通过控制人的体验,与评价标准有关的评价行动和设置未来目标来调控自己的行动和情绪的能力。⑤自我反思能力(self-reflective capability),是人们反思世界和他们自己的能力。个性的社会认知分析的核心是对表现的自我反思或自我效能的信念。广泛的研究证明自我效能信念对人的成就产生重要影响。个体的认知能力具有可塑性和差异性,对个性和学习产生重要影响。Bandura(1986)的社会认知理论强调人们拥有区分人的能力,这种能力激励人们去努力争取一种能动感。在这些中最突出的是象征的、替代的、自我调节的过程,这些过程对个体有动机影响。其中最关键的社会认知动机过程是目标和进展的自我评价、结果期望、价值观、社会比较和自我效能。

2. 个性的认知-情感处理系统理论

个性心理学一直在探索解决个性一致性的问题。个性心理学家普遍假设个性在不同情境下是稳定不变的。但是,大量的实证研究却发现个体行为在不同情况下会有很大的差异。这样极大地挑战了个性作为个体稳定特征的基本信念,产生了所谓"个性悖论"(personality paradox)。Mischel 和 Shoda (1995)重新界定在个性结构中的情境、倾向、动态和不变性,从社会认知的视角提出个性的认知-情感处理系统(cognitive-affective processing system, CAPS)。其目的是解决个性和社会心理学中一个长期存在的"个性悖论",如何调和个性稳定性及其在不同情境下的可变性。他们努力寻找一种对情境的本质和个性稳定性的重新概念化来解决这些问题,同时协调行为的可变性和个性结构的稳定性。Mischel 和 Shoda (1995)开发了一个广泛的个性元模型,充分考虑在个体内和个体间的行为变化。

1) 认知-情感个性系统

Mischel(1973)指出一种对心理学的认知革命作出反应的个性模型所需要的心理中介单元和信息处理的类型在20世纪中期已被概述出来。他在认知社会学习重新概念化个性的文章中提出一系列人的变量,建议了一些有用的方法来概念化和具体研究人们如何调节刺激的影响,并产生独特的、复杂的、摩尔的行为模式。个性的认知-情感系统理论(cognitive-affective system theory of personality)提出个性系统的统一观点是个体特征依据两个方面:可获得的和易接近的认知和情感,以及它们之间相互关系的不同组织和情境的心理特征。这个理论在一个高抽象的、心理分析水平进行概念化,它关注在比较高水平的认知和情感表征之间的关系——个性单元的宏观结构和摩尔水平的情况或刺激,而不是在它们背后的生物学上的微观结构。认知和情感过程之间的关系在很多个性理论中都是比较重要的方面。Mischel 和 Shoda (1995)认为与个性特别相关的认知和情感包括不同的内容或"认知-情感单元"(cognitive-affective units,CAUs)。个体的个性是由认知-情感单元组成的心理表征构成。这些认知-情感单元包括个人对自我和情境的编码(即说明或解释),持久的目标和价值观,期望和感觉状态,对所经历过的人和事件的特定记忆,以及个人自我调节过程背后的行为脚本和构建外部可观察行为的能力。一系列认知-情感单元或在个性系统中心理表征部分是基于人的变量。表6.11概述了5种相对稳定的人的变量:编码或说明(自我、他人、情境),期望和信念(关于结果和人的自我效能),情感,目标和价值观,能力(构建和产生社会行为)和自我调节计划(Mischel,1973)。这些成分是比较稳定的,当个体选择、解释和产生情境时,在系统中列举的单元类型会互动。

表 6.11　在个性系统中认知-情感中介单元的类型（据 Mischel and Shoda,1995）

人的变量	解释
编码	针对自我、他人、事件和情境（外部和内部）的类别（结构）
期望和信念	关于社会世界，关于特定情境下的行为结果，关于自我效能
情感	感觉、情绪和情感反应（包括生理反应）
目标和价值观	理想的结果和情感状态；令人厌恶的结果和情感状态；目标、价值观和生活项目
能力和自我调节计划	一个人可以做的潜在行为和脚本，以及为组织行动、影响结果和自己的行为与内部状态所制订的计划和策略

CAPS 模型的基本结构反映了每个个体相互关联的个体内部和个体间过程的丰富系统。图 6.11 给出了认知-情感个性系统的示意图，简要描述了产生个体不同行为模式的认知-情感中介过程的类型。情境特征通过某个给定的中介单元进行编码，激活其他中介单元的特定子集，针对不同的情境产生有区别的认知、情感和行为反应。中介单元与一些情境特征关联就激活，与另一些情境特征关联就失活（抑制），剩余的就不受影响。激活的中介单元影响着其他的中介单元，通过描述个体特征的一种稳定的关系网络。这个关系可以是积极的，增强激活，或者是消极的，降低激活（Mischel and Shoda, 1995）。如图 6.11 所示，中间的大圆圈代表了个人的思想。它包含了许多认知和情感单元，形成了每个人稳定的、独特的联系网络。当一个人遇到一种情境时，这些单元的一个子集就会被激活，这取决于在该情境中出现的特征配置（例如，图中情境特征 1、特征 2、特征 3 等）。激活从一个单元扩散到另一个单元，遵循个体 CAPS 网络中稳定的关联链接。激活可以向多个方向传播，通常形成反馈回路。这个系统很可能包含大量的内部反馈回路。这种反馈回路意味着下游单元可以激活上游单元，不需要外部刺激即可产生思想、感受甚至行为流（Shoda and Smith, 2004）。最后，产生相应的行为 1 或者行为 2。认知-情感单元之间的互动依赖于对情境特征的编码过程和行为产生过程。CAPS 模型预测一个人高度容易接近的思想和感受，以及它们与其他思想和感受的联系模式，可见的形式是特定的"如果(if)……那么(then)……"情境-行为关系。

在这个理论中，个性系统涉及认知-情感中介单元（表 6.11）组织在不同的关系网络中（图 6.11）所构成的结构。这个系统中与情境有关的心理特征相互作用，在不同情境中产生有区别的社会认知、情感和行动的变化模式，个体的个性特征是可见的稳定的"如果……那么……"，形成特征性标高和形状的情境-行为轮廓线（Mischel and Shoda, 1995）。由于在行为变化中可以识别出稳定的和特征的模式，或"行为特征"（behavioral signatures），而且认知科学的一个共同主题认为人类的思维是由一个稳定而独特的、包含特定认知和情感的网络组成。CAPS 描述个性的特征不仅仅是通过个人非常容易接近的一系列思想和感受，而是通过认知和情感之间功能重构的动态网络来指导及限制它们的激活（Shoda and Smith, 2004）。

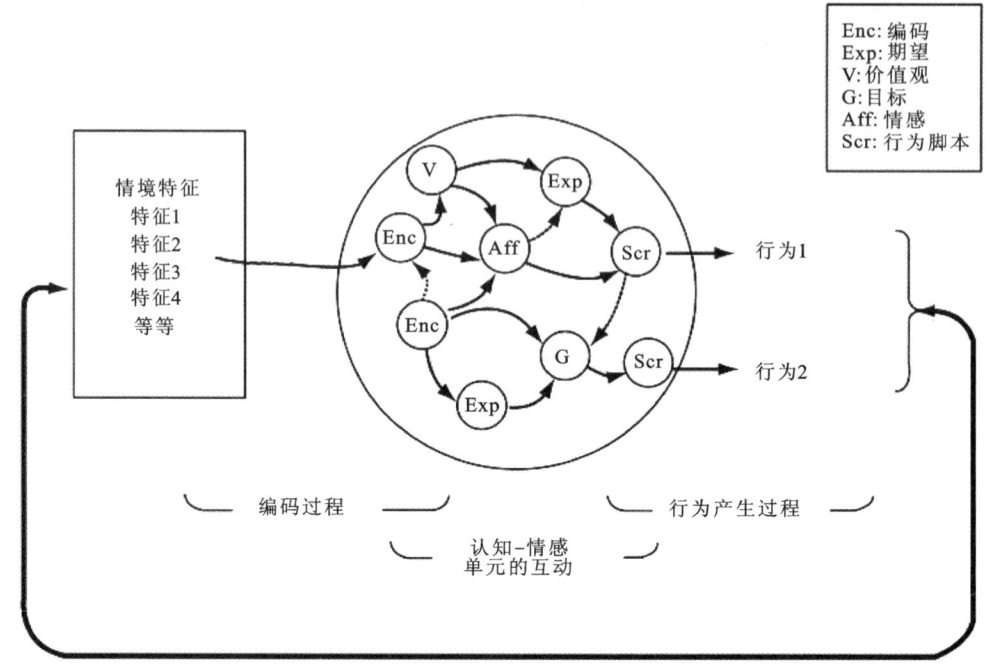

注:Enc. 编码;Exp. 期望;V. 价值观;G. 目标;Aff. 情感;Scr. 行为脚本。
图 6.11　认知-情感个性系统(CAPS)(据 Smith and Shoda,2009)

如前所述,Bandura(1986)三元交互决定理论认为人在社会学习中由个体的特征、行为和环境 3 个因素动态的相互影响。认知-情感处理系统理论是揭示个体对情境特征的编码、认知-情感单元之间的相互作用和行为产生之间的相互影响,在 3 个因素动态互动中重点充实了人的认知-情感的中介单元的作用。这些认知-情感单元与三元交互决定理论中个人变量有部分的交替,例如,目标、期望、信念、自我效能、自我调节等。

2) 认知-情感个性系统追求两个目标

在个性心理学领域,个体差异的研究长期以来分为两个分支学科,追求两个不同的目标——要么个性倾向,要么个性过程。不同的议程似乎经常彼此冲突(Cronbach,1957,1975;Cervone,1991;Mischel and Shoda,1994)。认知-情感个性系统理论努力整合两个学科在相同的概念框架中追求两个目标。总体而言,认知-情感个性系统理论提供了一个综合的统一观点,考虑个性行为表现的可变性和产生行为的个性系统稳定性两个方面,有效地协调个性。图 6.12 描述了认知-情感个性系统与并发互动和发展影响的关系。从行为而言,通过并发的社会信息处理和互动,系统产生有特征的、可预测的变化模式,以及在不同情境中个体行为特征提升,即使这个系统本身保持不变。从发展而言,在认知-情感单元关联的组织反映了个体认知社会学习历史与生物历史相互作用,如气质的和遗传-生化的因素。这个认知-情感个性系统被激活一部分是与在给定时间体验情境的心理特征有关,还有部分是由它自己在反馈系统中通过慢性激活的认知和情感以及它们在系统中的相互作用而不断激活。例如,在长期计划和维持目标追求中,以及在诸如幻想、沉思和白日梦等活动中。

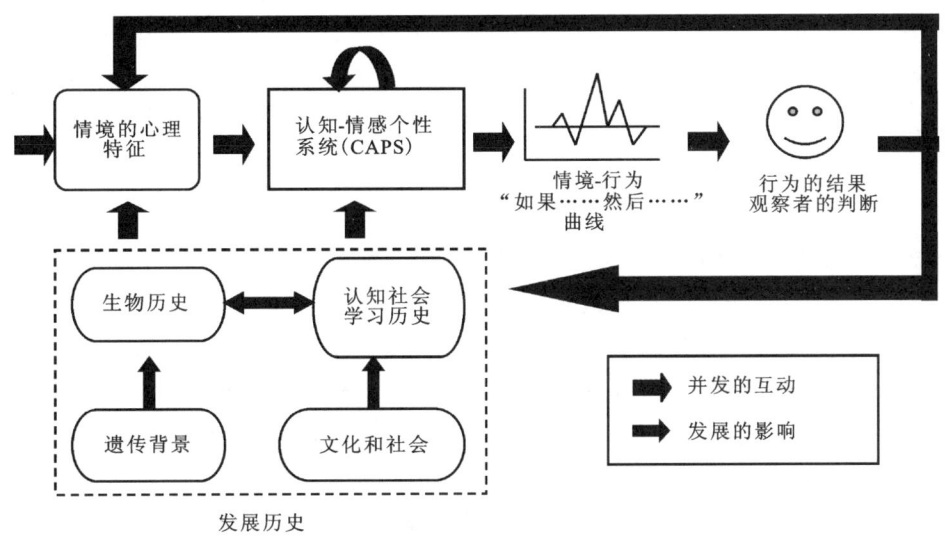

图 6.12　认知-情感个性系统与并发互动和发展影响的关系(据 Mischel and Shoda,1995 改编)

图 6.12 表明个体行为产生的结果反过来影响着随后所遇到情境的心理特征。情境的心理特征不仅由研究它们的心理学家编码,而且还可以由体内与他们互动的其他人以及个体自己进行编码。例如,以个性判断的形式,根据特质、类型、原型以及它们所引发的评估和反应,它们本身可能会影响个人随后所接触到的情况(例如,通过改变互动者的感受和行为)。从这个角度来看,长期以来分别追求的倾向和动态两个目标并不需要两个领域。在这个理论中,倾向的概念化不是用语义术语,而是处理结构,其特征是在处理系统中稳定的认知-情感组织,当个体遇到相关情境特征时被激活。认知-情感个性系统理论可以同时追求个性倾向和过程(结构和动态)作为同一个统一系统的各个方面(Mischel and Shoda, 1995)。

3. 个性特质的认知-适应理论

受到认知科学支持的生物层次、认知结构层次和知识层次 3 个层次的个性解释模型,提供了一个有组织的、描述丰富的特质结构(图 6.9)。认知心理学研究者们将个性特质与许多特定的信息处理例程关联,这样每个特质都有自己不同的"认知模式"。然而它没有更进一步理解特质的不同方面是如何相互关联的,并为不同的特质表现带来统一和一致性。个性特质的认知-适应理论(cognitive-adaptive theory of traits,CATT)(Matthews,1999,2004,2008,2016;Matthews et al,2009)是解释特质和表现之间的复杂联系。它整合了生物学的观点(例如,Eysenck、Gray)和认知的观点描述个性,认为特质代表了由神经、认知和自我调节功能中的多重偏差所支持的适应专门化,特质结构是来自于具有共同适应目的的神经和认知过程的集合。特质变化反映了人们以不同策略适应环境的机会和压力。这里的适应是指选择、实施和规范管理外部需求和挑战的策略(Lazarus,1991),并非这个术语的进化意义。适应主要依赖于人们在特定情境中获得的显性和隐性的技能。因此,个性特质与支持适应特定环境的独特技能联系在一起,认知-适应理论提出这些特质对人类生活中主要的、普遍的挑战做出不同的适应模式。每个维度的极点代表了专门化的适应,支持适应相关挑战的相反模式。每种适应都需要专门的认知技能来应对潜在的、大量的社会信息,以及在没有社会支持的情况下坚持不懈。这个理论认为人的特质在适应上是中性的。人们发现在一些环境中可以繁荣蓬勃,而其他人则发现他们的技能与环境不相容。那些处于中间范围的人则是多面手,在多个环境中发挥作用,但并不突出。

认知-适应理论认为每一种特质都在有挑战的环境中表现,而每一种特质都对有助于适应这些环境的技能和自我知识作出反应。因此,这个理论识别了两类因素对调节特质效应的适应性行为产生影响:认知技能和自我知识。技能的使用伴随着基于稳定的自我知识(显性的和隐性的)的自我调节。自我调节包括了个性研究中许多作为特质表现的潜在中介变量,如自尊、自我效能感、情感状态、评价、应对和情绪控制。实际上自我调节与技能是动态相关的。有效的自我调节可以提高任务关注点和保持动机,而消极的自我调节可能导致分心,由于个人的担忧和撤消任务努力。因此,这个理论提出在特质、与特质相匹配的环境以及作为特质和支持适应的核心技能之间存在着三方对应关系(Matthews,2017)。认知研究表明尽管外向性已定义为大脑功能的一种特征,但同样可以将这一特质视为信息处理的品质或处理环境要求的高层次目标和策略。类似的分析也适用于神经质和焦虑(Matthews,2000)。所以,这个理论关注 E 和 N 两个特质,分别与适应社会挑战和适应威胁有关,概述了外向性-内向性和神经质/焦虑的认知模式。在大五个性特质中,只有 N 是反映了处理社会威胁的不同策略,其他的特质都是适应性的。Matthews(2008)采用适应三角形分别描绘了外向性-内向性以及神经质/焦虑特质的认知-适应模型,详见图 6.13 和图 6.14。

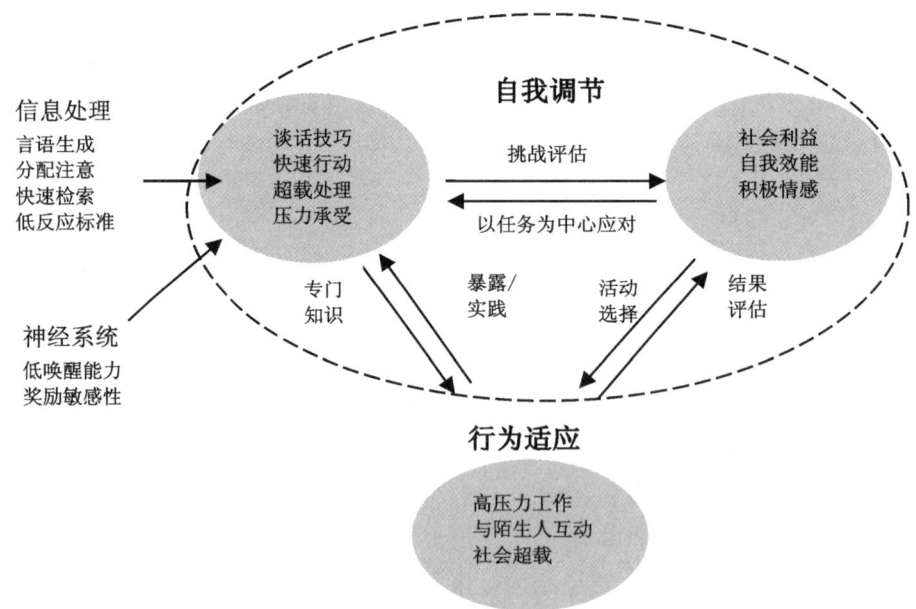

图 6.13　外向性的认知-适应模型(据 Matthews,2008)

图 6.13 呈现了一个外向性的认知-适应模型。外向者善于口头交流,喜欢参加热闹的聚会等提供启示和威胁的社会环境。外向者的成功需要一组技能,包括谈话技巧、反应速度、压

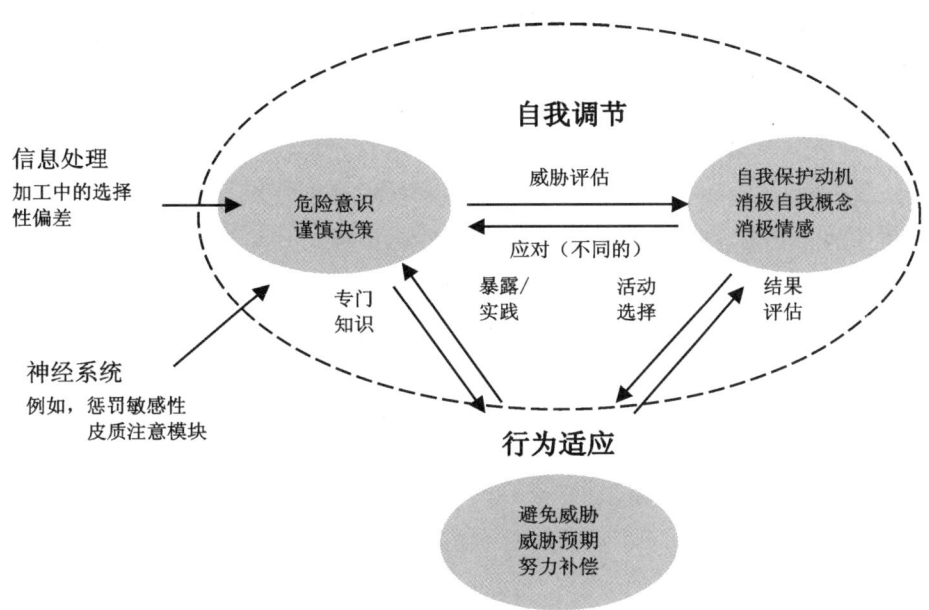

图 6.14　神经质/焦虑的认知-适应模型（据 Matthews，2008）

力管理技能，以及处理任何社会知名度可能引起的批评或竞争技能。与内向者相比，外向者在需要团队合作的企业任务中表现得更好（Morgeson et al，2005），在应用环境中更有效地管理语言超负荷（Matthews，1999），并更好地操纵工作培训的新奇性事物。当然，外向者也有社会缺点，比如，冲动、容易产生事故、滥交自恋、在绩效中过度自信等。外向性的知识层次相关因素包括高自我效能，更有可能将情境评估为具有挑战性，并采用直接的以任务为中心的应对策略（Matthews et al，2000）。技能和社会自信在更苛刻的社会环境中共同支持外向者的成功，比如，高压力工作和与陌生人互动。在这种情况下，这个动态过程可能支持一个良性循环，实际上是两个方向旋转的良性循环，如图 6.13 所示。在三角形顺时针方向，实际的社会技能建立积极的自我信念和社会自我效能，这鼓励更多地参与社会要求的情境，从而导致较多的暴露和机会来完善客观技能。在逆时针方向，社会专业知识产生了较多的实际社会成功，这反过来导致了更积极的结果预期。

传统观点认为，神经质反映了一种消极情感的不适应过度。消极情感对预测不显著的威胁具有适应性，但对直接应对威胁具有不适应性。图 6.14 呈现了一种神经质/焦虑的认知-适应模型，显示了焦虑的适应三角形。神经质尤其与自我威胁或社会威胁有关，N 的变化反映了处理威胁的替代策略。焦虑所固有的神经和认知成分建立了识别威胁和谨慎的、系统决策的技能。在模糊的、伪装的威胁环境中，高 N 的人仍然保持警惕和积极工作，以防止潜在的伤害。N 与可能批评的敏感性和回避应对的偏好有关（Matthews，2004）。而低 N 的人很容易感到自满和缺乏准备。威胁检测技能与以个人脆弱性为主题的一致的自我知识元素相互作用，通过避免直接威胁和将努力分配给补偿策略，导致行为适应。研究表明焦虑与补偿性努力有关。大量的压力研究表明神经质与对威胁的高估和对个人应激及个人力量的低估有关，以及与无效的以情绪为中心的应对形式（如自我批评）有关（Matthews et al，2003）。对压力的不适应反应也由元认知助长,保持消极自我信念的意识,导致持续的和无生产性的担忧。高 N 的人在压力环境中也很容易出现与他人的人与情境互动的消极循环,比如,社交回避会导致技能退化和过度消极的自我信念增强(Wells and Matthews,1994)。

成人的个性动态是由适应三角形的相互作用所支持(Matthews et al,2002)。客观技能和行为能力与情境相关的自我知识和适应结果相互作用。良性和恶性循环是极端情况;更多情况下,三角形的 3 个顶点都包括适应和不适应元素,因此可以发展各种动态模式。在认知-适应理论中,适应赋予了特质的一致性,理解特质一致性很重要的原则是特质与适应的个体差异有关。认知-适应理论解释了个性特质研究中一个比较令人沮丧的挑战。尽管广泛的证据支持在现实生活中预测有效的特质,然而特质潜在的元素过程在所有层次的数据是难以捉摸的,包括分子遗传学,心理生理学,信息处理和社会行为。认知-适应理论的贡献是将个性与信息处理结合提出特质与认知模式有关,将特质与人类生活所要求的普遍适应性选择联系起来,强调个性在适应现实生活挑战中的作用。因此,通过与其他标准特质理论的比较,认知-适应理论确实为特质心理测量学、中介过程的理论解释和现实世界的适应提供了新的视角(Matthews,2017)。

第二节 个性与工作动机关系的理论

如图 6.1 中所描述的主要理论既是动机理论也是个性理论,涉及自我和自我概念。像心理动力论和人本主义论本身就是动机理论,特质论中识别的某些特质因素包含动机成分和动力特质。从个性理论的层面可以挖掘和揭示工作动机和个性的内在关联和互相作用机制。从生物进化论的观点来看,人类在生物进化过程中,为了生存和适应环境,产生了一些适应性行为,通过遗传固定下来成为人的本能行为和心理动力。从行为的本源看是动机性行为,这些行为逐渐稳定和在不同情境中表现一致就成为人的个性倾向和特征。像自我决定理论和强化敏感性理论都是很知名的个性与动机的理论。这两个理论有一定的关联性,最近研究显示 BAS 因素可以解释内在和外在的目标,而防御性行为抑制系统(BIS)和对抗/逃离/僵化系统(FFFS)则不能(Krupić and Corr,2019)。这些理论普遍支持动机对所有特质都是至关重要的。

此外,在第三章阐述工作动机的测量内容包括动机的方向(需要),动机的动力(自我),特定情境中的动机。测量动机的动力评价的内容是自我,具体包括:自我概念的结构;自我评价与判断,关注与个性相关的动机;自我决定;自我调节与控制。可见,人们在满足不同层次的需要同时也在追求不同的自我概念和自我动机。然而,自我是个性心理中重要的组成部分,是个性的核心,因为自我的发展有利于推动个体个性的发展和成熟。Murray(1943)及其同事开发的主题统觉测验,最初是一种评估个性的工具,是采用投射技术编制的个性特征测验,后来这个工具也成为动机的第一个间接测量工具。

综上所述,个性是人在社会生活实践中形成的稳定心理倾向和心理特征,受到先天遗传和环境因素的影响。工作动机是引起和维持人的行为并导向一定工作目标的驱动力和心理倾向。工作动机可以引发和导向行为,而个性特征可以表现行为,调节和控制行为。所以,工作动机和个性之间关系密切,相互影响,互相依存。动机和个性的关系是合塑共生的,它们有深厚的理论渊源。人们在目标追求和目标实现过程中促进个性特征的形成和发展,某些动机的激发需要个性特征的支持和保障。本节将从神经心理学和社会认知的观点探讨个性和工作动机的关系。

一、个性和工作动机:神经心理学的观点

研究个性的神经心理学方法旨在理解负责与任何特定特质相关状态的生物系统,以及导致个体差异的那些系统的参数。如前所述,在20世纪70年代,Gray基于动物学习研究成果迁移到人类的个性心理学,通过实验室的研究建立强化敏感性理论,提出个性的主要特质反映了长期稳定的调节系统对不同类别的强化刺激做出反应,产生情绪和塑造("激励")趋近和回避行为。将动机系统和个性特质关联提出一个假设,个性特质的差异是由于在这些大脑行为系统的操作中存在相对稳定的个体差异(Corr et al,2013)。大脑神经系统时刻调节着对变化刺激的反应,对这些刺激的反应形成稳定的敏感性就表现在个性特质中。学者们应用趋近动机和回避动机理论、个性特质理论和强化敏感性理论探索了个性与工作动机的关系。但是,在工作领域中普遍关注个性特质对工作绩效的影响,比较忽视个性特质与工作动机的研究。

1. 个性特质与趋近动机和回避动机

动机过程和个性特质的关系最密切的关联是生物学研究,惯常将奖励与惩罚反应和趋近与回避行为联系起来。在第二章讨论过趋近动机和回避动机是人类所有行为表现的基础,是人类在进化过程中所做出的适应性反应,即趋利避害。一般认为趋近动机是由积极刺激引起的行为倾向,产生指向积极刺激的行为;回避动机则是由消极刺激引起的行为倾向,产生远离消极刺激行为。积极刺激和消极刺激可以对应于奖励刺激和惩罚刺激。在强化敏感性理论中,奖励刺激产生趋近行为,指向理想的终极状态;惩罚刺激产生回避或逃离行为。

在工作场所中,Corr和McNaughton(2012)使用吸引者(attractors)和排斥者(repulsors)两个术语分别代替奖励和惩罚。吸引者和排斥者分别产生趋近和回避的动机倾向,以及积极的趋近行为和消极的回避行为。Gray识别了两个主要系统控制着主动的趋近和回避行为,即行为趋近系统(BAS)、对抗/逃离/僵化系统(FFFS)。如果是被动的回避行为也受到行为抑制系统(BIS)的控制,BIS可以缓解目标冲突(Gray,1982;Gray and McNaughton,2000)。吸引者对应于BAS,排斥者对应于FFFS。吸引者BAS对评估为奖励的刺激做出反应(获得,包括那些令人安心的无惩罚的刺激),它启动并控制所有寻求奖励的行为。因此,BAS与预期的快乐和充满希望的期待相关。在正常情况下这个系统反应的是动机和驱动力。在功能失调时,与BAS有关的特质是成瘾行为以及各种高风险和冲动行为。相比而言,排斥者FFFS对评估为惩罚的刺激做出反应(损失,包括那些令人受挫的无奖励的刺激);它与痛苦、恐惧和回避有关,并与普遍远离各种接近刺激有关。吸引者/奖励或排斥者/惩罚对刺激进行特定的评估,然后,分别由BAS和FFFS接管行为机制,而BIS负责检测和解决目标冲突。所以,在大脑系统中有趋近、回避和冲突解决3个神经心理系统来激活趋近和回避行为(Corr et al,2017)。

一些个性模型假设成对的特质反映了奖励和惩罚敏感性。图 6.3 描述了外向性和神经质这两个因素与奖励敏感性和惩罚敏感性之间假设关系。奖励敏感性和惩罚敏感性反应的共同作用影响外向性和神经质的表达。外向性反映了惩罚敏感性和奖励敏感性反应的平衡；神经质则反映了它们的共同力量。如前所述，奖励敏感性关联着 BAS，表现神经质-外向性特质，产生趋近行为；惩罚敏感性关联着 FFFS/BIS，表现神经质-内向性特质，导致回避行为。

越来越多的证据表明，负责趋近/奖励和回避/惩罚的大脑系统分别是外向性和神经质的主要神经关联(de Young, 2010c; de Young and Gray, 2009)。因此，无论从理论观点还是实证研究结果都表明外向性和神经质分别与趋近动机和回避动机相关联(Carver et al, 2000; Elliot and Thrash, 2002)。并且，趋近动机和回避动机对理解整体的自尊及其运作有理论的启示，发现整体的自尊与外向性和神经质有关联(Waston et al, 2002)。趋近动机和回避动机的框架不仅应用于外向性和神经质(Carver et al, 2000)，还应用于焦虑和冲动(Gray, 1987)，甚至还饶有兴趣地引入自尊和自我知觉(Robinson and Sedikids, 2009)。

学者根据大五个性模型探索了大五个性特质与动机的关系。大五特质中的两个特质外向性和神经质分别体现了个性的奖励和惩罚敏感性，并且与趋近动机和回避动机两个动机系统较好地关联。还有其他 3 个特质随和性、责任心和开放的经验/智力，都具有动机的功能。开放的经验/智力体现个体认知方面的特质和利用感觉信息去寻求、理解、思考、想象等认知探索倾向，反映了人们发现信息奖励的程度，产生趋近的行为。行为学和遗传学方面的证据表明开放的经验/智力与多巴胺能系统有关是 BAS 的核心(de Young et al, 2011)，即开放的经验/智力与趋近动机关联。

责任心反映个体可靠、自律、计划性、工作勤奋、具有高成就的倾向。责任心与动机之间有复杂的关系，包含着趋近和回避的倾向。一方面，在趋近倾向和奖励敏感性中责任心是基本的表现；另一方面，在惩罚敏感性中回避惩罚是责任心的一个重要动机成分。虽然责任心不是主要反映基本动机系统，但是反映了调节动机的皮层系统的变化。责任心是大五模型中比较备受关注的个性维度，很多学者将责任心称为潜在的与动机相关的特质。研究证明追求成就和成功的动机与责任心呈正相关(Markon et al, 2005; Roberts et al, 2005)。在工作领域中，责任心被认为是一个重要的特质动机变量(Chmidt and Hunter, 1992)。各种职业类别员工的责任心与工作绩效都高度相关。

随和性体现个体待人热情、利他主义、合作、直率坦诚、同情等特征。Haas 等(2007)一项 fMRI 研究发现随和性可以预测与情绪调节相关的左侧背外侧前额叶皮层的活动。随和性的核心是对利他主义的一般动机。与责任心相似，随和性也受到趋近奖励和回避惩罚两种动机所激励。

2. 动机特质

在个性心理学中，Cattell(1957)强调动机过程在理解个性结构中的重要性，他首先引入动态的动机特质的概念，描述在不同情况下对诱因反应的动机倾向的增加和减少。Cattell(1965)认为动机过程是个性理论的核心，并且动态的动机特质组成个性的主要部分。动机显然与能量(ergs, energise 的复数)很相似，能量是 Cattell(1957)识别的 3 种动态特质之一。

能量是一种天生的动机,其特征是通过附着在它们身上的情绪和它们所服务的生物目标。能量是目标追求的动机基础。尽管 Cattell 率先提出动机特质的概念,然而他的观点很少被个性研究者们跟随。在个性心理学中研究动机特质的概念可以让我们清楚地理解有效指导行为和个性特征的隐藏力量(Langens and Schmalt,2008)。

动机特质与趋近和回避目标的个人倾向相关。Kanfer 和 Heggestad(1997)提出动机相关特质和技能的分类框架。界定动机特质结构是在广泛的生活情境中表现的比较持久和稳定的个体倾向和偏好,属于个性研究的范畴。而动机技能结构是具有延展性的、情境性的自我调节行为模式。假设很多个性特质可以参与动机(例如,外向性-内向性),这种参与很可能就是工作特征与个体特征匹配的函数,而不是跨情境的动机倾向。Kanfer 和 Heggestad(1997)基于文献综述提出两个高级的动机特质族,即成就和焦虑,以及它们组成的较窄的特质。成就是一个令人欲求的或趋近取向的特质,反映激发个体趋近、追求、获得奖励或诱因。相比较而言,焦虑是一个令人厌恶的或回避取向的特质,面对厌恶刺激时避免目标或竞争失败的倾向。成就特质的结构包含着熟练(mastery,实现的愿望)和卓越竞争(competitive excellence,比别人表现更好的愿望)两个正相关的特质。焦虑特质涉及测验焦虑、害怕失败和一般焦虑3个方面。测验焦虑是指在考试测验情境中反映的焦虑倾向。害怕失败是指回避或远离引起失败和批评情境的倾向。一般焦虑则是个性的高阶维度,指在日常生活中认知、情感和行为表现的焦虑,似乎包含了测验焦虑和害怕失败。Heggestad 和 Kanfer(2000)开发动机特质问卷在工作场所识别了 3 个动机特质:个人熟练、卓越竞争和焦虑。Arshadi(2009)研究发现个人熟练和卓越竞争对工作动机有积极和间接的影响(通过自我效能)。

大多数动机特质框架都有共同的基础是区别趋近动机和回避动机(Elliot and Thrash,2002)。趋近和回避这两个广泛的动机特质似乎映射到两个独立的、基于生物学的动机系统(Gray,1982)。强化敏感性理论将个性特质与这两个基本动机系统关联产生两类动机特质:①回避特质,包括神经质及其亚成分退缩和波动性、恐惧、焦虑;②趋近特质,包括外向性及其亚成分自信和热情,BAS 的亚成分驱动性、奖励反应性和寻找乐趣(Corr et al,2013)。

二、个性和工作动机:社会认知的观点

社会认知理论为理解和区别各种表现的个性特质,从生物层次、知识层次和认知结构多个层次提供了有价值的个性一致性的解释模型。研究者们重视人、社会环境和行为之间的交互作用,解释个性与认知的相关性,形成认知-情感-行为的模式。美国当代著名的心理学家 Carol Dweck 在归因、智力、动机、个性等心理学领域开展了深入研究,提出归因疗法、成就目标理论、内隐智力理论、自我理论、内隐理论以及心理模式理论等一系列影响较大的理论(李抗和杨文登,2015)。从 20 世纪 70 年代开始,Dweck 对儿童的学习行为进行研究,早期研究工作已经提出了认知-情感-行为两种主要模式:无助模式(helpless patterns)和熟练取向模式(mastery-oriented patterns)。无助模式是不适应的"无助"的反应,其特征是避免挑战和在面对障碍时表现恶化。相比之下,熟练取向模式是比较适应的掌握反应,包括寻求具有挑战性的任务和在失败情况下保持有效的努力。通过对儿童的研究发现一个现象:具有相同能力的个体在面对挑战时会表现出如此显著的表现差异。为了解释这个现象,Dweck 和 Elliott

(1983)提出个人所追求的目标创建了他解释和反映事件的框架。在智力成就领域,他们识别了绩效目标和学习目标两类目标。绩效目标是个体关心获得对其能力有利的判断,而学习目标则是个体关心提高他们的能力。这些不同的目标促进了不同的反应模式,对绩效目标(能力判断)的关注容易产生无助模式,而在同样的情况下追求学习目标(能力提升)则会促进熟练取向模式(Farrell and Dweck,1985;Leggett and Dweck,1986)。这些研究形成了 Dweck(1986)的成就目标理论(achievement goal theories),最初研究是在儿童教育领域探讨不同的目标取向对学习行为的影响,后来拓展到其他社会领域,包括工作场所。

研究动机和个性的任务是识别主要的行为模式,并将它们与潜在的心理过程联系起来。Dweck 和 Leggett(1988)提出了一个基于研究的动机和个性的模型,根据潜在的心理过程来解释这些行为模式。这个模型指出了个体的内隐理论如何将他们导向特定的目标,以及这些目标如何建立不同的模式。个体目标建立了他们的反应模式,而这些目标反过来又由个人的自我概念所促进。事实上,他们展示了适应和不适应模式的每个特征(认知、情感和行为)如何可以被看到直接遵循不同的目标。这个模型代表了一种动机方法,因为它是建立于目标和目标导向的行为。同时,它又代表了一种研究个性的方法,因为它识别了个体在信念和价值观的差异,而这些差异产生了个体行为的差异。所以,这个模型代表了动机和个性的社会认知方式,它有两个目的:①试图阐明特定的、瞬间的心理中介行为;②重点在情感产生和行为中介的解释过程。

1. 不适应与适应的模式:认知、情感和行为的成分

无助模式和熟练取向模式是两种截然不同的、连贯的模式,在认知、情感和行为上都有显著的差异。Diener 和 Dweck(1978,1980)在学校情境中对这两种模式开展了一系列研究,设置了成功和失败的问题。无助的和熟练取向的个体在成功问题上或他们达到该水平的轻松程度上没有差异。不过,在面对失败时迅速出现两种不同的模式,无助的个体表现出消极的自我认知、消极情绪和能力受损,而熟练取向的个体表现出良好的自我指导和自我监控、积极预测、积极情绪和有效的问题解决策略。总之,研究结果表明无助的个体关注他们的能力及其充分性(或不足),而熟练取向的个体则专注于通过策略和努力来掌握;无助的人将具有挑战性的问题视为对他们自尊的威胁,而熟练取向的人则将其视为学习新事物的机会。

Elliott 和 Dweck(1988)通过实验诱导绩效目标或学习目标,考察了从每个目标开始产生的认知、情感、行为的基本模式。表 6.12 概述了在成就情境下的理论、目标和行为模式。表中的智力理论主要源于 Dweck 等(1982)提出的内隐理论。内隐理论(implicit theories)是关于人的特性(例如,能力、个性、道德等)是否可变的信念,这种信念使人们形成了理解、对待人类行为的不同方式(Dweck et al,1995)。内隐理论是关于人自己的不同观念,通过产生不同的关注点,会引导个人趋向不同的目标。Dweck 等(1982)提出内隐智力理论(implicit theories of intelligence),呈现了两种智力理论:实体论(entity theory of intelligence)和增长论(incremental theory of intelligence)。研究表明,个体目标取向的一个一致的预测者是他的智力理论,即他对能力本质的隐性概念。智力的实体论认为智力是一种固定的或无法控制的特质。智力的增长论相信智力是一种可塑的、可增长的、可控的品质。研究一致表明那些相

信智力是可增长的人会追求提高学习能力的学习目标,而那些认为智力是一个固定不变实体的人则更有可能追求绩效目标,即确保对该实体的积极判断或防止对其消极判断。当个体以技能习得为导向时,他对当前能力的评估在很大程度上无关:他选择了挑战性学习任务,并表现出熟练取向的模式。由此可见,智力的增长论与适应性动机模式比较一致。相比之下,当个体以评估为导向时,他所采用的任务及其所表现出的成就模式(熟练取向或无助的)高度依赖于他的感知能力。如果个体知觉自己目前能力水平较高时就会选择熟练取向模式,寻求挑战和持续坚持达成目标;反之,如果个体知觉自己目前的能力水平较低时则表现出无助的行为模式,避免挑战和减少努力。

表 6.12　在成就情境下的理论、目标和行为模式(据 Dweck and Leggett, 1988)

智力理论	目标取向	知觉目前的能力	行为模式
实体论 (智力是固定不变的)	绩效(目标是获得积极判断/避免能力的消极判断)	高或低	熟练取向(寻求挑战;高坚持性)无助的(避免挑战;低坚持性)
增长论 (智力具有可塑性)	学习(目标是提高能力)	高或低	熟练取向(寻求挑战促进学习;高坚持性)

Dweck 等(1995)对智力的实体论和增长论进行比较。将个人的智力视为一个固定的实体(与采用记录该实体的绩效目标有关),而将智力假设为一种可塑性的品质(与发展该品质的学习目标有关)。他们提出了在智力成就领域的动机模型:智力理论(信念)-目标定向-动机模式,即人们所持的智力信念会影响成就目标的选择,并进而影响人们的动机模式。如果个体持有实体论智力信念就会选择绩效目标取向,进而产生无助的反应模式;如果个体持有增长论智力信念就会选择学习目标取向,进而产生熟练取向的反应模式。Dweck 的智力信念的动机模型在不同国家进行验证研究且获得支持(Quihuis, 2002; Braten, 2004; Dupeyrat, 2005)。人们持有的内隐智力理论不仅影响其目标选择,而且影响如何看待努力,挫折归因和应对挑战(Dweck, 2011)。研究发现持有增长论智力信念的个体比持有实体论智力信念的个体在活动中绩效更好和进步更快,尤其是在有挑战的情境下增长论智力信念个体呈现比较明显的优势(Blackwell et al, 2007; Dweck et al, 2019)。

如果同一事件发生在学习目标和绩效目标的背景下,那么它可能具有完全不同的意义和影响。除了影响任务选择外,目标相关的认知和情感因素也会影响面对失败时的表现品质。Dweck 和 Leggett(1988)研究发现至少有 5 个独立的认知和情感因素会损害绩效取向个体的表现,但会维持或促进学习取向个体的表现。表 6.13 描述了面对困难时绩效目标和学习目标分别衰弱和促进认知-情感因素的机制。在绩效目标范围内,首先,将失败归因于能力的缺乏表明鉴于个人在任务上的无能,进一步的努力可能对取得成功没有帮助。其次,逆向规则的使用可能会减少努力,相信如果付出更大的努力进一步证实低能力的判断。然后,对目标失败的焦虑(包括认知担忧和厌恶情感成分)可能会分散注意力,激发逃避愿望,并干扰注意力和有效的策略部署。最后,由于缺乏目标导向努力或高努力进步的内在奖励,在面对困难时维持过程的重要手段将会消除。

表 6.13 面对困难时衰弱和促进认知-情感因素的机制（据 Dweck and Leggett，1988）

绩效目标：衰弱因素	学习目标：促进因素
①对努力的功效失去信心，给予低能力归因	①对努力的功效有持续信念；努力的自我指导，而不是低能力归因；积极的规则强调努力的效用
②防御性撤回努力；努力证实低能力判断；逆向规则造成任务要求和目标之间的冲突	②不需要防御；努力与任务要求和目标相一致
③注意力分配为目标（担心结果）和任务（策略制定和执行）	③一心一意的，加强关注直接服务目标的任务
④消极情感会干扰注意力集中或迅速撤出	④情感导入任务
⑤很少有来自努力的内在奖励（或高努力进步）来维持过程	⑤用努力迎接挑战的持续内在奖励

在学习目标范围内，首先，失败提供了要加倍努力的线索，而不是低能力归因。积极推理规则强化了努力的效用：努力调动了个人掌握任务的能力。其次，在任务的努力要求和目标要求之间没有冲突，因为努力是任务熟练的手段和最大化实现目标的手段。然后，失败所产生的情感（例如，提高兴趣或决心）与任务要求相一致，并可能促进注意力的增强。最后，伴随着通过努力迎接挑战和通过努力实现目标的内在奖励将为绩效提供额外的动力。

总之，绩效目标关注个体对能力的判断及启动消极的认知和情感过程，使个体容易受到不适应行为模式的影响；而学习目标则注重提高能力和启动积极的认知及情感过程，促进适应地寻求挑战、坚持以及在面对困难时的持续绩效。这个社会认知视角的个性和动机模型从教育领域推广到其他领域，例如，社会领域、道德和其他的自我属性、健康、人际关系、管理等。Chen 等（2015）将内隐理论扩展到工作热情的研究，提炼了匹配和发展两种内隐理论。匹配理论家认为通过找到比较适合的工作来获得工作热情。发展理论家相信工作热情是随着时间的推移而培养起来的。研究结果表明这些信念引出了不同的工作动机模式，但两者都可以促进职业健康和成功。

2. 理论和目标：两种类型的自我概念和两种自尊的来源

Dweck 将内隐智力理论引入自我概念，形成内隐自我理论。实体论和增长论代表了两种不同形式的自我概念。将这些智力理论和它们的目标联合形成两种截然不同的自我系统。这两种自我系统具有两种形式的自我概念，它们有两种不同的自尊来源。从表 6.14 可见，基于实体论，自我概念是一个可以测量和评估的固定特质的集合，自尊来源于绩效目标；基于增长论，自我概念是一个可塑性品质的系统，自尊来源于学习目标。事实上，与每个理论相关联的不同目标可谓是在这个自我概念中产生和维持自尊的手段。这个模型构建了一个整体的自我概念结构，从理论上将自我概念和自尊关联，将两者置于一个系统中来预测行为模式。

Dweck 和 Leggett(1988)指出一个全面的个性理论必须考虑实体和增长这两个自我系统。

表 6.14 两种自我概念和自尊来源

理论	自我概念	自尊来源	个性理论
实体论	自我是一个可以测量和评估的固定特质的集合	自尊通过绩效目标来激励。结果表明个人属性的充分性将提高和维持自尊	Freud(1926)的心理动力论描述实体的自我系统
增长论	自我是一个可塑性品质的系统，随着时间的推移，通过个人努力而演变	自尊通过学习目标来获得和体验。对有挑战性和有价值任务的追求、进步和熟练，将提高和维持自尊	Jung(1933)和 White(1959)的理论描述围绕成长与发展的动力而建立的自我系统

这个动机和个性的模型是对认知、情感和行为模式以及潜在的心理过程进行研究，对工作动机和个性理论产生重要的启示。第一个启示问题涉及情境因素和意向因素在决定行为中的作用。这个模型研究表明情境因素和意向因素在行为产生中都起着重要作用。意向作为个体差异变量，它决定了采用特定目标和显示特定行为模式的先验概率，而情境因素则潜在地改变这些概率。个性理论和意向变量的力量在于它们预测在不同情况下会表现出什么行为的能力，而不是他们预测在这些情况下会表现出同样的行为。第二个启示问题涉及处理个性和动机公式中的中心结构的性质。其他现有的公式也采用了模式、特质或者动机作为它们的中心结构。然而，Dweck 和 Leggett(1988)的模型描述了一种特定的动机机制，通过这种机制，有价值的属性可以产生目标和识别出认知-情感-行为的特定模式，这将描述不同个体与属性相关的努力。所以，目前的模式与最近的模式有很多共同之处，即将目标确定为个性的中心结构，并作为个性和工作动机过程之间的联系。不同之处在于目前的方法确定了特定类别的目标，将它们与意向前因联系起来，并阐明了它们的行为后果。这个动机和个性模型的中心方面是：它描述了潜在的个性变量可以转化为动态的工作动机过程，从而产生认知、情感和行为的主要模式。这些观念和相应的理论得到广泛的验证和拓展，尤其是内隐理论。

主要参考文献

晋争,2010.内隐联系测验的修正——简式内隐联系测验[J].心理科学进展,18(10):1554-1558.

李抗,杨文登,2015.从归因疗法到内隐理念:德韦克的心理学理论体系及影响[J].心理科学进展,23(4):621-631.

李永鑫,2008.条件推理测验研究述评[J].河南大学学报(社会科学版),48(4):135-141.

宋维真,张建新,张建平,等,1993.中国人个性量表(CPAI)的意义与程序[J].心理学报,25(4):400-406.

叶浩生,苏佳佳,苏得权,2021.身体的意义:生成论视域下的情绪理论[J].心理学报,53(12):1393-1404.

张春虎,2019.基于自我决定理论的工作动机研究脉络及未来走向[J].心理科学进展,27(8):1489-1506.

张建新,周明洁,2006.中国人人格结构探索——人格特质六因素假说[J].心理科学进展,14(4):574-585.

张剑,郭德俊,2003.企业员工工作动机的结构研究[J].应用心理学,9(1):3-8.

张妙清,张树辉,张建新,等,2004.什么是"中国人"的个性?——《中国人个性测量表CPAI-2》的分组差异[J].心理学报,36(4):491-499.

ABELE A E, WOJCISZKE B, 2014. Communal and agentic content in social cognition: A dual perspective model[J]. Advances in Experimental Social Psychology, 50:195-255.

AJZEN I, 1991. The theory of planned behavior[J]. Organizational Behavior and Human Decision Processes, 50(2):179-211.

ALICKE M D, SEDIKIDES C, 2009. Self-enhancement and self-protection: What they are and what they do[J]. European Review of Social Psychology, 20(1):1-48.

ARMITAGE C J, CONNER M, 2001. Efficacy of the theory of planned behavior: A meta-analytic review[J]. British Journal of Social Psychology, 40(4):471-499.

BAKKER A B, VAN WOERKOM M, 2017. Flow at work: A self-determination perspective[J]. Occupation Health Science, 1:47-65.

BAKKER A B, 2005. Flow among music teachers and their students: the crossover of peak experiences[J]. Journal of Vocational Behavior, 66(1):26-44.

BAKKER A B, 2008. The work-related flow inventory: construction and initial validation of the WOLF[J]. Journal of Vocational Behavior,72(3):400-414.

BANDURA A, 1986. Social foundations of thought and action: A social cognitive theory[M]. Englewood Cliffs, NJ: Prentice-Hall.

BANDURA A,LOCKE E A,2003. Negative self-efficacy and goal effects revisited[J]. Journal of Applied Psychology, 88(1): 87-99.

BANDURA A,2012. On the functional properties of perceived self-efficacy revisited [J]. Journal of Management, 38(1): 9-44.

BARGE J A, 1990. Auto-motives: preconscious determinants of social interaction [M]// HIGGINS E, SORRENTINO R M. Handbook of motivation and cognition: Foundations of social behavior. New York: Guilford Press.

BAUMEISTER R F, BRATSLAVSKY E, MURAVEN M,et al,1998. Ego-depletion: Is the active self a limited resource? [J]. Journal of Personality and Social Psychology, 74 (5): 1252-1265.

BENJAMIN L,FLYNN F J,2006. Leadership style and regulatory mode: Value from fit? [J]. Organizational Behavior and Human Performance, 100(2): 216-230.

BERRIDGE K C,2004. Motivation concepts in behavioral neuroscience[J]. Psychology & Behavior, 81:179-209.

BING M N, LEBRETON J M, DAVISON H K,et al,2007. Integrating implicit and explicit social cognitions for enhanced personality assessment: A general framework for choosing measurement and statistical methods[J]. Organ Behav Hum Decis Process,10(1): 136-79.

BLOOM M,COLBERT A E,2011. An integration and extension of intrinsic motivation theories: The role of core affect [J]. Research in Personnel and Human Resources Management, 30:73-114.

BRADLEY M M, LANG P J,2007. The international affective picture system (IAPS) in the study of emotion and attention[M]//COAN J A,ALLEN J J B. Handbook of emotion elicitation and assessment. New York: Oxford University Press.

BRAVER T S, KRUG M K,CHIEW K S, et al, 2014. Mechanisms of motivation-cognition interaction: Challenges and opportunities[J]. Cognitive Affective & Behavior Neuroscience, 14(2):443-472.

BROCKNER J, HIGGINS E T,2001. Regulatory focus theory: Implications for the study of emotions at work[J]. Organizational Behavior and Human Decision Processes, 86 (4): 35-66.

CALDWELL H K, ALBERS H E,2016. Oxytocin, vasopressin, and the motivational forces that drive social behaviors [M]//SIMPSON E H, BALSAM P D. Behavioral neuroscience of motivation. Berlin:Springer International Publishing.

CASCIO W F,2010. The changing world of work[M]//LINLEY P A, HARRINGTON S, GARCEA N. The Oxford handbook of positive psychology and work. New York: Oxford

University Press.

CEJA L, NAVARRO J, 2016. Redefining flow at work[M]// FULLAGAR C, DELLE F A. Flow at work: Measurements and implications. London: Routledge/Taylor & Francis Group.

CEJA L, NAVARRO J, 2012. "Suddenly I get into the zone": Examining discontinuities and nonlinear changes in flow experiences at work[J]. Human Relations. 65(9):1101-1127.

CEJA L, NAVARRO J, 2011. Dynamic patterns of flow in the workplace: Characterizing within-individual variability using complexity science approach[J]. Journal of Organizational Behaviour, 32(4):627-651.

CHARTRAND T L, DALTON A N, CHENG C M, 2008. The antecedents and consequences of nonconscious goal pursuit[M]//SHAH J Y, GARDNER W L. Handbook of motivation science. New York: Guilford Press.

CHEN G, GOGUE C I, 2008. Motivation in and of work teams: A multilevel pespective[M]//KANFER R, CHEN G, PRITCHARD R D. Work motivation: Past, present, and future. New York: Routledge/Taylor & Francis Group.

CHEN G, KANFER R, 2006. Toward a systems theory of motivated behavior in work teams[J]. Research in Organizational Behavior, 27:223-267.

CHEN P, ELLSWORTH P C, SCHWARZ N, 2015. Finding a fit or developing it: implicit theories about achieving passion for work[J]. Personality and Social Psychology Bulletin, 41:1411-1424.

CHEUNG F M, LEUNG K, ZHANG J X, et al, 2001. Indigenous Chinese personality constructs[J]. Journal of Cross-Cultural Psychology, 29: 402-416.

CHEUNG F, LEUNG K, ZHANG J X, 2001. Indignous Chinese personality constructs:Is the five-factor model complete[J]. Journal of Cross-Cultural Psychology, 32(4):407-433.

COHN M A, FREDRICKSON B L, 2006. Beyond the moment, beyond the self: Shard ground between selective investment theory and the broaden-and-build theory of positive emotions[J]. Psychological Inquiry,17(1): 39-44.

COHN M A, FREDRICKSON B L, 2009. Positive Emotions[M]//LOPEZ S J, SNYDER C R. The Oxford handbook of positive psychology. 2nd ed. New York: Oxford University Press.

COLOMBO L, ZITO M, 2014. Demands, resources and the three dimensions of flow at work: A study among professional nurses[J]. Open Journal of Nursing, 4(4):255-264.

COMPTON W C, 2005. An Introduction to Positive Psychology[M]. Hertfordshire: Wadsworth Publishing.

CORR P J, DEYOUNG C G, MCNAUGHTON N, 2013. Motivation and personality: A neuropsychological perspective[J]. Social and Personality Psychology Compass, 7(3):

158-175.

CORR P J, 2004. Reinforcement sensitivity theory and personality[J]. Neuroscience and Biobehavioral Reviews,28:317-332.

CORR P J,2009. The reinforcement sensitivity theory of personality[M]//CORR P J, MATTHEWS G. The Cambridge handbook of personality psychology. Cambridge, UK: Cambridge University Press.

COSTA P T, MCCRAE R R L, CKENHOFF C E,2019. Personality across the life span[J]. Annual review of psychology, 70:423-448.

CROMWELL H C, ABE N,BARRETT K C,et al,2020. Mapping the interconnected neural systems underlying motivation and emotion: A key step toward understanding the human affectome[J]. Neuroscience and Biobehavioral Reviews,113: 204-226.

CROWE E, HIGGINS E T, 1997. Regulatory focus and strategic inclinations: Promotion and prevention in decision-making [J]. Organizational Behavior and Human Decision Processes, 69(2):117-132.

CSIKSZENTMIHALYI M,2000. Beyond boredom and anxiety: Experiencing flow in work and play[M]. 2nd ed. San Francisco:Jossey Bass.

CSIKSZENTMIHALYI M, NAKAMURA J, 1989. The dynamics of intrinsic motivation: A study of adolescents [M]//AMES R, AMES C. Handbook of motivation theory and research, Vol. 3: Goals and Cognitions. New York: Academic Press.

DAVID S A, BONIWEL I L, AYERS A C,2013. Oxford handbook of happiness[M]. New York: Oxford University Press.

DE RAAD B, BARELDS D P H,2008. A new taxonomy of Dutch personality traits based on a comprehensive and unrestricted list of descriptors[J]. Journal of Personality and Social Psychology,94(2):347-364.

DE RAAD B, BARELDS D, MLA I B, et al,2018. Take 2 personality factors: A study of two fundamental ways of trait differentiation in eleven trait taxonomies[J]. International Journal of Personality Psychology, 4(1):39-55.

DEARY I J,2009. The trait approach to personality[M]// CORR P J, MATTHEWS G. The Cambridge handbook of personality psychology. Cambridge, UK: Cambridge University Press.

DECHARMS R,1968. Personal causation[M]. New York: Academic Press.

DECI E L,RYAN R M,1985a. Intrinsic motivation and self-determination in human behavior[M]. New York: Plenum.

DECI E L, RYAN R M, 1985b. The general causality orientations scale: self-determination in personality[J]. Journal of Research in Personality, 19(2): 109-134.

DECI E L, RYAN R M, 1991. A motivational approach to self: Integration in personality[J]. Nebraska Symposium on Motivation,2:237-288.

DEMEROUTI E, BAKKER A B, NACHREINER F, et al,2001. The job demands-resources model of burnout[J]. Journal of Applied Psychology, 86:499-512.

DEMEROUTI E M, KIKANGAS A, 2017. What predicts flow at work?: Theoretical and empirical perspectives[M]// FULLAGAR C, FAVE A D. Flow at work: Measurement and implications. New York: Routledge.

DEMEROUTI E, BAKKER A B, 2011. The job demands-resources model: Challenges for future research[J]. Journal of Industrial Psychology, 37(2):1-9.

DWECK C S, 1986. Motivational processes affecting learning [J]. American Psychologist, 41(10):1040-1048.

DWECK C S, LEGGETT E L, 1988. A social-cognitive approach to motivation and personality[J]. Psychological Review, 95(2):256-273.

ELLIOT A J, 2008. Handbook of approach and avoidance motivation[M]. New York: Taylor & Francis Group, LLC.

ENGESER S, SCHIEPE-TISKA A, 2012. Historical lines and an overview of current research on flow [M]//ENGESER S. Advances in flow research. New York: Springer Science+Business Media, LLC.

ENGESER S, 2012. Advances in flow research[M]. New York: Springer Science+Business Media, LLC.

FERGUSON M J, HANSSIN R, BARGH J A, 2008. Implicit motivation past, present, and future[M]//SHAH J Y, GARDNER W L. Handbook of motivation science. New York: The Guilford Press.

FREDRICKSON B L, LEVENSON R W, 1998. Positive emotions speed recovery from the cardiovascular sequelae of negative emotions[J]. Cognition and Emotion, 12(2):191-220.

FREDRICKSON B L, 1998. What good are positive emotions? [J]. Review of General Psychology, 2:300-319.

FREDRICKSON B L, 2001. The role of positive emotions in positive psychology: The broaden-and-build theory of positive emotions[J]. American Psychologist, 56(3): 218-226.

FREDRICKSON B L, 2002. Positive emotions[M]//SNYDER C R, LOPEZ S J. Handbook of positive psychology. New York: Oxford University Press.

FREDRICKSON B L, 2003. The value of positive emotions[J]. American Scientist, 91:330-335.

FREDRICKSON B L, 2003. The value of positive emotions[J]. American Scientist, 91(4):330-335.

GABLE P A, HARMON J E, 2008. Approach-motivated positive affect reduces breadth of attention[J]. Psychological Science, 19(5):476-482.

GABLE P A, HARMON J E, 2010a. The blues broaden, but the nasty narrows: Attentional consequences of negative affects low and high in motivational intensity[J]. Psychological Science, 21(2):211-215.

GABLE P A, HARMON J E, 2010b. The motivational dimensional model of affect:

Implications for breadth of attention, memory, and cognitive categorisation[J]. Cognition and Emotion, 24(2):322-337.

GAGNÉ M, DECI E L, 2005. Self-determination theory and work motivation[J]. Journal of Organizational Behavior, 26(4):331-362.

GAGNÉ M, FOREST J, GILBERT M, et al, 2010. The motivation at work scale: Validation evidence in two languages[J]. Educational and Psychological Measurement, 70(4):628-646.

GAGNÉ M, FOREST J, VANSTEENKISTE M, et al, 2015. The multidimensional work motivation scale: Validation evidence in seven languages and nine countries[J]. European Journal of Work and Organizational Psychology, 24(2):178-196.

GILBERT S L, KELLOWAY E K, 2014. Leadership[M]//GAGNÉ M. The Oxford handbook of work engagement, motivation, and self-determination theory. New York: Oxford University Press.

GOECKE B, WEISS S, STEGER D, et al, 2020. Testing competing claims about overclaiming[J]. Intelligence, 81(C):101470.

GRAY J A, 1987. The psychology of fear and stress[M]. Cambridge, UK: Cambridge University Press.

GUILLÉN M, FERRERO I, HOFFMAN W M, 2015. The neglected ethical and spiritual motivations in the workplace[J]. Journal of Business Ethics, 128(4):803-816.

GUILLÉN M, 2018. Creating better human motivation theories for personal flourishing in organizations[M]//MERCADO J A. Personal flourishing in organizations. Berlin: Springer International Publishing.

HACKMAN J R, OLDHAM G R, 1975. Development of the job diagnostic survey[J]. Journal Applied Psychology, 60(2):159-170.

HARMON J C, BASTIAN B, HARMON J E, 2016. The discrete emotions questionnaire: A new tool for measuring state self-reported emotions[J]. PLOS ONE, 11(8):0159915.

HARMON J E, GABLE P A, 2009. Neural activity underlying the effect of approach-motivated positive affect on narrowed attention[J]. Psychological Science, 20:406-409.

Harmon J E, 2019. On motivational influences, moving beyond valence, and integrating dimensional and discrete views of emotion[J]. Cognition and Emotion, 33(1):101-108.

HASLAM S A, 2004. Psychology in organizations: The social identity approach[M]. 2nd ed. London: SAGE Publications.

HEGGESTAD E D, KANFER R, 2000. Individual differences in trait motivation: Development of the motivational trait questionnaire[J]. International Journal of Educational Research, 33(7):751-776.

HEPPER E G, SEDIKIDES C, CAI H, 2013. Self-enhancement and self-protection strategies in China: Cultural expressions of a fundamental human motive[J]. Journal of Cross-Cultural Psychology,44(1):5-23.

HO M R,CHAN K Y,2020. Development of entrepreneurship-professionalism-leadership motivations scale for working adults population[M]//HO M R. Entrepreneurship-professionalism-leadership. Singapore: Springer Nature Singapore Pte Ltd.

HOBFOLL S E,1989. Conservation of resources: A new attempt at conceptualizing stress[J]. American Psychologist, 44(3):513-524.

HOBFOLL S E,2002. Social and psychological resources and adaptation[J]. Review of General Psychology, 6(4):307-324.

HOFSTEE W K B, DE RAAD B, GOLDBERG L R,1992. Integration of the big five and circumplex approaches to trait structure [J]. Journal of Personality and Social Psychology,63(1):146-163.

HOFSTEE W K B,DE RAAD B,1991. Personality structure: the AB5C taxonomy of Dutch trait terms[J]. Nederlands Tgdschrift voor de Psychologie, 46: 262-274.

JAMES L R, LEBRETON J M, 2012. Assessing the implicit personality through conditional reasoning[M]. Washington: American Psychological Association.

JOHN O P, SRIVASTAVA S, 1999. The big five trait taxonomy: History, measurement, and theoretical perspectives[M]//PERVIN L A, JOHN O P. Handbook of personality: Theory and research. New York: Guilford Press.

JOHNSON K J,WAUGH C E,FREDRICKSON B L,2010. Smile to see the forest: Facially expressed positive emotions broaden cognition[J]. Cognition and Emotion,24(2), 299-321.

KANFER R, HEGGESTAD E D, 1997. Motivational traits and skills: A person-centered approach to work motivation[J]. Research in Organizational Behavior, 19: 1-56.

KANFER R,2012. Work motivation: Theory, practice, and future directions[M]// KOZLOWSKI S W J. The Oxford handbook of organizational psychology. Oxford: Oxford University Press.

KANFER R,CHEN G, PRITCHARD R D,2008. The three C's of work motivation: content, context, and change[M]// KANFER R, CHEN G, PRITCHARD R D. Work motivation past, prensent and future. New York: Taylor & Frencis Group, LLC.

KANFER R,CHEN G,2016. Motivation in organizational behavior: History, advances and prospects[J]. Organizational Behavior and Human Decision Processes, 136: 6-19.

KANFER R, HEGGESTAD E D, 1997. Motivational traits and skills: A person-centered approach to work motivation[J]. Research in Organizational Behavior,19:1-56.

KANFER R,KERRY M,2011. Motivation in multi-team systems[M]//ZACCARO S, MARKS M,DE CHURCH L. Multi-team systems. New York: Taylor & Francis Group.

KEATLEY D, CLARKE D D, HAGGER M S, 2013. Investigating the predictive validity of implicit and explicit measures of motivation in problem-solving behavioral tasks

[J]. British Journal of Social Psychology,52(3):510-524.

KELLER J, LANDHÄUBER A,2012. The flow model revisited[M]//ENGESER S. Advances in flow research. New York: Springer Science+Business Media, LLC.

KEVIN N O, JAMES J G,2014. The neural bases of emotion and emotion regulation: A valuation perspective[M]//JAMES J G. Handbook of emotion regulation. 2nd ed. New York:The Guilford Press.

KIM S, REEVE J, BONG M, 2016. Introduction to motivational neuroscience[M]// KIM S, REEVE J M, BONG M. Recent developments in neuroscience research on human motivation. Bradford, UK: Emerald Group Publishing.

KOELSCH S, JACOBS A M, MENNINGHAUS W,et al,2015. The quartet theory of human emotions: An integrative and neurofunctional model[J]. Physics of Life Reviews, 13:1-27.

KOZLOWSKI S W, BELL B S, 2006. Disentangling achievement orientations and goal setting: Effects on self-regulatory process[J]. Journal of Applied Psychology, 91(4): 900-916.

LAFRENIÈRE M K,SEDIKIDES C, LEI X J,2016. Regulatory fit in self-enhancement and self-protection: Implications for life satisfaction in the West and the East[J]. Journal of Happiness Studies,17(3):1111-1123.

LANDHÄUBER A, KELLER J, 2012. Flow and its affective, cognitive, and performance-related consequences[M]//ENGESER S. Advances in flow research. New York: Springer Science+Business Media, LLC.

LANGENS T A, SCHMALT H, 2008. Motivational traits: New directions and measuring motives with the Multi-Motive Grid (MMG)[M]// BOYLE G J, MATTHEWS G, SAKLOFSKE D H. The SAGE handbook of personality theory and assessment, Vol 1 personality theorise and models. London: SAGE Publication Ltd.

LAWRENCE S, JORDAN P, 2009. Testing an explicit and implicit measure of motivation[J]. International Journal of Organizational Analysis,17(2): 103-120.

LAZARUS R S, 1999. The cognition-emotion debate: a bit of history [M]// DALGLEISH T,POWER M J. Handbook of cognition and emotion. New York: John Wiley & Sons, Inc.

LENTIJA Z F, GARCIA P K, 2022. Who am I? Unity of life and personal growth [M]//KIMAKOWITZ E, AMANN W, FU P, et al. Humanism in business series. Zug: Springer Nature Switzerland AG.

LI C R, YANG Y Y, LIN C J, et al, 2020. The curvilinear relationship between within-person creative self-efficacy and individual creative performance: The moderating role of approach/avoidance motivations[J]. Personnel Review,49(9): 2073-2091.

LOCKE E A, 1991. Goal theory vs. control theory: Contrasting approaches to understanding work motivation[J]. Motivation and Emotion, 15(1):9-28.

LOVE T M, 2014. Oxytocin, motivation and the role of dopamine[J]. Pharmacol Biochem Behave,119:49-60.

MÄKIKANGAS A, BAKKER A B, AUNOLA K, et al,2010. Job resources and flow at work: Modelling the relationship via latent growth curve and mixture model methodology [J]. Journal of Occupational and Organizational Psychology, 83:795-814.

MATTHEWS G,2000. A cognitive science critique of biological theories of personality traits[J]. History and Philosophy of Psychology,2: 1-16.

MATTHEWS G, 2008. Personality and information processing: a cognitive-adaptive theory[M]// BOYLE G J, MATTHEWS G, SAKLOFSKE D H. The SAGE handbook of personality theory and assessment, Vol 1 personality theorise and models. London: SAGE Publication Ltd.

MAYER J D, FABER M A, XU X,2007. Seventy-five years of motivation measures (1930-2005): A descriptive analysis[J]. Motivation Emotion, 31(2):83-103.

MICHALSKI R L, SHACKELFORD T K, 2008. Evolutionary perspectives on personality psychology[M]//BOYLE G J, MATTHEWS G, SAKLOFSKE D H. The SAGE handbook of personality theory and assessment, Vol 1 personality theory and models. London: SAGE Publication Ltd.

MISCHEL W, SHODA Y,1995. A cognitive-affective system theory of personality: reconceptualizing situations, dispositions, dynamics, and invariance in personality structure [J]. Psychological Review,102(2):246-268.

MISCHEL W, 1973. Toward a cognitive social learning reconceptualization of personality[J]. Psychological Review, 80(4):252-283.

MOLDEN D C, LEE A Y, HIGGINS E T, 2008. Motivations for promotion and prevention[M]//SHAH J Y, GARDNER W L. Handbook of motivation science. New York: The Guilford Press.

MONETA G B,2004. The flow model of intrinsic motivation in Chinese: Cultural and personal moderators[J]. Journal of Happiness Studies,5:181-217.

MONETA G B, 2012. On the measurement and conceptualization of flow [M]// STEFAN E. Advances in flow research. New York: Springer Science+Business Media.

MOORS A, ELLSWORTH P C, SCHERER K R, et al,2013. Appraisal theories of emotion: State of the art and future development[J]. Emotion Review, 5(2): 119-124.

MOSING M A, MAGNUSSON P K E, PEDERSEN N L,et al, 2012. Heritability of proneness for psychological flow experiences[J]. Personality and Individual Differences, 53: 699-704.

MURAVEN M, 2012. Ego depletion: Theory and evidence[M]//RYAN R M. The Oxford handbook of human motivation. New York: Oxford University Press.

NAKAMURA J, CSIKSZENTMIHALYI M, 2002. The concept of flow [M]// SNYDER C R, LOPEZ S J. Handbook of positive psychology. New York:Oxford University

Press.

NAKAMURA J, CSIKSZENTMIHALYI M, 2021. The experience of flow: Theory and research[M]// SNYDER C R, LOPEZ S J, EDWARDS L M, et al. The Oxford handbook of positive psychology. 3rd ed. New York: Oxford University Press.

NAKAMURA J, TSE D C K, SHANKLAND S, 2019. Flow: The experience of intrinsic motivation[M]//RYAN R M. The Oxford handbbok of human motivation. 2nd ed. New York: Oxford University Press.

NEWMAN S W, 1999. The medial extended amygdala in male reproductive behavior. A node in the mammalian social behavior network[J]. Annals New York: Academy Sciences, 877: 242-257.

NIELSEN K, CLEAL B, 2010. Predicting flow at work: investigating the activities and job characteristics that predict flow states at work[J]. Journal of Occupational Health Psychology, 15(2): 180-190.

O'CONNELL L A, HOFMANN H A, 2011a. Genes, hormones, and circuits: An integrative approach to study the evolution of social behavior[J]. Frontiers in Neuroendocrinology, 32(3): 320-335.

O'CONNELL L A, HOFMANN H A, 2011b. The vertebrate mesolimbic reward system and social behavior network: A comparative synthesis[J]. J Comp Neurol, 519(18): 3599-3639.

PEIFER C, 2012. Psychophysiological correlates of flow-experience[M]// ENGESER S. Advances in flow research. New York: Springer Science+Business Media, LLC.

PESSIGLIONE M, SCHMIDT L, DRAGANSKI B, et al., 2007. How the brain translates money into force: A neuroimaging study of subliminal motivation[J]. Science, 316: 904-906.

PICKERING A D, CORR P J, GRAY J A, 1999. Interactions and reinforcement sensitivity theory: A theoretical analysis of Rusting and Larsen (1997)[J]. Personal Individual Differences, 26(2): 357-365.

PICKERING A, CORR P J, 2008. Gray's reinforcement sensitivity theory (RST) of Personality[M]//BOYLE G J, MATTHEWS G, SAKLOFSKE D H. The SAGE handbook of personality theory and assessment, Vol 1 personality theory and models. London: SAGE Publication Ltd.

PIERCE J L, JUSSILA I, CUMMINGS A, 2009. Psychological ownership within the job design context: revision of the job characteristics model[M]. Journal of Organizational Behavior, 30(4): 477-496.

PINDER C C, 1998. Work motivation in organizational behavior. Saddle River[M]. Upper Saddle River, NJ: Prentice Hall.

PLOYHART R E, 2008. The measurement and analysis of motivation[M]// KANFER R, CHEN G, PRITCHARD R D. Work motivation: Past, present, and future. London:

Routledge/Taylor & Francis Group:17-61.

PLUTCHIK R, 1985. On emotion: The chicken-and-egg problem revisited[J]. Motivation and Emotion, 9(2):197-200.

RATHUNDE K, 2000. Broadening and narrowing in the creative process: A commentary on fredrickson's "broaden-and-build" model[J]. Prevention & Treatment, 3(6):1-6.

REEVE J, 2018. Understanding Motivation and Emotion[M]. 7th ed. Hoboken, NJ: John Wiley & Sons, Inc.

RHEINBERG F, ENGESER S, 2018. Intrinsic motivation and flow [M]// HECKHAUSEN J, HECKHAUSEN H. Motivation and action. berlin: springer international publishing AG, part of Springer Nature.

RICH G J, 2013. Finding flow: the history and future of a positive psychology concept [M]// SINNOTT J D. Positive psychology. New York: Springer Science + Business Media, LLC.:43-57.

ROBINSON M D, SEDIKIDS C, 2009. Trait and the self: Toward an integration[M]// CORR P J, MATTHEWS G. The Cambridge handbook of personality psychology. cambridge, UK: Cambridge University Press.

RYAN R M, 2019. Inside the black box: Motivational science in the 21st century[M]// RYAN R M. The Oxford handbook of human motivation. 2nd ed. New York: Oxford University Press.

RYAN R M, DECI E L, 2000. Intrinsic and extrinsic motivations: Classic definitions and new directions[J]. Contemporary Educational Psychology, 25:54-67.

RYAN R M, DECI E L, 2000. Self-determination theory and the facilitation of intrinsic motivation, social development, and well-being[J]. American Psychologist, 55(1):68-78.

SALANOVA M, BAKKER A, LLORENS S, 2006. Flow at work: Evidence for an upward spiral of personal and organizational resources[J]. Journal of Happiness Studies, 7(1):1-22.

SCHEFFER D, EICHSTAEDT J, CHASIOTIS A, et al, 2010. Towards an integrated measure of need affiliation and agreeableness derived from the Operant Motive Test[J]. Psychol Sci, 49(4):308-24.

SCHIEPE T A, ENGESER S, 2017. Measuring flow at work[M]//FULLAGAR C, FAVE A D. Flow at work: Measurement and implications. New York: Routledge.

SCHOLER A A, CORNWELL J F M, HIGGINS E T, 2019. Regulatory focus theory and research: Catching up and looking forward after 20 years[M]//RYAN R M. The Oxford handbook of human motivation. 2nd ed. New York: Oxford University Press.

SCHROEDER J, CARUSO E M, EPLEY N, 2016. Many hands make overlooked work: Overclaiming of responsibility increases with group size[J]. Journal of Experimental Psychology: Applied, 22(2):238-246.

SCHULTHEISS O C, YANKOVA D, DIRLIKOV B, et al, 2009. Are implicit and explicit motive measures statistically independent? A fair and balanced test using the picture story exercise and a cue- and response- matched questionnaire measure[J]. Journal of Personality Assessment,91(1):72-81.

SCHUNK D H,1999. Social-self interaction and achievement behavior[J]. Educational Psychologist, 34(4):219-227.

SEDIKIDES C, ALICKE M D, 2012. The five pillars of self-enhancement and self-protection motives[M]//RYAN R M. The Oxford handbook of human motivation, New York:Oxford University Press.

SEDIKIDES C, ALICKE M D, 2019. The five pillars of self-enhancement and self-protection motives[M]//RYAN R M. The Oxford handbook of human motivation. 2nd ed. New York: Oxford University Press.

SEO M, BARRETT L,BARTUNEK J M,2004. The role of affective experience in work motivation[J]. Academy of Management Review, 29(3):423-439.

SEO M, BARTUNEK M,BARRETT L F,2010. The role of affective experience in work motivation: Test of a conceptual model[J]. Journal of Organizational Behavior, 31:951-968.

SHODA Y, SMITH R E, 2004. Conceptualizing personality as a cognitive-affective processing system a framework for models of maladaptive behavior patterns and change[J]. Behavior Therapy,35(1):147-165.

SIMPSON E H, BALSAM P D, 2016. Behavioral neuroscience of motivation[M]. Berlin:Springer International Publishing.

SLABBINCK H, DE HOUWER J, VAN KENHOVE P,2013. Convergent, discriminant, and incremental validity of the pictorial attitude implicit association test and the picture story exercise as measures of the implicit power motive[J]. Eur J Pers,27(1):30-8.

SLABBINCK H, VAN WITTELOOSTUIJN A, HERMANS J, et al,2018. The added value of implicit motives for management research development and first validation of a brief implicit association test (BIAT) for the measurement of implicit motives[J]. PLOS ONE,13 (6):1-29.

SMILLIE L D, PICKERING A D, JACKSON C J, 2006. The new reinforcement sensitivity theory: Implications for personality measurement[J]. Personality and Social Psychology Review,10(4):320-335.

SMITH C A, TONG E M W,ELLSWORTH P C,2014. The differentiation of positive emotional experience as viewed through the lens of appraisal theory[M]//TUGADE M M, SHIOTA M N, KIRBY L D. Handbook of positive emotion. New York: The Guilford Press.

SMITH R E, SHODA Y,2009. Personality as a cognitive-affective processing system [M]// CORR P J, MATTHEWS G. The Cambridge handbook of personality psychology. Cambridge,UK: Cambridge University Press.

STANLEY P J, SCHUTTE N S,2022. Merging the self-determination theory and the broaden and build theory through the nexus of positive affect: A macro theory of positive functioning[J]. New Ideas in Psychology, 68:100979.

STEERS M, MOWDAY R T, SHAPIRO D L, 2004. The future of work motivation theory[J]. Academy of Management Review, 29(3):379-387.

STRACK F, WERTH L, DEUTSCH R, 2004. Reflective and impulsive determinants of social behaviour[J]. Journal of Consumer Psychology, 16(3):220-247.

STRUS W, CIECIUCH J, ROWINSKI T, et al, 2014. The circumplex of personality metatraits: A synthesizing model of personality based on the big five[J]. Review of General Psychology, 18(4):273-286.

THRASH T M, MARUSKIN L A, SIM Y Y, et al, 2019. Implicit-explicit motive congruence and moderating factors[M]//RICHARD M R. The Oxford handbook of human motivation. New York: Oxford University Press.

THREADGILL H A, GABLE P A, 2019. Negative affect varying in motivational intensity influences scope of memory[J]. Cognition and Emotion, 33(2):332-345.

TUGADE M A, DEVLIN H C, FREDRICKSON B L, 2021. Positive emotions[M]//SNYDER C R, LOPEZ S J, EDWARDS L M, et al. The Oxford handbook of positive psychology. 3rd ed. New York: Oxford University Press.

TWENGE M, CAMPBELL M, 2010. Generation me and the changing world of work.[M]//LINLEY P A, HARRINGTON S, GARCEA N. The Oxford handbook of positive psychology and work. New York: Oxford University Press.

ULLÉN F, DE MANZANO, ALMEIDA R, et al, 2012. Proneness for psychological flow in everyday life: Associations with personality and intelligence[J]. Personality and Individual Differences, 52(2):167-172.

VAN DEN BROECK A, CARPINI J A, DIEFENDORFF J M, 2019. Work motivation: Where do the different perspectives lead us[M]//RYAN R. Oxford handbook of human motivation. 2nd ed. New York: John Wiley & Sons.

WAGNER-MENGHIN M M, 2004. Content validity of an objective personality test for the assessment of achievement motive[J]. Psychology Science, 46(2): 259-280.

WASSMANN C, 2010. Reflflections on the "body loop": Carl Georg Lange's theory of emotion[J]. Cognition and Emotion, 24(6):974-990.

WEINER B, 2014. The attribution approach to emotion and motivation: History, hypotheses, home runs, headaches/heartaches[J]. Emotion Review, 6(4):1-31.

ZIMBARDO P G, JOHNSON R L, MCCANN V, 2014. Psychology: Core concepts [M]. 7th ed. New York: Pearson Education Inc.

ZITO M, CORTESE C G, COLOMBO L, 2015. Nurses' exhaustion: The role of flow at work between job demands and job resources[J]. Journal of Nursing Management, 24(1):12-22.